A quintessência de
zerka

Dados Internacionais de Catalogação na Publicação (CIP)
(Câmara Brasileira do Livro, SP, Brasil)

A quintessência de Zerka: artigos de Zerka Moreno sobre psico-
drama, sociometria e psicoterapia de grupo / Toni Horvatin,
Edward Schreiber (orgs.); [tradução Moysés Aguiar]. São
Paulo: Ágora, 2008.

Título original: The quintessential Zerka: writings by Zerka
Toeman Moreno on psychodrama, sociometry and psychotherapy
Bibliografia
ISBN 978-85-7183-038-7

1. Moreno, Zerka T.,1917- 2. Psicodrama 3. Psicodrama - Uso
terapêutico 4. Psicoterapia de grupo 5. Sociometria I. Horvatin,
Toni. II. Schreiber, Edward.

08-05105   CDD-150.198

Índice para catálogo sistemático:

1. Psicodrama: Método psicanalítico 150.198

TONI HORVATIN

EDWARD SCHREIBER

(orgs.)

A quintessência de
zerka

Artigos de
Zerka Moreno
sobre psicodrama,
sociometria e
psicoterapia de grupo

EDITORA
ÁGORA

Do original em língua inglesa
THE QUINTESSENTIAL ZERKA
Writings by Zerka Toeman Moreno on psychodrama,
sociometry and group psychotherapy
Copyright © 2006 by Toni Horvatin e Edward Schreiber
Direitos desta tradução adquiridos por Summus Editorial

Editora executiva: **Soraia Bini Cury**
Assistentes editoriais: **Bibiana Leme e Martha Lopes**
Tradução: **Moysés Aguiar**
Capa e projeto gráfico: **Daniel Rampazzo/Casa de Idéias**
Foto da capa: **Marcia Karp**

Editora Ágora
Departamento editorial:
Rua Itapicuru, 613 – 7º andar
05006-000 – São Paulo – SP
Fone: (11) 3872-3322
Fax: (11) 3872-7476
http://www.editoraagora.com.br
e-mail: agora@editoraagora.com.br

Atendimento ao consumidor:
Summus Editorial
Fone: (11) 3865-9890

Vendas por atacado:
Fone: (11) 3873-8638
Fax: (11) 3873-7085
e-mail: vendas@summus.com.br

Impresso no Brasil

Este livro é dedicado àqueles que em todo o mundo devotam a vida ao trabalho em unidades de saúde mental, hospitais, empresas, indústrias e comunidades treinando e educando pessoas para aplicar as idéias de Moreno nesses campos. Que continuem a abrir caminhos!

Agradecimentos

Precisamos agradecer a muitas pessoas sem cujo apoio este livro não teria sido escrito.

Antes de tudo, agradecemos a Zerka por seu amor, seus ensinamentos e seu apoio a este projeto. Ela ficou totalmente disponível para entrevistas, conversas, revisão de manuscritos e aprovação final.

Gostaríamos também de manifestar nosso reconhecimento e gratidão às seguintes pessoas:

- Dale Richard Buchanan, cuja dedicação ao ensino e ao desenvolvimento do psicodrama, da sociometria e da psicoterapia de grupo, além de seu conhecimento específico sobre as contribuições de Zerka nesse campo, fazem dele uma escolha natural para escrever o prefácio deste livro. Inspira-nos o entusiasmo com que o fez.
- Jonathan D. Moreno, pela consulta prestada nas fases preliminares do livro e pela generosa permissão para reimprimir artigos que descrevem em detalhe sua infância no mundo do psicodrama.
- Fred Harris, pela presença constante, brilhante e criativa, e por seus comentários incisivos a respeito dos manuscritos.
- Adam Barcroft, pelo grande afeto e generosidade de espírito, e por assumir o papel de diretor adjunto do Moreno Institute East.
- Tony e Barbara Horvatin, por terem ajudado Toni a encontrar seu caminho para o psicodrama em primeiro lugar.
- Barbara Schreiber, pelo afetuoso apoio a Ed e amizade a Toni.

Desejamos reconhecer e agradecer às seguintes pessoas pelo apoio que nos deram ajudando a formatar este livro, orientando, fornecendo originais ou cópias de vários artigos de revistas, proporcionando local e arranjos necessários para nosso trabalho: comissão de publicações da ASGPP (American Society of Group Psychotherapy and Psychodrama), na pessoa de John Rasberry; SUNY New Paltz Library, especialmente ao estudante Sean Endress; Kate Castell, Mario Cossa, Tian Dayton, Jonathan Fox, Marcia Karp, Louise Lipman, René Marineau, Donnell Miller, Peter Pitzele, Jenny Salimbene e Rebeca Walters.

Agradecemos à equipe da Routledge, Joanne Forshaw, editora, e Claire Lipscomb, assistente editorial, pelo auxílio ao mesmo tempo profissional e prazeroso. Agradecemos também a Brendan O'Brien e Nicola Ravenscroft pela excelente assistência de produção.

Agradecemos a todos os nossos colegas e amigos da comunidade psicodramática que nos brindaram com encorajamento e amor.

Lembramos com gratidão todos os protagonistas, auxiliares e membros de grupo que desde os primórdios ajudaram Zerka e J. L. a definir, refinar e praticar esses métodos, e pensamos naqueles que hoje e no futuro se juntarão a nós no palco psicodramático.

Sumário

PARTE III

Transições: 1966–1974

PARTE IV

Por si mesma: 1974–1997

Apresentação à edição brasileira

A leitura deste livro confirmou um *insight* que já vinha a caminho: a obra moreniana não termina com a morte de Moreno; ao contrário, continua por intermédio de sua companheira, Zerka Toeman Moreno.

Até aqui, eu dividia a obra moreniana em quatro fases. Agora, divido-a em cinco. A primeira, denominada fase mística, está representada por *Einladung zu einer Begegnung** (1914) e por *Das Testament des Vaters* (1920). A segunda, conhecida como fase teatral, está marcada pelas experiências teatrais de Moreno em Viena e pela publicação de *Das Steigreiftheater* (1924). A terceira, já realizada em solo americano, sintetiza seus trabalhos com a sociometria, por meio da obra *Who shall survive?* (1934). A quarta, fase clínica, está representada pelos livros *Psychodrama volume I* (1946), *volume II* (1959) e *volume III* (1969) e por *Gruppenpsychotherapie und Psychodrama* (1959).

---

* Correspondência entre os títulos originais citados e as publicações brasileiras: *Das Testament des Vaters – As palavras do pai* (Psy); *Das Steigreiftheather – Teatro da espontaneidade* (Summus); *Who shall survive? – Quem sobreviverá?* (Dinâmica) e *Quem sobreviverá? Edição do estudante* (Daimon); *Psychodrama I – Psicodrama* (Cultrix); *Psychodrama II – Fundamentos do psicodrama* (Summus); *Psychodrama III – Psicodrama: terapia de ação e princípios da prática* (Daimon); *Gruppenpsychotherapie und Psychodrama – Psicoterapia de grupo e psicodrama* (Mestre Jou); *The autobiography of J. L. Moreno, M. D. – J. L. Moreno: autobiografia* (Saraiva); *Psychodrama, surplus reality and the art of healing – A realidade suplementar e a arte de curar* (Ágora); *The quintessential Zerka – A quintessência de Zerka: artigos de Zerka Moreno sobre psicodrama, sociometria e psicoterapia de grupo* (Ágora).

Com relação à quinta fase, considero-a a fase pós-Moreno, representada pela publicação póstuma de *The autobiography of J. L. Moreno, M. D.* (1989), pelo livro *Psychodrama, surplus reality and the art of healing* (2000), de Zerka Moreno e colaboradores, pelo presente livro, *The quintessencial Zerka* (2006), e pelas *Memoirs* que ela está finalizando.

A partir de 1941, Zerka participou ativamente da vida e da obra de Moreno. Como ela própria conta, durante certo tempo sua máquina de escrever era a continuidade da escrivaninha de Moreno, que precisava de alguém para fazer o acabamento de suas idéias. Ele reconheceu essa parceria acrescentando o nome dela como colaboradora nas capas dos livros *Psychodrama II* e *III*.

Não bastassem esses fatos e incentivada pelo marido, Zerka inicia uma produção científica pessoal a partir de 1944. *The quintessential Zerka* reúne 36 artigos escritos até 2004 (a presente edição brasileira contempla 27 deles). Com este volume, ela passa a receber um merecido destaque como autora – são sessenta anos de produção intelectual.

Após a morte de Moreno, em 1974, Zerka passa a ser seu duplo no movimento psicodramático. Desde então, viaja incansavelmente, espalhando as sementes do psicodrama pelo mundo. Ela não só atende a todos os psicodramatistas com presteza e carinho, como também acompanha a evolução do movimento nos diferentes países, lembra-se e pergunta de seus representantes.

Zerka esteve no Brasil por várias vezes, a última delas como convidada especial do XI Congresso Brasileiro de Psicodrama, realizado em Campos do Jordão, em 1998.

Este livro contempla um vasto campo da atividade psicodramática. Seus capítulos percorrem os caminhos da técnica e da teoria, explicitando didaticamente alguns de seus conceitos fundamentais. A abordagem sociodramática de casais e famílias também recebe atenção. Bem ao gosto de Moreno, a autora apresenta, ainda, alguns textos sobre a interação do psicodrama com o rádio, com o cinema e com a televisão.

Além da variedade de temas, o leitor é privilegiado por ter em mãos um texto traduzido por Moysés Aguiar, eminente psicodramatista brasileiro que preserva o rigor dos termos e a fidelidade da tradução.

Recentemente, Zerka contava a respeito dos *workshops* que ainda dirige em sua cidade, pois já não viaja a trabalho, e sobre o empenho que dedica à escrita de suas memórias. Para terminar, utilizou uma expressão idiomática cujo significado se aproxima de: "E como vocês vêem, continuo viva e ainda dando meus chutes". Agora só nos resta completar: "e chutando muito bem"!

José Fonseca

Médico, doutor em Psiquiatria pela Faculdade de Medicina da Universidade de São Paulo (FMUSP), fundador do Daimon – Centro de Estudos do Relacionamento e didata pela Federação Brasileira de Psicodrama (Febrap). Foi editor do International Forum of Group Psychotherapy. É autor dos livros: *Psicoterapia da relação – Elementos de psicodrama contemporâneo* (Ágora, 2000) e *Contemporary psychodrama – New approaches to theory and technique* (Nova York/Londres, Brunner-Routledge, 2004).

Apresentação

Há momentos na vida que são inesquecíveis. Para mim, um desses momentos foi o primeiro encontro com J. L. e Zerka Moreno.

Todo outono, a equipe técnica e os estagiários do Departamento de Psicodrama do Saint Elizabeths Hospital, em Washington, faziam uma peregrinação até Beacon, Nova York, para estudar no Instituto Moreno.

Em outubro de 1971, eu estava no primeiro ano do estágio e me encantei com os artigos e livros de J. L. Moreno. Ele passou a ser meu herói. Eu tinha expectativa de encontrar um gênio carismático, um curador compassivo, um poeta cheio de alma e um homem humilde e alegre. Sabia pouco de Zerka e pouco esperava em relação a ela. Quando nos encontramos pela primeira vez, vi o ancião frágil que Moreno se tornara. Zerka, entretanto, foi uma agradável surpresa. Ela era vibrante e presente, com todas as qualidades que eu imaginava encontrar em J. L. Naquele inverno e nos anos seguintes, voltei por conta própria para desfrutar Zerka como formadora, diretora e dublê.

Em minha carreira profissional no Saint Elizabeths, de membro da equipe técnica a chefe do Departamento de Psicodrama e diretor das terapias clínicas, tive em Jim Eneis, também do Saint Elizabeths, meu pai intelectual e, em Zerka, minha mãe emocional.

Nossas viagens ao Instituto Moreno continuaram até que ele foi vendido, em 1982. Ao longo dos anos, Zerka pediu que eu colaborasse em diversos projetos, com o que concordei entusiasticamente. Quando ela foi eleita novamente presidente da American Society of Group Psychotherapy and Psychodrama [Sociedade Americana de Psicoterapia de Grupo e Psicodrama], depois do falecimento de Moreno, convidou-me para ser seu vice-presidente. Nossa colaboração mais importante se deu ao nos encarregarmos do levantamento de fundos para a dotação da Coleção J. L. Moreno na Biblioteca de Medicina Francis A. Countway, nas universidades de Boston e Harvard.

Atualmente, a arte, a ciência e a prática profissional do psicodrama florescem no mundo todo. Há mais psicodramatistas* formados e mais livros publicados do que nunca antes na história. O psicodrama, em todas as suas modalidades, é utilizado não apenas em psicoterapia e saúde mental, mas também em escolas, grupos de treinamento, na justiça criminal, em empresas, no governo, nas igrejas e nas artes. Meus 34 anos de experiência no Saint Elizabeths, em consultório e em posições de liderança na Sociedade Americana de Psicoterapia de Grupo e Psicodrama e no American Board of Examiners in Psychodrama, Sociometry and Group Psychotherapy [Conselho Americano de Examinadores em Psicodrama, Sociometria e Psicoterapia de Grupo] convenceram-me de que, sem o apoio decidido e a constante vigilância de Zerka Moreno, o psicodrama seria hoje uma arte perdida.

Quando Celine Zerka Toeman conheceu J. L. Moreno, no verão de 1941, iniciou-se uma das parcerias mais bem-sucedidas na história da psiquiatria. Ela tinha então 24 anos de idade, imigrara recentemente, vinda da Inglaterra, e fora ao sanatório de Beacon na expectativa de encontrar um tratamento que pudesse recuperar a saúde de sua irmã, que ela havia resgatado da Europa nazista. Segundo o relato deles, foi um encontro histórico.

---

* A rigor, "psicodramista" é a palavra portuguesa correspondente ao inglês "psychodramatist". Entretanto, como o termo "psicodramatista" tem seu uso consagrado na linguagem corrente entre os profissionais da área, preferiu-se adotar essa forma, nesta edição, como um anglicismo que, como muitos outros, vai sendo aos poucos incorporado ao nosso vernáculo. (N. T.)

Depois de um período viajando a Beacon para treinamentos de fim de semana, Zerka começou a trabalhar como secretária de Moreno, traduzindo o inglês-alemão dele para um inglês fluente. Ela colocou ordem no caos dos escritos de J. L., providenciando a disciplina e a organização que faltavam. Zerka passou de secretária a editora, e começou a desafiá-lo a aprofundar e fundamentar suas idéias visionárias em aplicações práticas que pudessem ser transmitidas claramente a terceiros. Passou a freqüentar as sessões clínicas e a acompanhá-lo nos treinamentos. Especializou-se na atuação como dublê e se tornou sua ego-auxiliar preferida nas demonstrações de psicodrama.

Depois que eles se casaram, J. L. continuou a ser o líder inconteste da área, e Zerka estava sempre a seu lado. Ela abrandou o jeito rústico do marido e ajudou a melhorar suas relações tumultuosas com os outros. Cultivou e manteve as próprias amizades com muitos dos grandes líderes no campo da psicoterapia de grupo. Em 1941–42, Zerka foi uma das fundadoras da Sociedade Americana de Psicoterapia de Grupo e Psicodrama, a primeira organização nos Estados Unidos dedicada à prática profissional da psicoterapia de grupo. Com o tempo, seu conhecimento, suas habilidades e capacidades aumentaram e ela se tornou cada vez mais uma companheira em igualdade de condições no âmbito profissional.

No início dos anos 1950, Zerka firmou-se como parceira total de J. L. e os dois trabalharam juntos como autores, professores e clínicos. Ele a escolheu para ser a editora do *Journal of Group Psychotherapy, Sociometry and Psychodrama*. Ela organizou o volume I do livro *Psicodrama* e a segunda edição de *Quem sobreviverá?* Basta comparar a edição original dessa obra, escrita por J. L. em 1934, com a segunda, publicada em 1953, para constatar as contribuições substantivas feitas por Zerka durante esses primeiros anos. Ela também foi co-autora dos dois volumes subseqüentes de *Psicodrama* e escreveu artigos próprios, muitos dos quais integraram este livro, tornando mais claras as idéias de Moreno e incorporando contribuições pessoais à teoria e à prática.

J. L. e Zerka foram pioneiros na propagação mundial da psicoterapia de grupo. Em 1951, organizaram o International Committee of Group Psychotherapy [Comissão Internacional de Psicoterapia de Grupo]. Diversos congressos internacionais subseqüentes resultaram na formação do International Council on

Group Psychotherapy [Conselho Internacional de Psicoterapia de Grupo]. Em 1973, esse órgão se transformou na International Association of Group Psychotherapy [Associação Internacional de Psicoterapia de Grupo].

Nos anos que antecederam à morte de J. L., quando sua saúde se deteriorava gradativamente, Zerka aparecia como sua parceira, mas era ela quem exercia as funções de diretora clínica, diretora de formação, principal executiva e diretora financeira nas diversas ramificações do Instituto Moreno (sanatório, instituto de formação e editora). Antes das contribuições de Zerka, J. L. instruía os estudantes por meio de uma variedade de sessões clínicas "espontâneas" e rodas de conversa sobre um grande repertório de assuntos. Ela desenvolveu um currículo, obrigações acadêmicas e padrões de certificação.

Depois que Moreno morreu, Zerka emergiu de sua sombra para garantir lugar próprio no panteão dos pioneiros do psicodrama, da sociometria e da psicoterapia de grupo. Continuou a escrever, fortalecendo as idéias dele e propondo novas idéias por ela concebidas, que complementaram e ampliaram o corpo do trabalho. Foi eleita novamente presidente da Sociedade Americana de Psicoterapia de Grupo e Psicodrama, para ajudar na transição durante os primeiros anos da era pós-Moreno. Zerka foi uma das fundadoras do Conselho Americano de Examinadores em Psicodrama, Sociometria e Psicoterapia de Grupo, que estabeleceu padrões nacionais para a certificação de profissionais e formadores.

De 1940 até recentemente, Zerka vinha viajando pelos Estados Unidos e pelo mundo, ensinando e formando gerações de estudantes de psicodrama, sociometria e psicoterapia de grupo. Essa jornada de sessenta anos é uma conquista única na área.

J. L. era visionário e esotérico, enquanto Zerka era cuidadosa. O intelecto dele era um azougue, passando com energia de uma busca intelectual a outra; o dela, bem estabelecido, estável e rigoroso. Ele proporcionou o intelecto seminal do movimento. Ela lhe deu coração e alma.

Havia também muitas semelhanças entre eles. Ambos tinham emigrado da Europa para a América em busca de liberdade, de oportunidade e de vida melhor. Ambos lutaram pelos segregados e rejeitados. As causas dele foram as prostitutas na Europa e os prisioneiros e delinqüentes nos Estados Unidos.

As dela incluíam a comunidade de gays, lésbicas, bissexuais e transgêneros e, mais tarde, os portadores de HIV e Aids. No início dos anos 1980, durante o auge da histeria em torno da Aids, lembro-me de uma ocasião em que ela tomou calmamente as mãos de uma pessoa acometida e informou ao grupo que o HIV era um vírus e ninguém é infectado ao segurar as mãos de alguém ou tocá-lo. Em seguida, ela desafiou o grupo afirmando que aquela pessoa precisava, assim como todos nós, de amor.

O extraordinário na parceria entre Zerka e J. L. não foi só sua produção profissional, mas também o fato de que seu relacionamento pessoal, intelectual e emocional não apenas durou, mas progrediu. Eles escreviam poesia, viajavam e se divertiam indo ao cinema e ao teatro. Ambos eram leitores e trabalhadores vorazes.

A família era importante para os dois. Regina, filha do primeiro casamento de Moreno, veio morar com eles em 1950, aos 11 anos de idade. Ela cresceu em Beacon e seguiu o próprio caminho, constituindo família e construindo uma carreira bem-sucedida na educação infantil. Em 1952, nasceu o filho dos Moreno, Jonathan. Ele é hoje titular da cadeira de Ética Biomédica e diretor do Centro de Ética Biomédica na Universidade de Virgínia. Jonathan e sua esposa, Lesley, que é advogada em Washington, são pais de Jarrett e de Jillian, dois netos que representam a luz e a alegria da vida de Zerka.

Ao longo dos anos, Zerka teve de enfrentar limitações físicas, dores e enfermidades gravíssimas. Da perda da audição no ouvido direito até o sarcoma que lhe custou o ombro e o braço direitos, além de recente implantação de prótese no quadril que requereu cinco cirurgias e provocou enormes e prolongadas dores, sua coragem e entusiasmo pela vida têm sido uma inspiração. Aos 91 anos, o corpo físico de Zerka pode ser posto a prova, mas o intelecto, o coração e o espírito permanecem cheios de vida. Se ela não pode mais viajar pelo mundo para ensinar e dar formação em psicodrama, grupos de estudantes agora vêm estudar com ela, oriundos da Europa, da Austrália, da América do Sul e da Ásia.

Além de ensinar e de escrever profissionalmente, Zerka passa o tempo registrando suas memórias. Minha esperança é de que um dia a autobiografia de Zerka seja publicada e faça companhia para este volume. Como disse J. L. Moreno: "Mais importante do que a evolução da criação é a evolução do criador". A vinda de uma jovem fugitiva da Europa ameaçada pelo nazismo, sem educação formal em psiquiatria, para se tornar uma das mais importantes professoras e formadoras em psicoterapia constitui uma história fascinante, que deve ser compartilhada.

No passado, falamos da obra de J. L. Moreno. No presente, falamos da obra de Zerka Toeman Moreno. No futuro, quando falarmos do desenvolvimento do psicodrama, da sociometria e da psicoterapia de grupo, na forma como se evidenciam no livro que você está prestes a ler, sem dúvida estaremos falando de ambos os Moreno.

DALE RICHARD BUCHANAN, PH.D., TEP
Diretor aposentado de Terapias Clínicas do Saint Elizabeths Hospital
Washington, DC

Prefácio

Este livro nasceu no palco psicodramático original, alguns anos depois de ele ter sido transportado de seu lar em Beacon, Nova York, para Boughton Place, centro comunitário nas proximidades de Highland.

Zerka coordenava ali, mensalmente, treinamento psicodramático. Nós nos reuníamos sobre o palco circular de vários níveis para o encontro matinal e para o processamento após a sessão. Foi ali que Toni ouviu seus colegas expressarem o desejo de ler o que Zerka havia escrito sobre psicodrama.

Naquela época, era difícil obter exemplares das revistas antigas em que Zerka tinha publicado. Toni imaginou uma fonte unificada combinando os escritos profissionais de Zerka com comentários breves, mais pessoais, que fornecessem um contexto. O colega Ed ouviu o projeto e logo começou nossa parceria.

Devido a circunstâncias da vida de ambos, o tempo foi passando. Nesse ínterim, as sessões em Boughton Place ficaram restritas ao verão e, por fim, Zerka se mudou para Charlottesville, Virgínia.

Nosso longo aquecimento finalmente passou para a ação, e foi com alegria que soubemos que a editora Routledge havia aceitado nosso projeto de publicação.

Durante o intenso processo de revisar todos os escritos de Zerka, ficamos impressionados com seu significado atemporal. Suas palavras são de uma pioneira que aprendeu o método de dentro para fora.

A palavra "quintessência", do título deste livro, pretende expressar a dualidade entre o prático e o etéreo que Zerka trouxe para seu trabalho. O leitor vai encontrar no artigo 7, "A 'dublagem' em psicodrama", por exemplo, a descrição precisa e clara que ela faz da aplicação totalmente intuitiva do "sentir o protagonista por dentro". Vem da investigação de Zerka a respeito desse processo seu ensinamento de que a inversão de papel é o *sine qua non* do psicodrama.

Sem ela não há certeza de que o papel do ego-auxiliar, como ferramenta terapêutica, teria sido plenamente desenvolvido. Para quem não vivenciou o trabalho inicial em Beacon e não aplicou esse método com psicóticos, sua descrição e seus esclarecimentos a respeito da função do ego-auxiliar como originalmente concebida proporcionam uma compreensão especial que pode ser aplicada a qualquer trabalho auxiliar.

Foi durante o tempo em que estudávamos com Zerka que ela passou a reivindicar mais abertamente seu lugar de direito como parceira, no mesmo nível de J. L. Moreno, no desenvolvimento, crescimento e difusão do psicodrama, da sociometria e da psicoterapia de grupo no mundo.

É nossa intenção que esta coletânea de trabalhos de Zerka possa caracterizar sua singular contribuição. Sem seu esforço incansável e sua aptidão para a organização – aplicada a seus papéis de exploradora, parteira, historiadora, repórter, apresentadora, pesquisadora, colega, esposa e mãe, entre outros –, os princípios e métodos de J. L. Moreno fatalmente teriam permanecido como sonhos excelentes e visões brilhantes, sem entretanto ser concretizados. Moreno pode ter contribuído com o veículo, mas Zerka traçou todos os mapas rodoviários.

Zerka se autodefine como "um ator participante de uma das maiores revoluções nas ciências sociais". Em "A mente seminal de J. L. Moreno e sua influência sobre a geração atual" (artigo 15), ela diz: "Muitas das idéias de Moreno alcançaram tal nível de universalidade que se tornaram amplamente aceitas como se elas sempre o tivessem sido".

Sugerimos aos leitores que pensem num mundo sem a psicoterapia de grupo ou sem o conceito de seres humanos atuando como agentes terapêuticos entre si por meio de sua presença no grupo. Talvez então possamos chegar a alguma avaliação da importância do legado que Zerka traz para a atualidade.

Durante as entrevistas para este livro, perguntamos a Zerka se alguma vez, mesmo considerando a poderosa visão de Moreno, ela se sentiu "perdida no deserto" com pessoas que não compreendiam o que eles tentavam fazer. Ela respondeu: "A visão de Moreno do que o mundo poderia ser nos inspirava. Eu achava que os outros estavam perdidos no deserto".

Para Zerka, o trabalho era vida e família. Trabalhando com seu filho Jonathan e dublando-o, ela retrocedeu ao "Primeiro Universo", e foi tão longe quanto seria possível a um adulto.

Como você poderá ler em "Psicodrama em uma clínica de puericultura" (artigo 9), Zerka foi a ponte para que mães novatas se conectassem com o psiquismo de seus bebês. Seus escritos a respeito da educação psicodramática oferecem a todos os pais um modelo para a construção do relacionamento com os filhos.

Alguns comentários sobre a organização do texto. Os capítulos constituem artigos que cobrem o período da primeira publicação de Zerka, em 1944, até um material inédito de 2004 que ela decidiu estrear aqui. As partes do livro agrupam os capítulos cronologicamente, tomando como referência eventos da vida: na Parte I (1944–1948), exploramos os escritos iniciais da jovem Zerka Toeman, que foi tomada de paixão e entusiasmo pelo movimento. A Parte II (1949–1965) começa com seu casamento com J. L. e mostra alguns dos esforços de Zerka para documentar o trabalho pioneiro dos dois. A Parte III reflete a época em que ela assumiu gradativamente a responsabilidade por todos os aspectos do legado de Moreno. As Partes IV e V mostram seu rico legado pessoal.

Cada parte começa com um dos poemas de Zerka, extraídos de seu livro *Love songs to life* [*Cantos de amor à vida*], de 1993. Cada capítulo traz a referência da publicação original do artigo e se abre com uma seção chamada "Comentários de Zerka", breve observação que ela faz a respeito do contexto em que foi escrito. Esses comentários são o resultado de muitas entrevistas e conversas com Zerka. Ela revisou e aprovou sua forma final.

O trabalho de edição constou do seguinte:

▸ O texto foi ajustado e as citações, padronizadas. Tais citações remetem a uma bibliografia abrangente ao final do livro. As referências bibliográficas que apareciam originalmente ao final de alguns artigos foram listadas em notas de fim de capítulo (localizadas antes da bibliografia) e incorporadas à bibliografia conjunta.

▸ Foram feitos pequenos ajustes gramaticais ou de pontuação a fim de tornar mais claro o significado de alguns trechos.

▸ Em diversos artigos realizou-se uma revisão mais completa do texto. As alterações relevantes são indicadas em notas de rodapé.

Decidimos manter algumas características de linguagem ou de estilo, para garantir que o texto reflita a época em que foi escrito. Vários artigos, por exemplo, contêm as palavras "preto" ou "mulato" [*colored*] quando hoje se usam os termos "negro" [*black*] ou "afro-americano". Especialmente nos textos mais antigos, aparece apenas o pronome masculino para fazer referência a ambos os gêneros. Temos certeza de que o uso original da autora não implica nenhum desrespeito.

Revisando os textos com a própria Zerka, descobrimos que vários exemplos ou estudos de caso, considerados particularmente ilustrativos de determinados pontos, foram repetidos em artigos subseqüentes ao longo dos anos.

Ao compilar esta seleção, estendemos a Zerka a prerrogativa do autor de fazer revisões, com o objetivo de apresentar explicações mais consistentes e exemplos melhores dos conceitos e métodos que ela tentava transmitir. Assim, reescrevemos alguns artigos no intuito de obter a melhor apresentação possível de determinado caso ou ponto de vista. Esses artigos, portanto, ficaram diferentes das fontes originais.

Em outros casos, entretanto, o leitor vai encontrar a duplicação de uma idéia ao longo de artigos, não por mera repetição, mas porque se trata de uma nova apresentação dessa mesma idéia. Ao considerar o texto dessa forma, estamos oferecendo uma espécie de "segunda edição" do trabalho original.

Ouvimos de Zerka, muitas vezes, uma referência a Sócrates: "A vida não examinada não é digna de ser vivida, e a vida não vivida não é digna de ser examinada". Esperamos que os leitores apreciem a profundidade e a amplitude com que Zerka examinou e viveu sua vida, que aparece aqui refletida em seus escritos profissionais e comentários pessoais. É com prazer que temos o privilégio de apresentar este trabalho.

Toni Horvatin
Highland, Nova York

Edward Schreiber
Northampton, Massachusetts

PARTE I

O início: 1944–1948

Oh, Deus! Que estranhos poderes
Estão operando aqui.
Tu reúnes duas pessoas,
Que nasceram separadas por oceanos
E fazes com que elas se encontrem
Num momento em que estavam tão necessitadas.
Ambas são fortes,
Mas são frágeis,
Unindo-se e apoiando-se
Felizes por acabarem se encontrando de novo
Uma na outra.

De *Cantos de amor à vida*
ZERKA T. MORENO

ARTIGO 1

A análise de papéis e a estrutura do público*

COMENTÁRIOS DE ZERKA

Quando escrevi este artigo, meu mundo era a guerra. Embora fôssemos pacifistas, sabíamos que a guerra tinha de ser "ganha ou ganha", e tudo era conduzido para o esforço de guerra.

O hospital de Beacon foi profundamente afetado. A equipe encolheu. O secretário de Moreno, Joe, virou soldado. Faltavam enfermeiras e ajudantes, porque todos iam para as frentes de batalha ou para as fábricas. Fazíamos o que podíamos para dar conta do trabalho, ainda que precariamente. Eu me lembro de ter aberto caminho na neve, da estrada para casa, com a ajuda de uma paciente jovem, de forma que os visitantes de domingo pudessem subir a ladeira.

Essas associações com os militares, embora infelizes no sentido global, foram importantes para nós, porque o psicodrama, a sociometria e a psicoterapia de grupo se tornaram mais conhecidos. Na época, o Exército utilizava a psicoterapia de grupo com soldados no hospital Saint Elizabeths, pois não se podia tratar individualmente milhares de soldados.[1]

O fenômeno da avalanche de militares com problemas mentais fez que os profissionais saíssem em busca de soluções. Era muito lento, ainda, o reconhecimento da psicoterapia de grupo e de Moreno como seu pioneiro. Embora não existisse dúvida a respeito de quem criara a sociometria, é hoje surpreendente que poucos terapeutas estejam de acordo quanto à criação da psicoterapia de grupo.

---

* Artigo originalmente publicado em *Sociometry: a Journal of Interpersonal Relations*, v. VII, n. 2, 1944, p. 205-221.

Um incidente ocorrido em 1944, durante a Segunda Guerra Mundial, ilustra a prevalência dessa posição. Jantando com um grupo de militares, durante o congresso da Associação Psiquiátrica Americana em Filadélfia, um capitão declarou: "Acabo de receber uma ordem de Washington de que temos de utilizar psicoterapia de grupo com soldados com problemas mentais. Que diabo é essa história de psicoterapia de grupo? Eu nunca aprendi isso". Moreno e eu nos entreolhamos. Ele deu de ombros, como se dissesse: "Não adianta querer começar a ensiná-los aqui, nestas condições. É assim mesmo". Mas aquela posição representava um equívoco que, de alguma forma, persiste até hoje.

Quisemos colaborar para a saúde mental dos militares. Em 1948, fomos convidados por um professor da Universidade de Maryland para ver uns "sociogramas de vida e morte". Ele tinha participado de um grupo de psicólogos enviado ao Pacífico Sul para estudar o estado de espírito de dois regimentos aéreos. Eles constataram que os testes psicológicos apenas avaliavam perfis individuais e que não havia nada que pudessem dizer a respeito de grupos e que definisse moral elevado. Um dos participantes (nunca descobrimos quem) sugeriu que se examinasse a "sociometria de Moreno". Lembro-me de ter empacotado oito exemplares de Quem sobreviverá? *e enviado ao Departamento de Guerra, em Washington.*

Um major da Junta de Seleção do Departamento de Guerra Britânico veio incógnito até o New York City Institute para estudar com Moreno e dedicou muitas horas a discussões. Seu relatório serviu de base para a implementação subseqüente de algumas estratégias adotadas pelos militares para organizar seus soldados. J. D. Sutherland e G. A. Fitzpatrick descreveram esse trabalho em seu artigo "Some approaches to group problems in the British Army" [Algumas abordagens dos problemas grupais no Exército Britânico] (Sutherland e Fitzpatrick, 1945).

Durante a guerra, mantivemos em Nova York sessões abertas, duas vezes por semana, que geraram o material desta pesquisa. "A análise de papéis e a estrutura do público" foi inspirado no caso de uma jovem cliente cujo noivo se viu diante do dilema casamento/família ou carreira militar. Depois da sessão, J. L. comentou que tinha sido um fenômeno interessante e me disse: "Por que você não escreve um artigo sobre isso? Por que não fazemos uma pesquisa?" Foi a primeira vez que ele me sugeriu escrever algo, embora eu não tenha me surpreendido com isso. Mais do que tudo, estávamos construindo um sistema. Quanto mais investigássemos e escrevêssemos, melhor.

Moreno observava os jovens pensando sempre no que eles poderiam vir a ser. Essa era a razão pela qual ele nos estimulava a escrever sobre experimentos, idéias – tudo. Havia muito a dizer e ele não podia fazê-lo sozinho, mas acima de tudo ele acreditava em nós. Atribuo a Moreno o fato de ter-me dado a mim mesma.

Introdução

O material das sessões a que se refere este trabalho foi coletado pela autora no decorrer de 1942 e incluído em "Sociometric researches in progress" [Pesquisas sociométricas em andamento] sob o título "Composition of a psychodramatic audience" [Composição de uma platéia psicodramática] (*Sociometry*, v. 5, n. 2, maio 1942, p. xlvii). J. L. Moreno dirigiu as sessões psicodramáticas. Foram analisados os papéis em uma produção psicodramática, assim como a estrutura das escolhas de três públicos.

O método psicodramático traz uma contribuição importante ao campo da educação e do treinamento de militares. Milhares de homens estão retornando das frentes de batalha afetados por distúrbios mentais. Quando convocados, eles eram aparentemente bem ajustados e capazes de se manter num nível satisfatório de atuação na vida civil. Mas a rigidez do serviço militar, à parte o cenário de batalha, exige do indivíduo uma reorganização profunda. Ele é colocado em situações desconhecidas, cujos efeitos cumulativos freqüentemente conduzem a uma quebra de seu moral. A tese que queremos apresentar é a de que o método psicodramático pode prepará-lo para melhor adaptação à vida militar.

O palco psicodramático oferece uma oportunidade única para o estudo do ser humano em dimensões até então limitadas à expressão verbal. A importância primordial do *senso motor* no treinamento militar faz do psicodrama o tratamento por excelência. Ele possibilita ao diretor chegar com o sujeito tão próximo de um espelho de sua situação de vida quanto a objetivação permita, sem na realidade ultrapassar o permitido.

Não há limites para as possibilidades de expressão no palco psicodramático. Trata-se de uma investigação de novas dimensões de realização, a realização da ação, assim como de novas dimensões de análise, a análise da ação.

Aqui o sujeito pode projetar seus conflitos sem barreiras. Ele pode escolher os egos-auxiliares para representar pessoas ausentes que tenham relação com seu problema. Pode escolher a situação, o tempo, o lugar e as pessoas com quem pintar o retrato de sua vida.

O diretor obtém uma descrição abrangente da síndrome do sujeito enquanto este apresenta seus problemas e orienta os egos-auxiliares para que façam seus papéis. O diagnóstico e a orientação podem então seguir de mãos dadas. Colocado em ação, aquecido para que alcance o máximo de espontaneidade e tendo sua *performance* analisada imediatamente, o sujeito consegue compreender suas reações. Uma vez que ele atinja certo grau de compreensão, é possível começar um programa de retreinamento.

Ao treinar a ação, o psicodrama oferece muitas vantagens quando comparado com outros métodos de orientação da personalidade. Pode-se estimular o sujeito para a ação e interrompê-lo no momento certo a fim de mostrar onde a ação está inadequada. É possível fazê-lo começar de novo, aquecê-lo para um caminho diferente, fazê-lo compreender que seu velho processo de aquecimento induziria os mesmos conflitos que o trouxeram ao laboratório de psicodrama. Ele recebe relatos de suas atuações anteriores e pode analisar sua atuação atual no palco à luz do que aprendeu. O sujeito obtém oportunidades novas de aquecer-se para diferentes estados de espontaneidade que lhe permitam viver como pessoa mais plenamente integrada e mais bem ajustada.

Muitas vezes, o senso comum entende a espontaneidade como um comportamento desregrado – "fazer o que quiser, quando e onde quiser" – ou como comportamento impulsivo, uma ação incontrolável que configura instabilidade social e emocional. De acordo com Moreno, entretanto, o treinamento da espontaneidade abre caminho a um processo sistemático e flexível de aprendizagem, proporcionando uma base mais confiável para absorver a disciplina do que os métodos autoritários. Ancorar a disciplina na obediência não dá a ela uma raiz tão profunda como a que é capaz de proporcionar a matriz espontânea do indivíduo, quando este pode ser dirigido *sua sponte* ("de dentro do eu").

Temos na dramatização um interessante paralelo do conflito espontaneidade–conservação. O dilema do ator no drama conservado é o dilema do ator-criador. Dividido entre um papel conservado – linhas, emoções e gestos muito ensaiados – e o desejo de criar um *novo*, de viver um novo Hamlet vivenciado somente nesse momento, o papel conservado fica sem sentido para ele. Sua divisão interna é um tormento. Faz que sua atuação não seja convincente.

Nossa cultura demanda um Hamlet muito específico. Entretanto, será possível que nosso ator sinta realmente essas palavras ensaiadas tão completamente que não procure mais seu significado? É esse, então, o grande Hamlet que ele desejou representar? Ou não está ali, dentro dele, uma dor por aquele outro Hamlet que teve de morrer antes que nascesse? Essa dicotomia pode eventualmente interferir na atuação de nosso ator, e com freqüência isso acontece, a tal ponto que torna a atuação de qualquer papel conservado impossível para ele.

O ator espontâneo não conhece esse dilema. Ele tem o privilégio de criar o Hamlet do momento. Na verdade, a atuação espontânea precisa de treinamento, de alimentação dos elementos criativos dentro do ator. Necessita de orientação para que seu Hamlet não seja somente espontâneo, mas esteticamente aceitável, harmonizando seu papel com os papéis dos outros atores no palco.

Mas seu treinamento não consiste em aprender linhas e emoções impostas a ele. É um treinamento no nível da criatividade do próprio ator, de modo que a espontaneidade esteja pronta, preparada para uma ocasião em que seja convocada para conduzi-lo através de zonas perigosas. Não é seu o temor de que amanhã à noite, no mesmo momento, essas mesmas emoções, as mesmas palavras, tenham de ser repetidas usando a mesma inflexão de voz para animar seu público. Sua é a criação de e para o momento, sem valor de repetição, completa em si, ainda que imperfeita do ponto de vista do drama conservado. Seus valores foram unificados até o ponto em que seu ego criativo não tem mais de provar-se ao preço do eu conservado, *aquele eu que esperam dele*.

A guerra padronizada, na forma em que é aplicada a nossos combatentes, é uma verdadeira reprodução da forma conservada do drama. Os homens seguem um padrão rigorosamente estabelecido. Cada passo é planejado de tal modo que ninguém fique sem um conjunto definido de instruções. Cada momento é cronometrado para o próximo passo, que deve ser igualmente bem preparado, e o próximo e o seguinte, até que o inimigo seja aniquilado ou se renda.

Nenhum treinamento para uma guerra padronizada, por mais que cuidadosamente construído em cada detalhe, por maior a freqüência com que o soldado seja submetido a ele, consegue prepará-lo para o desconhecido, para aquele momento em que ele se veja perdido por causa de uma tática inesperada da parte do inimigo ou porque sua arma falhou. Nesse último caso, sua habilidade técnica pode ajudá-lo, mas a emergência talvez esteja fora do âmbito do conhecimento técnico. É então que precisam ser resgatadas sua espontaneidade, sua iniciativa, sua inocência para tomar decisões ao sabor do momento.

Toda pessoa tem uma fonte de espontaneidade não treinada. Todo mundo é desafiado, incontáveis vezes por dia, a exercer a espontaneidade em situações para as quais não se tem nenhum precedente conhecido.

Obviamente, numa batalha, muitas coisas dependem da reação do soldado em fração de segundo. Ele foi cuidadosamente "adestrado". Conhece suas armas, o que se espera delas e como utilizá-las em benefício próprio e de seus companheiros. Mas ele vai enfrentar situações que demandam ação imediata de um tipo não relacionado com seu treinamento prévio.

Há enorme necessidade de que o treinamento preencha o vazio de ajustamento da personalidade do *soldado-ator*. Acreditamos que essa ponte seja encontrada na aplicação dos métodos psicodramáticos.

Apresentação de um problema típico

O caso que apresentamos a seguir foi escolhido entre quinze outros que abordam problemas de militares em treinamento, porque se refere a um problema compartilhado por muitos deles, sendo de interesse público.

O problema que se coloca é: o soldado pode casar-se enquanto está mobilizado ou deve esperar até o fim da guerra?

O soldado, que chamaremos de Jack Roberts, foi-nos encaminhado por um oficial superior. Quando chegou, ele se apresentou no palco. Era segundo-tenente, tinha 25 anos e vinha de uma pequena cidade de Ohio. Era o caçula de três irmãos. Seus pais estavam vivos e bem ajustados. Ele tinha formação universitária e se descreveu como um aluno mediano.

A entrevista com o diretor mostrou que sua situação profissional foi a primeira a ser afetada por esse problema, o que chamou a atenção de um de seus superiores. Assim, a primeira cena representada consistiu na situação de trabalho. Jack foi aquecido pelo diretor.

Somente as partes relevantes do material são apresentadas aqui. Várias sessões psicodramáticas foram condensadas em uma. A falta de espaço impede que se detalhe a história que o caso revelou antes do aparecimento do sujeito no teatro.

Jack está nos bastidores com o ego-auxiliar que vai representar seu oficial superior. Jack está aquecendo o ego-auxiliar para seu papel.[2]

Diretor: Quando Jack começou a falar sobre seu problema, estava constrangido. Ele disse que achava que não se sairia bem no palco. "Eu não sou ator." O diretor explicou-lhe que o sujeito psicodramático não precisa ser ator. Sendo sincero e tendo um problema que o incomoda, ele será capaz de se aquecer para uma apresentação adequada do conflito. Vejamos como o problema de Jack chamou a atenção de um oficial, e qual é seu conflito.

Jack volta ao palco com o ego-auxiliar.

Diretor: Jack, descreva a situação. Diga-nos onde aconteceu a cena.
Jack: Era uma sala pequena no acampamento onde eu estava recebendo treinamento básico; o lugar era bastante despojado, mobília simples, cartazes na parede.
Diretor: A que horas?
Jack: Começo da noite.

Diretor: Você já estava na sala?

Jack: Não, o oficial estava me esperando.

Diretor: Então vá aos bastidores e faça o oficial se aquecer para esse papel.

Jack vai aos bastidores, o ego-auxiliar anda de um lado a outro se aquecendo para o papel e, em seguida, senta-se. Jack entra e presta continência. O oficial pede que Jack se sente.

O oficial parece preocupado, testa franzida.

Oficial: Eu o chamei, Roberts, porque, sendo você candidato a promoção, nós o temos observado cuidadosamente. Seu prontuário estava bom até algumas semanas atrás. Ultimamente, você parece menos alerta. Precisamos de homens ativos. O que diz dessa sua mudança? Você parece estar preocupado, com pensamentos que não têm ligação com seu trabalho.

Jack: Eu não sabia que isso era tão óbvio, senhor!

Jack se mexe na cadeira.

Oficial: Você está com algum problema? Tem algo errado em casa?

Jack: Não. Não exatamente em casa.

Oficial: Seja o que for, não queremos que interfira em sua chance de ser treinado para oficial. Só quero alertar você. Não nos cabe entrar em sua vida privada. Mas todos fazemos sacrifícios nesta época, você sabe disso.

Jack: Sim, eu sei, senhor.

Oficial: Você acha que pode resolver isso sem prejudicar suas chances no exército?

Jack: Penso que sim, senhor.

Oficial: Bem, espero que você não erre novamente. Gostaríamos de vê-lo progredindo e sendo promovido. Precisamos de bons homens. Por hoje é só.

Jack: Muito obrigado, senhor.

Jack bate continência é deixa o palco. O ego-auxiliar sai depois dele. O diretor pede a Jack que volte para uma entrevista.

Diretor: Essa cena aconteceu quando você era soldado raso. O oficial e, provavelmente, outras pessoas viram que havia algo em sua mente interferindo em suas obrigações para com o exército. Mas você é agora segundo-tenente. Isso deve ter acontecido bem antes, porque nesse meio tempo você foi promovido.

Jack: Sim.

Diretor: O que o estava perturbando a ponto de você ficar menos alerta?

Jack abaixa a cabeça.

Jack: Se eu deveria casar-me ou não. Isso me ocorreu quando eu estava no acampamento e não tinha condições de decidir. Então, deixei pra lá por um tempo. Mas agora eu preciso resolver.

Diretor: Uma das coisas que não fazemos aqui é dar conselhos. Apenas oferecemos uma oportunidade para que você possa objetivar seus conflitos no palco, com a ajuda de egos-auxiliares que tentarão representar pessoas ausentes. Você tem de encontrar uma solução por si mesmo, aqui ou mais tarde. Seu problema, ainda que de ordem particular, contém muitos elementos gerais. Por isso é interessante ver como o problema aconteceu e como você vai resolvê-lo. Onde está sua namorada agora?

Jack: Em casa, com a família.

Diretor: Mostre para o ego-auxiliar que vai fazer o papel dela como sua namorada age e o que aconteceu quando você a viu pela última vez. Não precisa ser exatamente o que aconteceu. Tente mostrar a essência da situação e, se for o caso, de outras situações que você viveu com ela.

Uma ego-auxiliar é escolhida para representar Diane, a namorada de Jack. Ele a orienta quanto ao comportamento de Diane. Depois de dois minutos eles começam a cena. Jack descreve a situação.

Jack: Diane veio até a escola de treinamento para falar sobre o casamento. A discussão aconteceu após o jantar, enquanto fazíamos uma caminhada.

Jack e Diane caminham pelo nível central do palco, fazendo a cena.

Diane: Me desculpe por incomodar você vindo aqui. Eu só queria deixar as coisas mais claras.

Jack: Você sabe que eu te amo, se não fosse isso não teria te pedido em casamento no verão passado. Sei que você aceitaria se eu insistisse, mas sua família não aprovava e com isso fiquei na dúvida se deveria forçar. Eu era um soldado raso e eles achavam que o futuro era muito incerto.

Diane: Não foi fácil para mim ficar entre duas alternativas. Não sabia o que fazer. Mas depois que você foi embora, senti como se tivesse te abandonado. Não deveria ter deixado você ir.

Jack: Escrevi para você contando como me sinto atualmente. Se eu me dedicar, existe um bom trabalho esperando por mim. Tenho um débito com meu trabalho tanto quanto tenho com você. Se formos mandados para longe, eu vou ficar dividido entre a preocupação com você e a preocupação com meus comandados.

Diane: Mas você disse que eu poderia ajudar se você fosse mandado para longe, que você teria alguém em quem se apoiar, alguém para quem voltar. Não continua assim, mesmo sendo você um oficial? Por outro lado, você não precisa se preocupar comigo. Eu me cuido. Vou conseguir um novo emprego e ficar tranqüila se você for para o exterior.

Jack pega na mão de Diane e pára de andar. Diane pára e olha para ele.

Jack: Gozado, mas ser oficial faz diferença. É estranho como no último verão tentei convencer você de que a gente deveria se casar. Agora é você que tenta me convencer. Não sentimos a mesma coisa ao mesmo tempo.

Diane: Foi por isso que eu vim; podemos entrar num acordo.

Jack: Não acho que eu esteja pronto para isso no momento.

Jack começa a andar novamente e Diane o acompanha. Ambos parecem infelizes. Jack, especialmente esgotado.

Jack: Por que não esperamos até que eu seja promovido? Deixe eu me concentrar nisso primeiro. Aí então poderemos tomar uma decisão final.

Diane parece deprimida.

Diane: Ou seja, não se fala mais nisso até que você chegue a uma conclusão.
Jack: Sei que isso é difícil, mas é a única maneira de eu deixar as coisas claras no momento.
Diane: Acho que é a única coisa que se pode fazer, então.

Jack fica um pouco mais relaxado quando Diane diz isso.

Jack: Talvez devêssemos ter nos casado no último verão, apesar de tudo. Mas eu não quero que você faça nada sem a aprovação da sua família.

Jack e Diane deixam o palco. Jack volta para ser entrevistado pelo diretor.

Diretor: Jack, quantas vezes você adiou o casamento?
Jack: Tivemos avanços e recuos, algumas vezes.
Diretor: Parece que cada vez que você queria casar ela não queria, e quando ela queria você não conseguia se convencer.
Jack: É verdade.
Diretor: Os tempos de vocês não coincidem. Vimos isso várias vezes. E assim você deixou Diane ir embora sem uma decisão. Ela aceitou sua sugestão e resolveu esperar até que você terminasse seu curso.
Jack: É verdade. Mas agora eu estou terminando o curso e posso dar baixa em breve. Vou ter de tomar uma decisão de um modo ou de outro.
Diretor: Agora que foi promovido, você sente que sua responsabilidade em relação ao exército pesa contra o casamento tanto quanto antes?
Jack: Sinto que é tão importante quanto a responsabilidade para com uma esposa e, conseqüentemente, uma família.
Diretor: Você acha que teria se casado com Diane se a guerra não tivesse estourado?

Jack: Se eu sentisse o que sinto por ela agora, provavelmente.

Diretor: Você teve vontade de casar com outra pessoa antes disso?

Jack: Sim, duas vezes. Mas não deu certo. Desde então, Diane tem sido a número um.

Diretor: Agora que você é tenente, o que a família de Diane pensa a seu respeito?

Jack: Bem, a julgar pelas cartas de Diane, eles parecem estar cedendo um pouco. Acho que é porque ela está mais ansiosa para casar comigo.

Diretor: E por que eles estariam contra?

Jack: Eles temem a incerteza do futuro e acham que Diane ainda é muito nova para se amarrar numa época como esta, principalmente ela tendo tanta dúvida.

Diretor: Você acha que Diane teria topado casar com você no verão se a família dela apoiasse?

Jack: Creio que sim. Ela é muito ligada à família e é muito jovem.

Diretor: E o que você acha dos familiares dela? Acha que eles não interfeririam?

Jack: Não, eu não ponho a culpa neles. No lugar deles eu teria feito a mesma coisa. Mas ao mesmo tempo sinto que minha hesitação agora tem que ver com a indecisão dela, causada pela pressão da família.

Diretor: Suponha que você tenha a oportunidade de visualizar o futuro, digamos daqui a cinco anos. A guerra terminou. O que você gostaria de fazer e onde gostaria de estar? Não hesite, escolha a vida com que você sonha.

Jack: Eu gostaria de morar na Costa Oeste.

Diretor: Casado ou solteiro?

Jack: Nessa ocasião, acho que estaria casado.

Diretor: Com Diane?

Jack: Depende, se ela me esperar...

Diretor: Você é cuidadoso, não? Acha que ela espera?

Jack: Mais que qualquer outra pessoa que eu conheça.

Jack se movimenta no palco com facilidade. Usa os braços para descrever a cena.

Jack: Temos dois filhos, um menino e uma menina. O menino é o mais velho. Vivemos em Los Angeles numa casa muito boa no subúrbio, muito aconchegante e confortável. Tem seis cômodos. A mobília é moderna. É uma casa bonita, que nos enche de orgulho. Minhas flores no jardim da frente dão inveja na vizinhança. Diane cultiva verduras no quintal de trás, perto da entrada da cozinha. As crianças têm espaço para brincar.

Diretor: Qual é sua profissão?

Jack: Ganho a vida como executivo júnior de uma empresa aérea transcontinental.

Diretor: Qual o período do dia agora?

Jack: É noite. As crianças foram para a cama.

Diretor: Mostre para a ego-auxiliar como você visualiza o futuro.

Jack e Diane deixam o palco novamente, a fim de que Jack possa prepará-la para a cena.

Jack: Esta é a sala de estar. Diane e eu estamos conversando depois do jantar. As crianças estão dormindo. Diane costura enquanto eu fumo cachimbo.

Jack diz a Diane onde sentar-se. Ele se senta e põe os pés em outra cadeira. Parece bem confortável. Diane simula estar concentrada em algo.

Jack: Você está bonita hoje, querida.

Diane: Obrigada. Você parece um pouco cansado. Foi um dia pesado no escritório?

Jack acende o cachimbo e fuma.

Jack: Muito. Estamos fazendo muitos contatos. Como vão as crianças?

Diane: Tudo bem. O Júnior precisa de roupas novas. Ele está crescendo rapidamente. Está ficando muito esperto. Acho que você tem de ficar mais atento a ele. Com a Mary é mais fácil de lidar. Hoje não aconteceu nada especial.

Jack: É, eles estão ficando grandes. Isso faz a gente se sentir velho. Recebi hoje uma carta da minha mãe.

Diane: Ela está melhor?

Jack: Ela nunca reclama. Você sabe como ela é. Mas Kenneth acrescentou umas linhas. Ele escreveu que o médico sugere uma mudança de clima para ela, vir para cá por exemplo.

Diane: Por que ela não vem? Seria ótimo recebê-la.

Jack parece estar testando Diane, por isso fala de modo hesitante.

Jack: O que você acha de mamãe morar com a gente definitivamente? Eu não quis perguntar antes. Pessoas idosas podem ser difíceis e isso seria um peso a mais para você. Mas ela não tem estado bem e precisa de alguém que cuide dela. Fiquei em dúvida sobre levantar a questão porque, com isso, as crianças vão ter de mudar para um só quarto para que mamãe possa ficar com o outro.

Diane: Mas é claro que ela pode. Vamos fazê-la sentir-se o mais confortável possível. Ela será bem-vinda. Não se preocupe com isso. Vamos simplesmente arranjar um lugar para ela. Quando ela vem?

Jack parece aliviado, relaxa mais profundamente em sua cadeira.

Jack: Você é muito generosa de assumir isso assim. Não sei como você vai se sentir, mas eu ficaria muito tranqüilo em saber que ela é bem cuidada.

Diane: Você tem se preocupado com isso, eu sei.

Jack: É que você vai ficar mais presa em casa do que antes.

Diane: Com filhos, a pessoa fica presa em casa de qualquer maneira. Você não disse quando ela vem.

Jack: Se Kenneth puder trazê-la, assim que eu escreva para ela vir; talvez na semana que vem. Se ele não puder sair precisarei buscá-la. Ela está muito velha e doente para vir sozinha.

Diane: Quando ela vier será bem-vinda.

Jack: Sra. Roberts, acho você uma garota muito legal!

Jack sorri e vai até Diane, acariciando-a nas costas.

Diane: Obrigada, sr. Roberts. Você é que é legal.

Jack e Diane deixam o palco. Jack volta para ser entrevistado pelo diretor.

Diretor: Como foi a ego-auxiliar como Diane?

Jack: Ela se saiu muito bem. Antes, na primeira cena com ela, senti-me às vezes como se Diane e eu estivéssemos realmente lá, botando as coisas para fora.

Diretor: A srta. B. se parece com Diane?

Jack: Não, não é parecida.

Diretor: Quando o ego-auxiliar consegue reproduzir a atmosfera da pessoa ausente, o estímulo é suficiente para que o sujeito se aqueça para seu papel. Você apresentou a ela o problema a ser retratado nesta última cena antes de trazê-lo ao palco?

Jack: Não. Apenas pensei que seria bom falar sobre isso. Papai não anda se sentindo muito bem. Talvez eu esteja preocupado com o que poderia acontecer se mamãe ficasse sozinha. Achei melhor não informar a srta. B., para ver como ela reagiria.

Diretor: Uma espécie de teste de Diane por procuração?

Jack: Dá para chamar assim.

Diretor: Ela com certeza foi bem-sucedida.

Jack: Foi.

Diretor: Essa é a maneira como você espera que Diane aja numa situação parecida?

Jack: Quase. Acho que a predispus a favor.

Diretor: Quando você espera ver Diane?

Jack: Dentro de algumas semanas.

Diretor: Gostaríamos muito que você nos contasse como foram as coisas com Diane. Você pode fazer isso?

Jack: Com certeza. Quero dizer que gostei muito da oportunidade de trabalhar essas coisas.

Diretor: Você sente que está mais fácil agora?

Jack: Não ainda, mas pelo menos tive uma chance de sentir como seria estar casado.

Diretor: Acha que ainda está muito perto disso para dizer se seu trabalho aqui esclareceu as coisas para você?

Jack: Acho que sim.

Diretor: Gostamos de sua sinceridade e achamos que você fez um bom trabalho aqui no palco. No fundo, Jack, não há razão para um militar não ser um bom chefe de família tanto quanto é bom militar. As duas coisas não são incompatíveis. Na situação do marido, você seria o provedor. Mais tarde, o pai. Por outro lado, você será o líder e autoridade de seus homens no exército; uma espécie de pai militar. É possível levar um pouco de experiência de um papel para outro.

Jack: Você quer dizer que como oficial posso aprender a ser marido e vice-versa? Mas a autoridade que eu mostro num papel não conflita com a outra?

Diretor: Não se você não misturar os papéis. Os papéis só são viáveis, antes de tudo, dentro de seu contexto próprio.

Jack: É verdade.

Diretor: O problema, nesse caso, é muito claro: Jack deve casar-se agora ou esperar até que volte do exército e possa se dedicar à vida familiar? Ninguém pode dizer a ele o que fazer. Ele tem de decidir por si mesmo, mas descobrirá que a chance de colocar a si e a seus conflitos num contexto objetivo pode permitir-lhe chegar a uma solução mais rápida e concreta do que seria possível de outra maneira.

O resultado final desta sessão foi que Jack telefonou à namorada e pediu-lhe que ficasse pronta para sua chegada e se preparasse para o casamento em poucas semanas. Ele nos dava notícias de tempos em tempos. É interessante que subiu de posto desde que se casou, está bem ajustado na vida de casado e ganhou, aparentemente, autoconfiança para suas responsabilidades militares.

Análise[3]

Métodos de análise de papéis

Consideramos: (a) como a expectativa de agir num papel no futuro afeta um sujeito e cada membro da platéia; (b) a deficiência de papel de um sujeito; (c) adequação e superioridade em um papel no palco e na realidade; e (d) se um papel é dominante ou secundário para o sujeito e cada membro da platéia, no palco e na realidade.

A expectativa de atuar em determinado papel pode causar medo de entrar em situações nas quais aquele papel se evidencia. Em outros casos, a expectativa de um papel tem o efeito contrário, ou seja, a possibilidade de vivenciá-lo aumenta a coragem, a autoconfiança e a satisfação.

Para um soldado, a expectativa ou a concretização de um casamento pode produzir aumento da superioridade no papel de combatente; para outro, reduzir sua eficiência como soldado. O papel de soldado pode ser dominante para o sujeito nesse momento. Dois anos mais tarde, o papel de marido talvez se torne dominante. Em algumas situações, a deficiência no papel de marido influencia um homem de tal forma que, se essa deficiência não é reconhecida, o casamento reduz sua credibilidade como combatente. Nesse caso, se a deficiência no papel de marido for reconhecida antes do casamento, uma decisão de não se casar ou de adiar o matrimônio pode aumentar seu valor como soldado. Temos observado que o treinamento de papel ajuda a reduzir as deficiências de papel. Em tempos de guerra, o treinamento de papel nos quartéis e escolas militares deve, necessariamente, se limitar ao papel de soldado, sem esquecer que os vários papéis significativos nos quais um sujeito tem de atuar são dinamicamente inter-relacionados e interdependentes.

Avaliação da dominância de papel, da adequação de papel e da deficiência de papel de pessoas e do público[4]

A autora tem utilizado quatro métodos de avaliação para a análise de papéis e de reações do público.

Um dos métodos consiste em anotar os dados relativos à platéia enquanto acontecem os procedimentos no palco. O segundo, em recolher as opiniões imediatamente após o fim da atuação no palco. A vantagem do primeiro método é o fato de que o público avalia suas reações instantaneamente, mas não pode ver o resultado total. No segundo, a impressão total é levada em consideração. É possível utilizar uma combinação dos dois métodos, proporcionando uma reavaliação das reações.

Para se conseguir dois tipos de reação à ação retratada no palco, formularam-se duas perguntas. A primeira procurava conhecer a reação aos papéis desempenhados no palco; a segunda, determinar a estrutura de papéis do próprio público. A primeira questão: "Se estivesse no lugar do sujeito, na situação do soldado (amante, marido, filho, pai etc.), você agiria da mesma forma? Responda sim ou não". A segunda questão: "Você acha que um soldado, um amante, um marido, um filho etc. deveria agir da maneira como agiu o sujeito? Responda sim ou não". As mesmas perguntas foram feitas em relação aos egos-auxiliares que atuaram no palco com o sujeito.

Um terceiro método para analisar as reações do público consiste em um refinamento posterior do primeiro método, e pode ser chamado de análise de entrevistas ou áudio-análise. Pede-se a cada membro do público que escreva num papel suas reações à situação em curso no palco.

Por exemplo, as questões básicas às quais os membros da platéia respondem são:

1. Você alguma vez esteve em situação semelhante?
2. A apresentação estimula ou aborrece você? Por quê?
3. Isso acontece devido a seu sucesso ou fracasso naquela situação?
4. Ela faz lembrar algo pessoal que você não gostaria de ver encenado?
5. Isso o contraria porque o sujeito no palco atuou num papel que tem relação com algum grupo ao qual você pertence? Apresente suas razões para objetar ou aprovar (por exemplo, sendo judeu você não gosta de ver um judeu perseguido no palco; sendo negro, não gosta de ver um negro linchado; ou, como soldado, não aprova que um soldado se case e deixe a si e a esposa infelizes quando tenha de partir).
6. Se você já esteve numa situação como essa que o sujeito viveu aqui, conseguiu resolvê-la satisfatoriamente?
7. Se não, acha que a representação no palco foi útil, sugerindo possíveis alternativas para você?
8. Acrescente as observações que considerar pertinentes sobre suas reações ao que aconteceu no palco.

Essas reações escritas do público devem ser sempre acompanhadas de entrevistas individuais breves e de uma discussão aberta, imediatamente após a sessão, de modo que o público se aqueça com grande espontaneidade.

Um quarto método utilizado é a chamada análise de papéis. Os membros do público são solicitados a atuar, cada um com sua própria versão, os papéis retratados no palco pelos sujeitos e egos-auxiliares. Cada maneira de assumir os papéis é classificada em categorias – A, B, C, D etc. –, e o restante do público deve se identificar com uma categoria.

Foram utilizados três diferentes públicos para determinar em que medida o público influencia a análise de papéis e, por outro lado, em que medida o desempenho de papéis no palco influencia as reações do público.

A primeira sessão aconteceu com um sujeito real ("Jack"), em frente a um público composto de muitos soldados, suas esposas, futuras esposas e namoradas, a maioria diretamente sensibilizada e identificada com o que acontecia no palco – o chamado público primário.

A segunda sessão foi apresentada a um grupo integrado principalmente por pessoas mais velhas, médicos, professores, assistentes sociais e assim por diante. Podem ser considerados observadores objetivos, constituindo uma categoria que, das três, seria a menos afetada diretamente pela apresentação – público-controle número 1.

A terceira sessão aconteceu perante um grupo composto de adolescentes, estudantes e pós-graduandos, a maioria dos quais com uma expectativa de futuro relacionada com essas situações – público-controle número 2.

Os dois públicos-controle não sabiam que foram utilizados egos-auxiliares em lugar dos sujeitos reais. Esses egos-auxiliares reproduziram as mesmas situações e conflitos que o sujeito original viveu com seus egos-auxiliares, de forma não ensaiada porém planejada.

Análise de papéis

A análise de papéis baseia-se em uma avaliação do sujeito feita pelo público, partindo da questão número 1: "Se estivesse no lugar do sujeito, na situação de soldado, amante, marido, filho, pai, você agiria da mesma forma? Responda sim ou não".*

O público primário avaliou mais positivamente o papel de marido, dizendo em essência: "Se estivéssemos no lugar de Jack, na situação de marido, sim, nós

---

* Neste caso, os papéis de marido e pai seriam expectativas futuras de papéis, na medida em que o sujeito não está em nenhum desses papéis por ocasião da sessão. (N. Orgs.)

agiríamos da mesma forma" (expectativa futura de papel – 93%). Uma segunda resposta positiva, muito próxima, referiu-se ao soldado (papel atual – 92%). Isso indica o conflito interno de Jack: que papel deve preponderar?

O público avaliou de maneira menos positiva o sujeito no papel de amante, assim como na relação amante–parceiro, embora esse último escore tenha sido ligeiramente mais alto. Isso indica que o sujeito, em interação com o auxiliar na situação de amante, não pareceu tão inadequado para o público, mesmo com baixa avaliação. Talvez se sentisse que o auxiliar contribuiu muito para a situação total.

No quesito *interação* do marido, o sujeito obteve pontuação menor do que como marido isolado no papel, sem interação. Novamente, os dados sugerem que o público sentiu que a habilidade do ego-auxiliar em interação ajudou o sujeito a aquecer-se para fazer suficientemente bem o papel de marido. Isso é claramente indicado pelo fato de o ego-auxiliar ter recebido pontuação alta tanto no papel isolado de esposa quanto no de esposa em interação. Seu escore foi mais alto que o do sujeito.

Tal análise mostra que o treinamento para assumir um papel e para a interação de papéis, tal como recebido pelo ego-auxiliar, contribui para uma consciência "télica" sensível, que por sua vez estimula o sujeito a dar o melhor de si no papel.

Indica também que o teste de casais pré-maritais – objeto de outras pesquisas nas quais testamos casais já em papel real no momento do teste, por exemplo, o de amantes – pode dar conta de muitos relacionamentos substanciais; contudo, por meio da projeção marido/mulher muitos relacionamentos mais profundos podem emergir.

Como já foi mencionado, o público-controle 1 foi construído de forma diferente do público primário. Cada público é um caso individual e, portanto, um público diferente, quando avalia os sujeitos no jogo de papéis, vota diferentemente.

Entretanto, de acordo com os protocolos de papéis da análise de público que fizemos, quanto mais os enredos e papéis são representativos da maioria do público, mais o escore de um público se parece com o de outro.

No público-controle 1, o papel de marido veio antes do de soldado. Os componentes desse grupo, afetados menos diretamente pela emergência da guerra, responderam como civis, examinando um papel civil em primeiro lugar. Todavia, os papéis de filho, soldado e pai tiveram índices muito próximos um do outro, ficando praticamente no mesmo plano. O papel de amante recebeu destaque maior do que no primeiro público.

É interessante notar que o público-controle 1, sendo mais objetivo que o grupo primário, deu respostas em branco muito mais vezes que o primeiro grupo de respondentes. Entre os três, esse público foi o que menos votou no desejo de assumir o papel de soldado. Isso coincide com constatações de autoridades militares, que sabem que pessoas mais velhas tornam-se soldados menos eficientes e ousados que as jovens. Todos os achados relacionados com as reações do público-controle 1 mostram que o número de membros neutros era bem mais alto que nos outros públicos, indicando seu maior distanciamento do problema em pauta.

Os escores do público-controle 2, que indicam suas expectativas futuras quanto a situações militares e amorosas, não diferem significativamente do público primário, exceto quanto ao papel de soldado.

Os escores positivos para os papéis de filho, marido, soldado e pai foram muito próximos, com o papel de filho (o único que já podia ter sido experimentado por esse público) mostrando ligeira vantagem.

Evidenciou-se que a educação para o desempenho de um papel marca profundamente a imaginação dos soldados do público primário, uma vez que eles eram, antes e acima de tudo, soldados.

Os membros do público-controle 2 tinham expectativas futuras em relação aos papéis de soldado, marido e pai, cujos conflitos foram trazidos à tona. Eles se situam, na verdade, em algum ponto entre o público de soldados e o público menos afetado.

O escore de participação global desse segundo público-controle é bastante próximo dos resultados do público primário, mostrando sua relação mais tensa com os problemas em pauta.

No escore relativo ao papel dos egos-auxiliares, o público-controle 2 participou mais plenamente até mesmo do que o público de soldados. Isso aponta para uma configuração mais pertinente do papel de amante entre eles, o ponto no qual foram mais diferentes do público primário e do público-controle 1.

Análise do público

A análise do público visa determinar sua estrutura de papéis. Neste estudo, baseou-se nas notas atribuídas ao sujeito (ou, no grupo de controle, aos egos-auxiliares que representaram o sujeito) por meio da questão 2 ("Você acha que um soldado, um amante, um filho, um pai, deveria agir da mesma forma que o sujeito agiu? Responda sim ou não").

Ao analisarmos o público primário, composto em sua larga maioria por soldados, verificamos que eles reagiram quase unanimemente de forma positiva ao papel do soldado (99%), sendo que 1% não se pronunciou. Todos os demais papéis tiveram menor importância para esse público, embora o papel de marido tenha ficado em segundo lugar.

Isso dá idéia da estrutura de papéis do público. Comparando a análise de papéis (os integrantes do público agiriam da mesma maneira que o sujeito?) com a análise do público (um soldado, um marido, um filho etc. deveria agir da mesma forma que o sujeito?), os índices são semelhantes, salvo neste último, em que o papel de filho precedeu o de pai. Isso se deve provavelmente ao fato de que, como os soldados eram maioria, eles sentiram que o papel de pai, sendo apenas uma expectativa de futuro para muitos deles, não teria mais importância que o papel de filho, que já existia antes de se tornarem soldados.

Observou-se também, no caso do público primário, que houve mais votos na análise do público do que na análise de papéis. Talvez tenha sido mais fácil para o público responder à segunda questão, mais genérica. Formulada indiretamente, parecia não carregar implicações pessoais.

O fato de tomar os integrantes do público como referência faz que o próprio público se torne sujeito de análise, tendo como base suas próprias reações. Quando o público sente que não está respondendo à toa, essas reações tendem a ser mais espontâneas.

Esse método indireto permite ao diretor obter uma estimativa precisa da configuração dos papéis de determinado público, ou seja, de quais papéis são dominantes e quais parecem indiferentes.

A análise do público-controle 1 mostra que ele respondeu mais positivamente aos papéis de marido e filho. Já o público-controle 2 respondeu de forma igualmente forte aos papéis de soldado, filho e marido, nessa ordem. Pode-se considerar isso de novo como um reforço dos papéis, na forma como eles existiam no público naquele momento.

Conclusões

O método psicodramático é uma abordagem preciosa para compreensão e solução de problemas psicológicos e sociais de homens e mulheres que estejam nas forças armadas ou prestes a entrar nelas. Pode ser aplicado tanto em pequenos quanto em grandes públicos de soldados. Permite o tratamento grupal de problemas sociais e a identificação de casos que necessitam de atenção individual. É um método flexível e pode ser usado tanto como medida preventiva quanto em programas de reabilitação.

O procedimento psicodramático é apresentado aqui em suas três maiores ênfases: *o público*, *a produção sobre o palco* e *a reação do público à produção*. Vistas da perspectiva histórica de duas décadas de experimentação psicodramática, cada uma dessas ênfases vem dando uma contribuição específica.

O segmento do *público*, numa situação psicodramática, tem tido a psicoterapia de grupo como referência, uma vez que foi a análise do público, combinada com o estudo sociométrico, que estimulou Moreno a cunhar esse termo e a formular seu conceito.

A segunda ênfase é a *produção sobre o palco*. Ela originou um desenvolvimento diferente, que se transformou hoje no tema central das fronteiras psicológicas e educacionais: o treinamento e retreinamento das pessoas e o treinamento da espontaneidade, especialmente na forma do jogo de papéis.

A terceira ênfase deste trabalho, *a reação do público à produção* no palco, foi assinalada por Moreno em seu livro pioneiro, *Das Stegreiftheater* (1924). Ele mostrou que produções apresentadas ao público – filmes, teatro de fantoches, peças legítimas ou dramas espontâneos – provocavam vários graus de espontaneidade nas pessoas que os integram.[5]

Pesquisa psicodramática com casais de noivos[*]

COMENTÁRIOS DE ZERKA

A idéia desta pesquisa nasceu de nossa experiência com casais que vinham às sessões abertas em Nova York. Era uma espécie de teste químico: se um casal achava as sessões interessantes, o relacionamento tinha tudo para prosseguir. Se não, era um indicador de que eles não queriam trabalhar o relacionamento e, portanto, este não duraria. A pesquisa nunca foi realizada, mas é uma boa idéia. Assim, deixo sua concretização para a próxima geração de psicodramatistas.

1. Os parceiros de doze casais de noivos seriam entrevistados individualmente.
2. O material de entrevista seria dissecado e transformado num sistema de pontuação. A pontuação preveria as chances de sucesso.
3. Algumas situações típicas que ocorressem em todos os casos seriam encenadas no palco psicodramático pelos próprios casais e por egos-auxiliares, trabalhando algumas variantes possíveis dessas situações.
4. Após a apresentação psicodramática do relacionamento, aplicar-se-ia aos casais um sistema de pontuação.
5. A previsão das chances de sucesso se basearia no material de entrevista, comparado com a previsão obtida pelo método psicodramático.
6. Os doze casais seriam acompanhados a intervalos regulares e as previsões comparadas com os acontecimentos reais.

---

[*] Artigo originalmente publicado em *Sociometry: a Journal of Interpersonal Relations*, v. VIII, n. 1, 1945, p. 89.

7. O objetivo do estudo é determinar se as previsões feitas com base em entrevistas e as feitas com base nos procedimentos psicodramáticos se superpõem ou divergem, e qual dos dois métodos prevê com maior precisão o sucesso e o fracasso.

ARTIGO 3

Teste sociodramático do público[*]

COMENTÁRIOS DE ZERKA

A época em que este artigo foi escrito era plena e vibrante. Trabalháva-mos cerca de 17 a 18 horas por dia e o tempo todo isso era estimulante. Eu estava aberta e aprendendo. Minha pequena mesa de datilografia ficava junto à ponta da escrivaninha de J. L., e havia sempre algo para investigar, algo para discutir, algo para escrever.

Os testes de público e o compartilhamento pessoal da maneira que a maioria de nós pratica hoje, como última etapa do psicodrama, foram de-senvolvidos simultaneamente. Depois de termos descoberto que as pessoas desejavam se abrir sociodramaticamente, voltamo-nos para o pessoal. Nas sessões abertas, os psicanalistas ficavam chocados com o compartilhamento. É claro, uma vez que na época não se fazia isso.

Moreno havia observado que os pacientes ficavam confusos com as in-terpretações de profissionais de várias orientações. Numa ocasião em que estes não mostravam afeto para com uma jovem paciente, Moreno se irritou e perguntou a um dos psiquiatras: "Você tem filhos? Como é seu relaciona-mento com sua filha? Aqui compartilhamos o coração, não o cérebro".

A visão de Moreno tinha um foco global de que muitas pessoas ainda não se deram conta: o psicodrama é superficial quando não inclui a visão de mundo da pessoa.

---

[*] Artigo originalmente publicado em *Sociometry: a Journal of Interpersonal Relations*, v. VIII, n. 3-4, 1945, p. 399-409.

Moreno assinalava que, embora realizados num contexto clínico, o psicodrama e a psicoterapia de grupo voltavam-se para a vida e relacionavam-se com o mundo fora do hospital. Precisávamos trazer o mundo para o palco, e, da mesma forma, no momento em que os pacientes estavam prontos, nós os mandávamos do hospital para o mundo – as ruas de Beacon – com seus acompanhantes.

Introdução

Em trabalho anterior (artigo 1), a autora destacou o valor dos métodos psicodramáticos para avaliação e ajustamento do recruta ao papel de soldado, aliviando as tensões remanescentes dos papéis da vida civil.

É claro que esse treinamento não deve se restringir à preparação de militares; pode, ao contrário, ser empregado para promover o reajustamento à vida civil.

Embora levando em conta os problemas dos que retornam, é preciso considerar também a responsabilidade daqueles que vão recebê-los. Ouve-se falar muito sobre a reabilitação de nossos combatentes, mas pouco se faz a respeito da reabilitação das famílias que eles deixaram para trás.

É fundamental, em um programa sociodramático de reabilitação, trabalhar atitudes diante de ocupação, confraternização, reeducação de antigos inimigos, relações com nações amigas, com grupos minoritários locais e emprego para veteranos, para mencionar apenas algumas categorias mais gerais.

No psicodrama, lidamos com ideologias tanto coletivas quanto particulares. O método para lidar com as primeiras se tornou conhecido como "sociodrama". Não é possível, evidentemente, separar *o* soldado de *um* soldado, *o* filho de *um* filho. Eles são produtos de influências de natureza tanto particular quanto coletiva.

Entretanto, alguns aspectos de sua atuação são partilhados por todos os outros soldados, todos os outros filhos. É desses aspectos coletivos de seus papéis que nos ocupamos no sociodrama (Moreno, J. L., 1944b).

Neste artigo, propomo-nos examinar alguns dos aspectos mais evidentes dos testes de público feitos com os parentes e amigos dos combatentes no Instituto de Psicodrama em Nova York e Beacon.

Categorias de situações-padrão

No Instituto Moreno, três categorias de situações-padrão eram utilizadas no passado. Moreno as chamava de *três contextos situacionais*: situação íntima ou familiar, situação profissional e situação comunitária. O contexto servia para analisar o espectro de papéis representativos nos quais os sujeitos funcionam.

Em sessão recente, Moreno sugeriu que, para trabalhar com públicos que requerem análise mais refinada das interações de papéis, os três contextos situacionais poderiam ser substituídos por *seis contextos situacionais*: governante–cidadão, marido–mulher, pai–filho, irmão–irmão, empregador–empregado, estrangeiro–nativo (Moreno, J. L., 1945b).

Vejamos como a polaridade "papel de estrangeiro–papel de nativo" pode ser utilizada para testar públicos. Nessa categoria incluem-se muitos grupos, por exemplo, minorias étnicas, inimigos e refugiados, mas também, em algumas situações, nossos veteranos.

Seguindo os padrões de análise de papel descritos anteriormente (Toeman, 1944), utilizamos como sujeitos de nossa investigação pessoas que desejavam tratar no palco problemas de ajustamento pelos quais passavam.

Uma vez que é impossível testar cada membro do público, foram escolhidos representantes; estes deveriam ter problemas semelhantes, a fim de expurgar elementos de ficção que pudessem infiltrar-se sub-repticiamente nas sessões sociodramáticas. O problema deveria ser sempre tão concreto quanto possível – conflito negro–branco, militar–civil etc. –, utilizando situações típicas nas quais esse conflito estivesse mais claramente evidenciado (Hendry *et al.*, 1944).

Tornou-se regra no Instituto colocar no palco três amostras representativas e deixar o público reagir a elas assim que terminadas as representações. Pode-se utilizar um número maior de temas, mas os experimentos têm mostrado que, em geral, três são suficientes para permitir uma análise cruzada da estrutura de papéis do público. Três sujeitos escolhidos ao acaso mostram, se pegos de surpresa, encenações muito diferentes da mesma situação.

Um dos testes de público mais conhecidos é o seguinte. Três motoristas recebem as instruções: "Vocês estão dirigindo numa avenida. Embora o limite de velocidade seja 70 quilômetros por hora, vocês têm muita pressa para fazer alguma coisa. Dirigem muito rápido. Vão em frente: aqueçam-se para dirigir um carro". Um ego-auxiliar, no papel de guarda rodoviário, é orientado a pará-los e multá-los por excesso de velocidade. (Os sujeitos são chamados um a um. Um não vê a atuação do outro enquanto não chega sua vez.) Os resultados variam de uma subordinação abjeta por parte do testando até o suborno, chegando à agressão ao policial. Um dos sujeitos, ao ser parado, ameaçou dirigir mais depressa até se matar. Entrevista posterior revelou que ele não sabia dirigir, e esse tipo foi chamado de "motorista fantasma". Ele se comportou irracionalmente, de maneira fantasiosa, desproporcional ao estímulo oferecido, como faria um doente mental. Experimentos com muitos "motoristas fantasmas" mostraram reações bizarras, embora nem todas tão extremas quanto a mencionada. O público votou depois da apresentação das três versões e seus votos foram analisados.

Outro teste abordava o retorno de três veteranos exonerados à sua cidade de origem. Perguntou-se como eles planejavam voltar, em que hora do dia ou da noite e quem estaria em casa para recebê-los. Lembro-me que num dos casos o sujeito retornou sozinho, à noite, pegando a família de surpresa. Sua mulher estava em casa, tentando consertar um ferro elétrico quebrado. Ela ficou feliz em vê-lo e ele se fez imediatamente útil, consertando o ferro. Outro voltou para a casa da mãe e ficou de folga pelo menos um mês antes de procurar trabalho. Um terceiro não voltou para casa, mas foi para uma cidade grande. Ele tinha aprendido no exército uma nova ocupação e queria aplicá-la na vida civil, em vez de voltar para a fazenda do pai ou mesmo para a escola e aproveitar o programa governamental para que concluísse os estudos. Novamente fez-se uma análise do público e os votos foram registrados.

Outro teste tinha apenas mulheres como sujeitos. O ego-auxiliar da cena foi um membro das forças armadas ainda uniformizado. As participantes foram "aquecidas" para o seguinte tema: "Você está dirigindo por uma estrada deserta, à noite. Vai sozinha e preocupada em chegar em casa, porque está escuro e muito tarde. Pode começar". O ego-auxiliar (com a farda de soldado) foi instruído a abordá-las pedindo carona até certa altura da estrada, alegando uma emergência. Na média, de uma série de três mulheres testadas, duas não pararam para pegar o soldado, embora ele ostentasse diversas condecorações. As razões oferecidas para não dar carona: "Era noite e eu estava só", "Tenho vergonha de admitir, mas senti medo", "Se fosse durante o dia, eu teria dado", "A gente lê tantas histórias terríveis nos jornais, só daria carona se estivesse acompanhada por um homem", "Estava escuro e eu não tinha como saber se ele era uma pessoa distinta ou não". Entre as participantes que pararam para dar carona ao soldado, uma era "motorista fantasma". Uma segunda disse ser velha demais para se preocupar se estaria segura ou não. Uma terceira afirmou que seu marido esteve no exército também, e ela gostaria de ver alguém fazer o mesmo se ele precisasse. Novamente, as reações do público foram colhidas, e as participantes que encontraram razões para dar carona ao soldado não tiveram tantas adesões quanto as que se recusaram a levá-lo.

Os testes seguintes foram aplicados a nove públicos não selecionados, usando-se três sujeitos em todos os casos. Nossa investigação visava determinar se esse método, usado com vários públicos, nos daria condições para encontrar o que constitui: (a) um público "típico"; (b) um público "marginal"; e (c) um público sociopático ou "sociótico".

Definiu-se como público típico (do ponto de vista da configuração de papéis) aquele que atribui a maioria dos votos a pelo menos 75% de todos os públicos potenciais dos Estados Unidos, na época da aplicação do teste. Como público marginal, definiu-se aquele que direciona a minoria dos votos a 25% ou menos de todos os públicos potenciais do país. Um público sociótico, cujos membros não são necessariamente doentes mentais, mostraria uma estrutura de papel patológica. De acordo com a definição de Moreno, enquanto os indivíduos como tal são normais, sua *interação* é anormal (Moreno, J. L., 1934, p. 192).

A situação de teste

Instruções para os sujeitos

Nossos sujeitos eram mães que tinham um filho no serviço militar e esperavam seu retorno em breve. Um ego-auxiliar representava o filho. A situação era a seguinte: "Seu filho voltou da Alemanha há cerca de uma semana. Antes de ser convocado, ele estava namorando uma garota da cidade. Eles planejavam casar-se quando ele voltasse. A garota procurou você hoje e reclamou que o amor que ele sentia por ela esfriou. Ela teme tê-lo perdido. Você ficou muito confusa e quer entender o que aconteceu com seu filho e por que essa mudança ocorreu com ele. Aja como você agiria em relação ao seu filho em circunstâncias similares".

Instruções para o ego-auxiliar (não ouvida pelos sujeitos)

"Sua função é testar. Sua atuação precisa ser a mesma com todos os sujeitos. Cada uma dessas mães provavelmente vai produzir uma resposta emocional à situação. Você, entretanto, deve se apresentar da mesma maneira, tanto quanto possível, em todos os casos. Você é um instrumento de medida (Moreno, 1934, 1940, 1943; Moreno e Dunkin, 1941). Lembre-se de que você voltou para casa recentemente, depois de ter dado baixa do exército. Estava comprometido com uma moça americana antes de ir para a Alemanha e tinha planos de casar-se com ela. No entanto, durante o tempo em que esteve na Alemanha, você se apaixonou por uma garota de lá, cujo pai era membro do partido nazista. Você e essa garota eram devotados um ao outro e prometeram se casar. Você não tinha mencionado isso para sua família nem para sua noiva, mas vai contar para sua mãe agora."

Reações dos sujeitos

Trazemos apenas uma amostra de alguns momentos cruciais na atuação de três das mães típicas.

Nossa *primeira mãe* reagiu da seguinte maneira, depois que o filho lhe contou seus planos:

Mãe: Mas você tem certeza de que ama essa menina? O fato de o pai dela ser nazista não faz você desconfiar dela? Você pensou seriamente nisso?

Filho: Pensei nisso com muito carinho, mãe. Não me preocupo com o que o pai dela era. Eu a amo. Ela é doce e amável como qualquer outra garota e queremos nos casar. Quero trazê-la para cá.

Mãe: Não quero atrapalhar sua felicidade e tenho certeza de que ninguém da família vai querer isso se você acredita sinceramente que está fazendo a coisa certa. Mas como você pode ter certeza? Será que ela não está usando você simplesmente para sair do país?

Filho: Não, mãe. Ela me amava quando eu estava lá, mesmo antes de pensarmos em casamento.

Mãe: Não posso dizer que não estou desapontada. Ademais, conhecemos Ellen desde que ela era menininha. As famílias se conhecem há bastante tempo e você estava comprometido com ela. Quem vai contar isso para ela?

Filho: Eu preciso contar. Tenho certeza de que Ellen vai compreender. Ela não quer que eu finja que tudo continua como era antes.

Mãe: Não vai ser fácil para nenhum de nós, mas vamos fazer o possível. Com certeza, vocês vão viver numa casa que será a de vocês.

Filho: Não se preocupe. Tudo vai dar certo.

A *mãe número dois* apresentou um quadro pouco mais receptivo.

Mãe: O importante é que você a ame e que ela realmente ame você.

Filho: Nós realmente nos amamos. Por que fingir?

Mãe: Eu sinto muito por Ellen. Seria bom que você conversasse com ela. Ela estava muito triste com você. Agora eu entendo por quê. Vai ser difícil para ela, vivendo tão perto.

Filho: Vou falar com ela. Tenho certeza de que ela vai compreender. Você não precisa se preocupar.

Mãe: Mas qual é o seu plano em relação a essa moça alemã?

Filho: Vou trazê-la para cá. E aí a gente se casa.

Mãe: Tudo bem, ficaremos felizes com ela aqui. Claro, ela vai ficar conosco.

Filho: Obrigado, mamãe. Eu sabia que você ia compreender.

Mãe: Ela vai sentir saudade de vez em quando por estar tão longe de seu povo. Eu sei que quem quer que você escolha para ser sua esposa deve ser uma pessoa ótima, independentemente das ligações políticas que possa ter. Se ela fizer você feliz, todos nós também vamos recebê-la bem. Tentaremos fazê-la sentir-se em casa, pode ter certeza disso.

A *mãe número três* pensava diferente.

Mãe: Mas como pode você se apaixonar por uma garota como essa? Não entendo! O pai dela e seus comparsas provocaram a morte de milhares de nossos soldados e assassinaram outras tantas pessoas inocentes. Aliás, pelo que vocês lutaram nessa guerra? Como pode você, um americano, olhar nos olhos de uma moça como essa?
Filho: Mas, mãe, eu gosto dela. Que diferença faz, nesse caso, o que o pai dela ou qualquer outra pessoa tenha feito? Ela é igual a qualquer outra garota, doce e amorosa, e eu sei que ela me ama. Você não acha que isso é importante?
Mãe: A Ellen também ama você. O que você pensa dela? Como acha que ela vai se sentir?
Filho: Eu tenho certeza de que Ellen vai compreender. O amor é mais importante do que todos pensam.
Mãe: Você está pensando em ir para a Alemanha e morar lá?
Filho: Não, eu penso em trazer a garota para cá, e aí nos casaríamos em casa.
Mãe: Trazer essa moça para cá? Para a minha casa? Nunca! Nunca vou concordar com isso, nem seu pai, nem seu irmão. Porque, pense nisso, seu irmão vai para o exército este ano. Como você acha que ele vai se sentir? E Ellen, vivendo aqui na cidade? Você deve estar louco. Não entendo você. Não parece mais o nosso filho. Com certeza a guerra fez você mudar!

A análise que se seguiu à apresentação das três soluções mostrou diferenças significativas nos nove públicos. As questões propostas aos áudio-egos foram: com qual das três mães você se identifica? Por que a escolheu? Seria porque *você está* na mesma situação? Ou *conhece alguém* que esteja? Alguma das outras mães está *mais próxima* da sua situação? Nesse caso, por que você não escolhe aquela cujo problema se parece com o seu? Como se sente em relação ao filho? Você acredita que ele agiu como deveria em relação à mãe? Acha que um soldado deveria fazer o que ele fez? Você agiria dessa maneira se estivesse no lugar dele? Como se sente em relação à atitude dele para com a garota americana? Se você tivesse esse problema, vendo essas três versões diferentes de comportamento, isso ajudaria a encontrar uma solução?

O questionário foi aplicado logo após o fim da Segunda Guerra Mundial. A Tabela 3.1 foi construída com base nas respostas à questão "Com qual das três mães você se identifica?" Ela representa nossa estimativa do que constitui um público "típico" e um público "marginal".

Tabela 3.1[1] – Análise de público – papel da mãe (%)

| | PÚBLICO | | | | | | | | |
	I	II	III	IV	V	VI	VII	VIII	IX
Mãe 1	11	19	15	31	9	13	23	16	16
Mãe 2	29	53	36	22	15	14	49	38	16
Mãe 3	55	25	47	41	67	65	24	40	20
Em branco	5	3	2	16	9	8	4	6	48

100 pessoas em cada caso, salvo o Público IX (25 pessoas).

Com exceção do Público II e do Público VII, todos mostraram indiscutível preferência pela mãe rejeitadora, a n.º 3. A participação do público foi quase total, o que se infere do número relativamente baixo de votos em branco. O maior número de votos em branco ocorreu no Público IV, 16%, e é interessante que esse tenha sido o único caso em que a Mãe n.º 1 recebeu muito mais apoio do que a Mãe n.º 2. A Mãe n.º 1, vale recordar, foi a única cuja reação mais se aproximava da de n.º 3, ou seja, ela não estava totalmente relutante em aceitar a garota alemã, embora previsse dificuldades.

Uma investigação mais detalhada do Público IV revelou que o grande número de votos neutros deveu-se à hesitação que os votantes experimentaram em emitir votos totalmente contrários ou totalmente favoráveis; talvez por isso a Mãe n.º 1 tenha ficado em segundo lugar na tabela pela primeira vez. No Público IV, a Mãe n.º 1 está praticamente no mesmo nível que a Mãe n.º 2, mas a Mãe n.º 3 está ainda muito à frente das duas.

Nossos públicos marginais, II e VII, preferiram a Mãe n.º 2, o tipo amoroso que considerava a felicidade de seu filho em primeiro lugar e o julgamento dele, infalível.

Um estudo mais aprofundado da Tabela 3.1 mostra que o Público VII avaliou as mães n°s 1 e 3 quase igualmente, com diferença de apenas um ponto percentual em favor da última. Este público deu nota mais baixa para a Mãe n° 3 do que todos os outros. Em nenhum outro momento esta mãe obteve 24%, logo abaixo de nosso outro público marginal, o II, no qual ela recebeu somente 25%.

É importante observar que o contraste entre os dois extremos, a Mãe n° 2 e a Mãe n° 3, é muito mais explícito, indicando como as emoções são intensas tanto a favor quanto contra. O Público VIII, por exemplo, avalia a Mãe n° 2 com apenas dois pontos menos que a Mãe n° 3.

Um reteste desse tipo feito no presente mostraria uma mudança em favor da Mãe n° 2, agora que as mães não são mais bombardeadas pela propaganda dos tempos de guerra. Entretanto, naquele momento, a representante daquele grande coletivo clínico nacional, a Mãe n° 3, foi altamente favorecida.

É interessante constatar que tanto Ellen quanto a moça alemã constituíam símbolos. Nenhuma das duas era conhecida pelas mães, mas Ellen era automaticamente preferida e a alemã rejeitada, embora nada existisse a respeito dela como indivíduo que pudesse tê-la colocado numa perspectiva desfavorável. O mero aspecto coletivo, a afiliação nazista, foi suficiente para colocá-la de lado. Nenhuma das mães que a rejeitaram considerou a possibilidade de que ela pudesse não concordar com os pontos de vista de seu pai, ou mesmo não ter a assim chamada origem ariana. Esses achados indicam que se a Mãe n° 3 continuasse no topo da lista atualmente, quanto mais durasse a ocupação da Alemanha e do Japão, maior seria a resistência construída pelas famílias dos homens das forças de ocupação a suas noivas estrangeiras, e maior a hostilidade que eles encontrariam quando retornassem.

No caso do Público IX, surgiu uma estrutura de votos que não se parece com nenhuma estrutura dos públicos típicos ou marginais. Quase metade do grupo não votou. Esse público mostrou alguma preferência pela Mãe n° 3. A proximidade entre as três mães deveu-se ao fato de que o público não via o problema como teste, mas como um caso verdadeiro. A razão alegada para a ligeira preferência pela Mãe n° 3 consistia no argumento de que ela era mais franca.

Entretanto, o fato mais notável nesse público foi a maior porcentagem de votos em branco. Na entrevista, verificou-se que um número grande de espectadores pertencentes a esse grupo sentiu que "não era um teste, mas um problema real". Eles estavam convencidos de que o rapaz que aparecia no palco não era um ego-auxiliar, e sim alguém que estava apresentando seu caso pessoal.

Mais tarde, descobriu-se que muitos acreditavam que a presumida moça nazista estava no público e que suspeitavam de diversas garotas "pelo modo como elas se comportavam".

Os espectadores tiveram muitas outras idéias de natureza ilusória e ilógica. Um público de doentes mentais mostraria essa estrutura. Entretanto, eles *não* eram doentes mentais ou indivíduos perturbados, mas simplesmente muito sensíveis ao que acontecia tanto no palco quanto entre eles próprios (Moreno e Fischel, 1942; Moreno e Toeman, 1942; Umansky, 1944).

Chamamos esse tipo de grupo de "socíótico" sentindo que, embora não ocorra tão freqüentemente como os outros dois, ele representa grande parcela da população com a qual se deve tratar. Esse público pode, por exemplo, ficar apreensivo com determinados filmes.

Um dos pré-requisitos para psicoterapia do público é, portanto, fazer um cuidadoso diagnóstico deste (Moreno, 1945c).

Planejamos retestar o mesmo público para relato futuro. Parece-nos que essa abordagem sociodramática se prestaria mais profundamente a uma pesquisa de opinião pública de amostras representativas do que os métodos atuais. As opiniões manifestadas nessas sessões não estão desvinculadas da vida dos votantes. Seu voto é motivado e recolhido somente depois que eles estão aquecidos para o problema, do qual têm oportunidade de ver diversas soluções alternativas.

O estímulo sociodramático num teste de público pode ser um sociodrama extemporâneo, um sociodrama ensaiado ou um filme diagnóstico especialmente construído. No Instituto, foram utilizados filmes de cinema para fazer diagnóstico de público e para orientação terapêutica.

No sociodrama ensaiado e no filme, o público a ser testado permanece totalmente espontâneo. Somente o que acontece no palco ou na tela é preparado e conservado.

Muitas entidades utilizam essas formas "conservadas" de sociodrama atualmente. Pode ser que, no futuro, para uso em grande número de grupos, o filme venha a substituir o sociodrama ensaiado ao vivo, devido a sua maior facilidade de reprodução.

Embora seja na aparência apenas mero teste, essa abordagem sociodramática tem valor catártico além do valor diagnóstico. Entretanto, quando se trata de orientação, tanto no caso do sociodrama ensaiado quanto no do filmado, um "diretor de público" deve estar sempre presente para utilizar de imediato os resultados e fazer deles um canal terapêutico. Ele pode interromper de vez em quando a exibição do filme e/ou empregá-lo como uma etapa no aquecimento do público para uma auto-apresentação.

De acordo com Moreno, não devemos esperar somente pelo uso de edições congeladas de psicodrama e sociodrama, nem considerá-las instrumentos a ser utilizados isoladamente, mas coadjuvantes de sessões psicodramáticas e sociodramáticas concretas.

Conclusões

O teste sociodramático de público é aqui apresentado como recurso para o diagnóstico de públicos.

Até agora foram utilizados no Instituto Psicodramático dois conjuntos padronizados de situações de vida: os Três Contextos Situacionais e os Seis Contextos Situacionais. Para testar nossos públicos-sujeitos, utilizamos a polaridade dos papéis estrangeiro–nativo.

Empregou-se o teste de público de Moreno, expondo nove públicos ao mesmo estímulo sociodramático. Os votos foram analisados e estabeleceram-se categorias de sujeitos. Os públicos foram submetidos ao mesmo tema, com os mesmos egos-auxiliares.

Concluiu-se que os públicos podem ser classificados como típicos, marginais e socióticos, de acordo com as configurações de papel encontradas em seu interior.

Discutiu-se o significado dos papéis simbólicos e suas implicações no comportamento individual.

Métodos sociodramáticos espontâneos, ensaiados e em filme podem ser utilizados como medidas de opinião pública. Prevê-se que os filmes sociodramáticos podem vir a ser utilizados em larga escala.

No sociodrama e no psicodrama grupal, o sujeito é o público, portanto, as formas conservadas devem ser complementadas com sessões ao vivo. Um diretor de público deve estar sempre presente, especialmente nas edições congeladas de psicodrama e sociodrama, a fim de direcionar os achados ao vivo para canais terapêuticos.

Reações do público a filmes terapêuticos*

Comentários de Zerka

Como íamos muito ao cinema, decidi fazer algumas anotações nesses momentos. Este artigo foi uma reação à forma como os filmes comerciais retratavam a terapia, que me parecia absurda. Era evidente para mim a enorme influência no mundo artístico de uma cultura que garantia status a quem fizesse análise. Em Nova York, não era bem-visto quem não tivesse passado um tempo "no divã". Eu achava isso uma bobagem.

Esse fenômeno contrastava claramente com o sonho de Moreno de conseguir alcançar e ajudar muitas pessoas por esse meio. Ele experimentou essa idéia em 1932–34, quando realizou com Helen H. Jennings a pesquisa na Hudson School for Girls descrita neste artigo.

Introdução

Em seu novo livro sobre psicodrama, no capítulo dedicado aos filmes terapêuticos,[1] Moreno diz:

> Nos últimos anos, foram produzidos vários filmes, como *A mulher que não sabia amar, Estranha passageira, Conflitos d'alma, Um amor em cada vida* e *Quando fala o coração,* que caracterizam bisbilhotagem da indústria cinematográfica em projetos terapêuticos (no mais das vezes ligados à psiquiatria tradicional).

* Artigo publicado originalmente em *Sociometry: a Journal of Interpersonal Relations*, v. VIII, n. 3-4, 1945, p. 493-497.

Como os diretores, produtores e atores não têm treinamento psiquiátrico nem psicológico, esses filmes podem ser classificados como "pseudo" terapêuticos. Por causa da influência de massa exercida pelos filmes, deve-se considerá-los empreendimentos perigosos que espalham noções falsas, exibem explicações equivocadas das causas e curas distorcidas na tela.

Analisando mais profundamente o conteúdo dos filmes, observa-se que um dos aspectos mais evidentes é a influência da teoria psicanalítica. A importância dos traumas infantis, dos sonhos e das repressões está entre as hipóteses mais populares utilizadas para a explicação dos conflitos psíquicos.

Entretanto, há nessas produções cinematográficas um aspecto muito mais presente que não é tão óbvio: o psicodrama.

A situação psicanalítica é uma relação médico–paciente, é uma espécie de entrevista verbal. O conteúdo da vida real, as situações e conflitos, quando e como ocorrem, ficam de fora. Mas os produtores desses filmes não tentam duplicar a entrevista psicanalítica na forma como ela ocorre na realidade – o que seria entediante para o público. *O que eles fazem é tentar produzir um "drama" para mostrar, por meio de encenações e reencenações, como se pode produzir uma catarse mental.* Inconscientemente, portanto, eles entraram no domínio do teatro terapêutico ou, como se costuma designar, do psicodrama. Quando estão preparando o texto, selecionando os atores, editando e cortando o filme, avaliando seus efeitos sobre o público, introduzem fatores e idéias emprestadas do psicodrama – o que fazem sem suficiente conhecimento de seus princípios na produção de filmes terapêuticos e dos problemas envolvidos na catarse do público.

Inconscientemente eles utilizam, durante a produção, o aquecimento dos atores (sempre tendo em vista que o público estará da mesma forma aquecido), métodos de ego-auxiliar e os processos de jogo e de identificação de papéis que se tornaram conceitos valiosos na análise e na orientação do público.

Essa rápida popularização de uma idéia seria lisonjeira, não fosse o número crescente de filmes psiquiátricos despejados sobre o público por pessoas despreparadas, produzindo efeitos indesejáveis. Um recurso importante, por meio do qual grande quantidade de pessoas poderia ser tratada ao mesmo tempo, caiu nas mãos de leigos a promover inconscientemente uma forma de charlatanismo que pode vir a se configurar, no futuro, como o maior obstáculo ao filme psicodramático (Moreno, J. L., 1945c).

Os filmes pioneiros de Moreno, *Spontaneity training*, produzidos em Hudson no outono de 1934, foram mostrados para dois tipos de público. O Público 1 era compunha-se em sua maioria por estudantes universitários, adolescentes, a maioria do sexo feminino, próximos em idade mas não no contexto acadêmico e social dos sujeitos do filme. O Público 2 era composto principalmente por professores e profissionais, um público adulto maduro. A diferença de reações aos filmes foi notável, e será discutida mais tarde. Na condição de observadora participante, a autora tentou coletar e analisar essas reações.

Descrição dos filmes

Os filmes são totalmente extemporâneos e, embora tenham sido feitos há mais de onze anos, é pertinente assinalar que ninguém os experienciou como datados e de maneira alguma a idade diminui seu impacto sobre o público.

A fim de que se possam entender as razões alegadas para justificar as reações do público, descrevemos a seguir os pontos principais dos filmes exibidos.

O primeiro filme é uma introdução ao aquecimento para um estado simples de espontaneidade e para sua aplicação prática – por exemplo, uma escultora começando uma nova criação em argila, uma mãe visitando a filha num internato, uma garota esperando alguém que não vem, um executivo pedindo mais empenho de sua equipe, um supervisor dando instruções à enfermagem numa emergência. Cada *performance* seguia-se de uma crítica e de uma interpretação do diretor. Nenhuma cena era repetida.

O segundo é um filme terapêutico. Uma garota jovem de família rica, emocionalmente instável, depois de ter fracassado em vários trabalhos aprende a ser garçonete. Nós a vemos inicialmente sem nenhum treinamento, fazendo esse papel num restaurante. Desde o início o sujeito revela, além de suas deficiências como garçonete, muitas dificuldades de personalidade que são analisadas e tratadas, não separadamente mas em conjunto com a tarefa vocacional. A película mostra sua evolução no papel de garçonete antes, durante e depois do tratamento.

Alguns colegas de escola, no filme, observam-na em sua primeira tentativa quando ela entra em exaltada discussão com um cliente, e tomam partido contra e a favor de sua atuação. Esses estudantes, escolhidos para participar do treinamento devido a dificuldades e interesses similares, estavam aprendendo pela técnica do espelho.

Um dos aspectos mais importantes dos filmes é o fato de que reproduzem procedimentos de sessões psicodramáticas realizadas ao vivo. O diretor entrevista o sujeito e lhe atribui um papel. O sujeito se aquece para o papel por meio de iniciadores físicos, como arrumar os copos de água, arrumar a mesa etc., ajudado por um ego-auxiliar que faz o papel, por exemplo, de dona do restaurante. Outros dois egos-auxiliares aparecem como clientes e se sentam à mesa. O diretor faz interpolações de resistência, instruindo um dos egos-auxiliares-clientes a reclamar do atendimento do sujeito. O cliente diz que a garçonete trouxe café quando ele tinha pedido chá. Essa simples reclamação provoca imediatamente uma discussão por parte do sujeito.

Um dos colegas registra todas as ações, gestos e atitudes. No filme, terminada a cena, cada estudante expõe seus comentários e críticas ao comportamento do sujeito. O diretor faz uma análise do desempenho geral, assinalando os aspectos deficientes que devem merecer atenção num treinamento posterior. Os registros completos são copiados e entregues a cada um dos estudantes, que os levam para estudar em casa.

Na cena seguinte, o sujeito está em casa lendo o relato, dando-se conta de seu erro e mostrando a um amigo como *deveria* ter atuado.

A última parte do filme mostra a mesma garota depois de alguns meses de treinamento da espontaneidade, novamente no restaurante esperando seus clientes. Ela aparenta equilíbrio, compostura e grande capacidade de lidar com os utensílios e com os fregueses.

O treinamento consistia inicialmente em um período de aprendizagem no manejo de pratos e talheres, ainda sem clientes. Depois, os clientes entravam na situação: garotas de quem o sujeito gostava, as quais não criavam nenhum conflito interpessoal nem faziam qualquer crítica à garota em treinamento. Numa etapa posterior, propunham-se situações mais difíceis. Opunham-se a ela, por exemplo, colegas a quem ela era indiferente e, ao final, garotas que ela rejeitava na vida real. Nessa fase final, criavam-se situações de conflito que ela tinha de aprender a administrar. Novamente todas as sessões eram registradas, a crítica dos estudantes *dentro* do filme cuidadosamente anotada e uma análise era feita pelo diretor.

Reações, Público I

A participação do público variou da *identificação com o papel*, parcial ou total, até a rejeição total ao sujeito.

Esse público adolescente produziu respostas caracterizadas por muita emoção, como é o caso da identificação completa com o papel. "Era eu. Eu me vi ali. Parece que sempre encontro dificuldades com as pessoas. Sou vendedora numa loja de departamentos e esse é o tipo de treinamento de que preciso. Faria muita diferença para mim." "Nunca vi nada tão simples e tão fantástico em minha vida, e ela aprendeu tão rápido!" "Achei isso muito real. Eu também teria brigado com o cliente." "Ela fez um excelente trabalho. Imagine ficar na frente de seus colegas de classe e receber tantas críticas deles. Ela foi corajosa."

Os entusiastas parciais responderam: "Eu poderia pensar essas coisas, mas nunca dizer. O cliente sempre tem razão". "Ela aprendeu bem, mas não deveria ter discutido com o freguês." "Eu nunca seria garçonete, mesmo com treinamento." "Acho que eu não teria feito isso bem."

As rejeições foram raras, mas fizeram-se diversas observações críticas: "Ela foi boba. Parecia que o freguês tinha cometido um crime". "Fez uma tempestade em copo d'água." "Se eu fosse o freguês, teria ido embora." "Foi bom ela ser treinada. Se não ela nunca conseguiria um emprego de garçonete."

Reações, Público II

Esse outro tipo de público, composto de adultos e profissionais, mostrou pouca identificação com o papel do sujeito e produziu reações verbais altamente intelectualizadas: "Em que medida o treinamento é restrito a esse tipo de situação ou capacita o sujeito a lidar adequadamente com outras situações de vida?" "Foi interessante ver o progresso dela, mas eu gostaria que o filme mostrasse mais as etapas do treinamento." "Podemos supor que o fato de os companheiros a observarem e fazerem comentários seja um fator de aceitação para ela. Não acredito que ela aceitaria tão bem críticas feitas por adultos." "As meninas ficavam sentadas aprendendo indiretamente, como espectadoras, ou tiveram a oportunidade de aparecer como sujeitos?"

Discussão da participação do público

Em públicos semelhantes aos quais se exibiram esses filmes, o quociente de participação do Público tipo I, que variou de 73 a 89%, foi consideravelmente maior do que o do Público tipo II, de 31 a 42%.

Assim, a catarse recebida e observável no primeiro tipo foi significativamente maior que no segundo. Este último mostrou irritação, rejeição, conflitos e questionamentos sem fim.

Tudo indica que a quantidade de catarse a ser obtida pelo público nos filmes terapêuticos depende: (a) do tipo de problema abordado; (b) do tipo de ator; (c) da solução do problema; (d) do tipo de público; e (e) da interação entre os membros do público.

Cada um desses fatores tem sua contribuição para o montante possível de participação e de identificação com o papel por parte dos espectadores.

Conclusão

Esse tipo de investigação nos leva a crer que a limitação dos filmes terapêuticos está no fato de que, especialmente quando eles são capazes de provocar o público, muitos espectadores podem deixar a sala com inúmeros conflitos mobilizados e problemas latentes redespertados, sem a oportunidade de satisfazer e resolver o que foi ativado. O acompanhamento do processo, ou seja, sua complementação em sessões psicodramáticas presenciais, sob orientação habilidosa, parece ser a única alternativa para um tratamento que, de outra forma, implicaria riscos.

ARTIGO 5

Psicodrama clínico: técnicas de
ego-auxiliar, dublê e espelho[*]

Comentários de Zerka

Nessa época, o ar estava impregnado das idéias de Moreno em Beacon. Ele era o criador e esperava que os outros trabalhassem os detalhes. Esse papel cabia naturalmente a mim, porque eu acreditava muito em sua visão. Ele me escolhia como dublê a maior parte do tempo.

Para Moreno, a dublagem era um recurso prático já estabelecido. Para mim, porém, era novo. Escrevi este artigo a fim de sistematizar algumas das descobertas que fazia ao atuar como auxiliar. Era a primeira vez que isso tudo era colocado claramente. Às vezes eu pensava: "Nunca vou saber o suficiente". Entretanto, não era hora de fazer outra coisa senão avançar.

Àquela altura, não me via como diretora de psicodrama. Estávamos lidando com alguns casos graves que somente Moreno dirigia. Considerei-me, por muito tempo, uma "profissional do psicodrama". Tudo que eu queria era ser a melhor auxiliar possível. Foi um período de estimulante aventura. Nunca sabia com antecedência em que mundo eu teria de entrar.

Vivi uma experiência de dublagem na qual aprendi bastante. Foi com uma paciente psicótica muda, Sylvia (nome fictício). Eu precisava ser a voz que ela não exprimia. Fiz o que eu sentia e um enorme ruído se formou den-

* Artigo publicado originalmente em *Sociometry: a Journal of Interpersonal Relations*, v. IX, n. 2-3, 1946, p. 178-183.

tro de mim. A paciente ouvia com atenção. Outro paciente, que não estava na sessão e portanto não tinha visto a cena, relatou mais tarde que ele tinha dito a si mesmo: "Olha! A Sylvia está gritando!", muito embora ele soubesse que Sylvia não falava.

Deve-se notar que o uso da dublagem, como descrito neste artigo, dava-se com pacientes psicóticos. Atualmente, como diretora, não uso muito um dublê que fique com o protagonista durante toda a dramatização; estimulo o protagonista "normótico" (ou seja, neurótico normal) a se fortalecer e a se responsabilizar por trazer à tona, tanto quanto possível, seus próprios sentimentos e palavras.

Entre os fatores relevantes da função do ego-auxiliar, podemos mencionar:

a) A relação com o sujeito ou paciente.

b) A relação com o problema que o paciente dramatiza.

c) A relação com o papel que o ego-auxiliar tem de representar.

d) O processo de aquecimento que ocorre entre o sujeito e o ego-auxiliar imediatamente antes da atuação no palco.

e) A relação do ego-auxiliar com o diretor.

Para desempenhar um papel, o ego-auxiliar tem como alternativas:

a. Buscar em seus recursos pessoais; a capacidade de fazer isso permite, muitas vezes, que uma pessoa sem nenhum treinamento seja um excelente ego-auxiliar dentro de certos limites, como nos papéis de pai, marido, irmão, amante, irmã, mãe, esposa, namorada etc. – o fato de não ser treinado permite que seja mais espontâneo e menos consciente do envolvimento.

b. Aprender a adequar seus recursos ao que o sujeito espera do irmão, marido, filho ou quem quer que o ego-auxiliar esteja representando; isso pode ser obtido por meio de treinamento.

c. Trazer para a dramatização informações sobre a pessoa que está sendo retratada; essas informações podem ter sido recebidas tanto do próprio sujeito quanto de outra pessoa, assim como diretamente de quem vai ser representado – num estágio ainda mais avançado, o treinamento permite a utilização desse recurso.

A representação da pessoa real pode diferir em muitos aspectos da imagem que o sujeito tem daquela pessoa. Assim, talvez ocorram inúmeras distorções do papel:

a) Uma distorção que vem do ego-auxiliar, na medida em que dá ao papel o colorido de sua experiência.

b) Uma distorção que o próprio sujeito sugere ao ego-auxiliar, em função de suas experiências subjetivas com a pessoa que vai ser representada.

c) Uma distorção que pode vir da pessoa real.

Essas múltiplas interações de distorções ou vieses precisam ser continuamente analisadas e esclarecidas pelo diretor, a fim de não enredar o processo terapêutico e para "des-conservar" constantemente o ego-auxiliar dos clichês e preconceitos que poderiam vir a ser confirmados e estabelecidos, tanto durante o treinamento como durante o próprio desempenho.

Nas técnicas de dublê e espelho, às quais este relato se limita, o ego-auxiliar se identifica intimamente com os problemas do paciente e, especialmente no último caso, tem consciência do átomo social deste.

A técnica do dublê tem-se mostrado extremamente valiosa no esclarecimento dos conflitos do paciente, sejam eles normais ou anormais. Nessa técnica, o paciente e o ego-auxiliar são colocados juntos no palco. Para que o paciente (muitas vezes chamado de "ego-primário") aceite a presença do ego-auxiliar no palco, ele é avisado de que deve considerar o ego como seu dublê, o "eu" invisível, o *alter ego* com o qual conversa de vez em quando e que existe somente dentro de si.

No psicodrama, esse dublê invisível é concretizado no espaço, encarnado por uma pessoa real e vivenciado como se estivesse fora do paciente. Em princípio, o paciente representa os níveis mais profundos e mais íntimos da experiência enquanto o ego-auxiliar atua como um dublê, copiando a postura física em detalhe e representando os níveis exteriores.

Na prática, entretanto, o paciente em geral começa a revelar primeiro os níveis superficiais. A tarefa do auxiliar é, então, por razões estratégicas, contrária às instruções formais do diretor: levar o sujeito a encontrar os níveis mais profundos de expressão, ir retirando as camadas externas do "eu" socialmente visível do sujeito, até alcançar aquelas experiências e imagens que a pessoa só revelaria quando estivesse falando de si para si, em seu espaço privado.

A tarefa do ego-auxiliar passa a ser a de produzir visões rápidas, caleidoscópicas, "outras partes" do "eu" do sujeito. Muitas vezes, entretanto, o ego-auxiliar representa o sujeito mais completamente do que o paciente consegue compreender; este pode, muitas vezes, tornar-se agressivo se o seu aquecimento ficar defasado.

Pela minha experiência como ego-auxiliar em cenas dubladas, muito aquecimento verbal prévio à encenação perturba a espontaneidade e bloqueia o livre fluxo da ação. Um ego-auxiliar sensível não precisa de muita explicação a respeito do paciente ou de seu problema, pois isso predispõe a um superaquecimento tanto do sujeito quanto do ego-auxiliar, com o risco de que a catarse ocorra verbalmente em vez de psicodramaticamente. É melhor que fiquem muitas coisas sem dizer, explicitando-as depois, na interação que se segue.

À medida que o ego-auxiliar aprende a identificar o que é essencial para o sujeito, as informações que não foram coletadas antecipadamente e que são concretizadas pela própria atuação funcionam para o ego-auxiliar como inspiração, como força propulsora, e para o paciente como um incremento da catarse.

Em geral, antes de subir ao palco sabemos muito pouco do que vai realmente acontecer. Não é bom para o ego-auxiliar formar convicção de que certos aspectos precisam ser explicitados, porque isso coagiria o sujeito e não seria um apoio terapêutico. Essencialmente, é o sujeito quem determina o curso da ação. O ego-auxiliar apóia e guia o sujeito pelos canais que parecem desejáveis, ao sabor do momento. Obviamente, portanto, a ação predeterminada impediria a espontaneidade do paciente, reduziria a telerrelação que flui entre este e o auxiliar, e mais do que isso, desvia o ego-auxiliar do caminho terapêutico.

O dublê, como técnica do ego-auxiliar, é desempenhado na primeira pessoa, como se os dois "eus" agissem como um único. Os dois podem concordar em tudo ou discordar veementemente, quando então o ego-auxiliar tem a opção de desafiar o sujeito, estimulando-o a responder mais genuinamente.

Sabemos, pela experiência, que essa técnica é potente para explorar níveis mais profundos e para produzir catarse, que muitas vezes, no entanto, pode demorar a acontecer, mostrando seus efeitos somente dias ou até mesmo semanas mais tarde.

Lembro-me de dois casos específicos.

O primeiro sujeito era uma jovem muito perturbada pelo fato de que, aos 28 anos, ainda estava solteira. Ela era atraente, inteligente, tinha muitos admiradores que gostariam de se casar com ela, mas não sentia nada por eles. Depois de várias cenas diagnósticas, o diretor decidiu que era hora de buscar algo que estivesse abaixo da superfície calma. Eu, como ego-auxiliar dublê, fui orientada a ser agressiva.

A cena montada foi o quarto dela, à noite, onde ela estava pensando nos acontecimentos do dia. A paciente persistia numa conversa evasiva, que eu interrompi abruptamente com uma explosão de choro e um grito: "Por que eu continuo mentindo para mim mesma? Posso mentir para os outros, mas não posso me enlouquecer". Isso fez que ela chorasse e respondesse: "Qual a vantagem de chorar até dormir, *de novo?* Eu sempre faço isso!"

Quando desceu do palco, ela estava preparada para um nível maior de autoapresentação do que antes, e um sentimento de relaxamento tomou conta dela. Ela disse que eu havia formulado sua situação muito mais claramente do que ela fizera até então. Era quase como se eu a conhecesse melhor que ela.

Durante a atuação, eu não tinha certeza de que a paciente choraria de fato, uma vez que essa era a primeira vez que a encontrava. Não obstante, veio-me o sentimento de que esse era o momento de chorar ou então desistir da ação. Essa cena em particular foi o começo real da abordagem terapêutica dos problemas da paciente, que culminou no casamento dela, alguns meses depois.

A segunda cena é de uma jovem de 22 anos que estava prestes a se separar do marido, embora ainda o amasse. Ela procurou o Instituto para esclarecer seus conflitos. No decorrer da representação de suas dificuldades com o marido, ela se emocionava muito. Isso aconteceu especialmente numa cena em que ela decidia deixá-lo por causa da incapacidade dele de aceitá-la como a única mulher de sua vida. O diretor resolveu, então, utilizar a técnica de dublagem, e eu (como a outra parte dela) comecei a questionar a razão de continuar a viver, levantando a possibilidade de suicídio. Pensando na coisa em si, pode parecer perigoso fazer isso, mas foi o que senti a respeito do sujeito naquele momento, novamente sem ter obtido tal informação dela. Andávamos pelo quarto dela e eu a fiz parar repentinamente, e aí ela explodiu: "Sim, é isso mesmo que sinto, mas sei que eu não faria nunca, mesmo que a vida não pareça boa neste momento".

Essa cena reproduziu uma cena real ocorrida alguns meses antes, e ao descer do palco o sujeito sentiu enorme alívio, declarando que aquilo era exatamente o que lhe passara pela cabeça, embora ela não tivesse nunca admitido antes, nem sequer para si mesma.

Gostaria de enfatizar que, na técnica do dublê, o ego-auxiliar perde o senso de objetividade e se torna completamente envolvido pelos problemas do sujeito, sentindo, como ele, que nenhuma alternativa seria satisfatória, tentando dessa e daquela maneira, torturando-se para encontrar uma saída.

O que se tem questionado é se esse processo de mão dupla – do sujeito para o ego-auxiliar e deste para o sujeito – não mereceria, em função de seu caráter subjetivo, desconfiança.

Para esclarecer esse ponto, temos sistematicamente entrevistado todos os sujeitos cujos pensamentos, sentimentos e ações eu possa ter antecipado na dublagem. Num grupo de trinta sujeitos, confirmamos a precisão dessas revelações. Muitas vezes, os sujeitos se surpreenderam por serem levados a esse ponto sem terem me informado, e admitiram que o dublê chegou mais perto ao expressar concretamente várias de suas experiências profundas.

A questão que ainda permanece é se o ego-auxiliar não estaria projetando no sujeito algumas de suas experiências próprias, experiências suficientemente semelhantes para formar uma ligação entre elas.

A fim de verificar essa hipótese, comecei a me questionar no ato e me descobri freqüentemente escolhendo e rejeitando minhas próprias experiências e as experiências que eu intuitivamente sentia pertencerem ao sujeito. Era como se eu dissesse a mim mesma: "Não sou eu, é ela". Aos poucos, fui aprendendo a escolher corretamente; ou seja, quanto mais eu desenvolvia minha habilidade, mais minha experiência télica (sentimentos interativos) se tornava mais acurada.

Na técnica do espelho, o paciente fica na platéia, como espectador, enquanto o ego-auxiliar assume o seu papel, reproduzindo gestos típicos e criando uma série de cenas e situações que o paciente vai reconhecer como suas experiências, capacitando-se para "se ver como os outros o vêem".

Essa técnica é talvez mais difícil, uma vez que o paciente não dá apoio nem mostra o caminho para o ego-auxiliar. Ela é usada:

a) Com pacientes completamente não-cooperativos e que precisam ser estimulados a agir.

b) Visando restabelecer experiências esquecidas pelos pacientes.

c) Com pacientes que nunca registraram os acontecimentos ocorridos com eles – ou seja, o objetivo não é restabelecer a memória, mas ajudá-los a tomar conhecimento de determinados fatos.

O ego-auxiliar faz o papel do paciente à sua maneira e precisa conhecer bem as síndromes sociais e mentais deste. No caso de psicóticos, a tarefa se torna muito delicada, especialmente com pacientes que não conseguem comunicar suas experiências. A pessoa pode não saber, inicialmente, que é ela quem está sendo mostrada. Contudo, à medida que se aquece, ela vai se interessando e pode, finalmente, ser estimulada a uma auto-apresentação, apesar de ter se recusado a fazer isso por algum tempo.

Na técnica do espelho, assim como na do dublê, o diretor pode indicar a linha geral que a ação deve seguir antes que o ego-auxiliar comece, com o objetivo de produzir a forma mais potente de choque psicodramático no paciente. Muitas vezes, o diretor tem em mente um evento ou uma imagem específica que ele quer ver reproduzida, e então o ego-auxiliar tem sua tarefa delineada. Mas com bastante freqüência não vem nenhuma instrução do diretor, o que requer uma encenação mais geral dos vários níveis de experiência e comportamento do paciente.

A lembrança mais forte que tenho a respeito dessa técnica é o caso de uma paciente hospitalizada que sofria de pseudo-amnésia. Ela dizia que fora levada ao hospital contra sua vontade e sem nenhum motivo, uma vez que não estava doente. Ela queria que lhe autorizassem a voltar para casa, para o marido e os filhos. Era sua terceira crise em seis anos, e na ocasião em que foi usada a técnica do espelho ela estava completamente indisponível para colaborar e sem nenhum *insight*. Encontrava-se confusa, sombria, cheia de idéias bizarras, delirante e ao mesmo tempo intratável.

Fui escolhida para representar a paciente por causa de minha familiaridade com seus sintomas e porque eu testemunhara suas crises anteriores. Além disso, em outra ocasião, a paciente tinha se ligado profundamente a mim, ao mesmo tempo que havia também me agredido.

Comecei a me aquecer para o papel da paciente com muita energia, atirando e empurrando móveis em volta de mim, xingando a enfermagem, os médicos, o hospital, meu marido, chamando tudo e todos com palavrões, e mudei de repente, passando a fazer uma dança que eu sempre via a paciente fazer, da janela de meu quarto, enquanto falava a respeito das visões que eu tinha, a maioria delas de parentes mortos e figuras bastante conhecidas da história remota.

Àquela altura, o diretor mandou que a enfermeira – que, na vida real, cuidava da paciente (a paciente estava sentada na platéia com os olhos grudados em mim) – subisse ao palco para me dar uma injeção de sedativo. Imediatamente comecei a agredi-la, ameaçando matá-la. Ela insistiu em me dar a injeção, tentando acalmar-me, mas quando eu olhei para ela percebi em seu olhar muito medo e horror. Isso me provocou um sentimento de vitória muito primitivo. Então pensei: "Consegui assustá-la. Vou mostrar para ela, agora. Vou assustar todos os malucos". Dessa forma, revelei a mim mesma como a paciente deveria ter se sentido. Peguei um móvel bem pesado e o atirei no palco várias vezes, até que ele se quebrou. O diretor me fez parar e se voltou para a paciente. Ela estava sentada com os cotovelos sobre os joelhos, completamente absorta. Então, meio sem fôlego, ela perguntou ao diretor: "Foi assim que me comportei? Foi assim mesmo que agi?"

A partir daquele momento, a sessão enfocou a paciente, que se tornou o sujeito de seu psicodrama, o primeiro de uma série que sustentou sua recuperação. No entanto, um dos comentários mais importantes veio da enfermeira que havia participado da cena: "Você realmente me ameaçou de morte. Pensei que você também tivesse enlouquecido". Imaginem o que a cena deve ter significado para a paciente, que estava chocada com a visão do próprio comportamento!

Essas técnicas são interessantes do ponto de vista clínico porque se desviam dos métodos terapêuticos ortodoxos. Elas permitem o maior envolvimento possível do ego-auxiliar com o paciente. Deve-se acrescentar que, com a técnica do espelho, não é só o paciente que alcança uma catarse de ação profunda, mas também o ego-auxiliar, que muitas vezes se torna alvo da hostilidade do paciente. Obtém-se assim um *insight* da condição do paciente com precisão e profundidade incomuns.

Psicodrama: sua relação com o palco, o rádio e o cinema*

COMENTÁRIOS DE ZERKA

Aqui temos um exemplo de como tudo em nossa vida dava samba, porque a visão de Moreno era muito abrangente. Com ele, as pessoas trabalhavam o tempo todo, pois a vida nos desafiava o tempo todo. Tudo era relacionamento: entre nós, uns com os outros, estendendo-se aos nossos átomos sociais próximos e distantes. Apesar de trabalharmos muito, Moreno gostava do social, especialmente em torno de uma refeição.

PRIMEIRO DIÁLOGO

Cenário: O teatro psicodramático de Nova Iork
Dramatis personae: J. L.Moreno e Zerka Toeman

Sinopse: a autora planeja trazer, a intervalos regulares, diálogos mostrando a gênese do psicodrama na literatura clássica e contemporânea, assim como em outras formas de produção artística.

Toeman: Tenho visitado cinemas e estações de rádio e televisão buscando identificar os recursos pseudoterapêuticos, além das estratégias utilizadas para influenciar o modo de pensar das pessoas, e ver como os métodos psicodramáticos

---

* Artigo publicado originalmente em *Sociatry, Journal of Group and Intergroup Therapy*, v. I, n. 1, 1947, p. 119-126.

poderiam colaborar para melhorá-los. Talvez possamos aprender uns com os outros. O que você acha?

Moreno: Uma boa idéia. O artista criativo de todos os tempos, como o poeta, o historiador, o novelista e especialmente o teatrólogo, precisa transpor os limites estéticos de seu gênio para se converter em sacerdote, educador, sociólogo e psico-terapeuta. Ele precisa ter *insights* a respeito das situações potencialmente terapêu-ticas que utilizou, muitas vezes com vigor excessivo, e, outras vezes, insuficiente.

Toeman: Essa deve ser a razão para a irregularidade dos efeitos catárticos da produção artística.

Moreno: Seria bom discriminar entre a catarse "daimônica", do dramaturgo artista, e a catarse "terapêutica", do dramaturgo cientista.

Toeman: Em outras palavras, o que o artista e dramaturgo faz aleatoriamen-te, baseado em sua intuição, o psicodramatista faz de uma forma sistemática, com base numa espécie de espontaneidade ou intuição sistematizada.

Moreno: Para ampliar nosso conhecimento e desenvolver uma "ciência" do dra-ma, que eu suponho se tratar do objetivo de nossa expedição, nossa primeira tarefa deveria ser:

1. Identificar as *técnicas-padrão* utilizadas no drama de todos os tempos, es-pecialmente no drama contemporâneo – drama, aqui, utilizado no sentido mais amplo da palavra –, que parecem ter um envolvimento terapêutico.
2. Identificar as técnicas que aparecem com regularidade e tabular sua fre-qüência.
3. Reavaliar os efeitos que cada uma exerce sobre os grupos expostos a elas.
4. Compará-las com as técnicas-padrão utilizadas em nossos teatros psicodra-máticos e explorar sua gênese.
5. Sugerir melhorias para as técnicas artísticas utilizadas correntemente pelos artistas.
6. Estudar o comportamento dos diferentes públicos, antes, durante e depois do processo do palco.

Toeman: Isso é mais ou menos o que tenho em mente. Meu primeiro passo nes-sa busca foi ver *Otelo*, de Shakespeare, de novo. Como você sabe, Otelo, um homem de pele escura, provavelmente de origem negra, casa-se com uma mulher branca, tira-lhe a vida por ciúmes e ao final se mata. É técnica padrão do drama chegar a uma conclusão *definitiva*, sem deixar na mente do público a possibilidade de uma solução alternativa. No psicodrama, há alternativas de tratamento e de solução. Aqui, Shakespeare impõe a solução.

Moreno: Ele dá uma forma definitiva à questão. O poder de sugestão da imaginação de Shakespeare deve impactar profundamente a mente do público.

Toeman: Como estou nessa linha de investigação, pergunto-me se esse efeito seria o mais favorável para as pessoas que vivenciavam a peça comigo. O dramaturgo, sob o manto da objetividade, parece dizer ao público: "Isso é o que acontece quando um negro se casa com uma branca. É de esperar que aconteça assim. Termina em tragédia".

Moreno: Você quer dizer que ele não afirma explicitamente que isso deve acontecer dessa forma.

Toeman: Não, ele não diz. Perguntei a dois negros que assistiram ao espetáculo qual foi sua reação. Um deles respondeu: "Apesar de ter sido levado pela beleza poética e pela intensidade da emoção, fiquei muito irritado com os esforços constantes dos brancos da peça para detonar o casamento porque ele era negro e ela era branca, e, portanto, incompatíveis. Na verdade, senti que ele foi levado ao furor por eles e que o assassinato foi sugerido a ele. *Eles* foram os assassinos, não Otelo". O outro afirmou: "Otelo foi considerado um mouro por Shakespeare. O que teria acontecido a ele se fosse um negro puro-sangue?" Eles não permitiriam a ele nem mesmo a dignidade de ser um assassino louco. Eles o linchariam imediatamente. Na peça, ele tinha a permissão e o privilégio do suicídio. O que você imagina que Shakespeare sentiria se vivesse hoje e testemunhasse os efeitos de sua peça sobre o público tanto de brancos quanto de negros, nos Estados Unidos?

Moreno: Acredito que ele escreveria a peça novamente para cada novo público, antes de ela ser encenada. Em outras palavras, ele se transformaria num psicodramatista, ou mais precisamente, num sociodramatista. Ele teria em sua equipe, ao lado de atores profissionais terapeuticamente treinados, vários informantes a respeito das relações negros–brancos. Aliás, um detalhe importante: Otelo não era o verdadeiro assassino de Desdêmona. Ele foi somente a mão; ela acabou morta por seu povo. Dá para você explicar isso?

Toeman: Sim. Isso nos remete ao envolvimento pessoal de Shakespeare. É outra técnica-padrão dos dramaturgos, com o objetivo de impulsionar sua peça e introduzir suas idéias e valores, utilizar determinados personagens como seus porta-vozes. Isso é feito, freqüentemente, de forma inconsciente pelo autor e ocultado sob a máscara da objetividade dramática e da lógica dos eventos. No caso de *Otelo*, é o personagem Iago quem veicula não o conflito, mas as idéias de Shakespeare, metodicamente, passo a passo, como uma espécie de "ego-auxiliar estético".

Moreno: Você acha que esses eram os sentimentos pessoais de Shakespeare sobre o tema?

Toeman: Não necessariamente. Ele pode ter sido um homem tolerante, porém tenta explicar, para si mesmo e para o público, a cadeia que leva a esse final trágico, com Desdêmona e Otelo perdendo a vida.

Moreno: Você quer dizer que Iago estabelece a trama, como uma espécie de *deus ex machina* de nosso sistema cultural de valores. Ele substitui o dramaturgo e mostra suas idéias. O autor do tipo subjetivo pode ser contraposto ao do tipo objetivo, aquele que sistemática e conscientemente se coloca fora da peça, procurando movimentar os personagens de acordo com os princípios envolvidos no conflito. Como sugerem os negros de nosso público, o fim de *Otelo* é o protótipo de um final não-terapêutico. Se o público for constituído de mulheres brancas, ele as adverte para que não cheguem perto dos negros. Representada para um público negro, ela os impele a ficar longe dos brancos; seus mais nobres esforços terminariam em fracasso. O grande dramaturgo age como uma força reacionária, propagando e promovendo o preconceito racial. Aqui, o terapeuta poderia guiar o artista.

Toeman: Tenho observado, nesse aspecto, a crescente influência das técnicas psicodramáticas na produção dramática contemporânea. Por exemplo, na peça *O mistress mine*, de Terence Rattingan, encenada pelos Lunts, havia evidências desse fenômeno.

Moreno: Chega a ser psicodramaticamente significativo?

Toeman: Com certeza. A história é mais ou menos assim: um jovem, voltando de uma longa viagem, encontra a mãe viúva vivendo com outro homem. Ele estranha o companheiro da mãe e provoca uma separação. No último ato acontece uma espécie de psicodrama.

Moreno: Como assim?

Toeman: Bem, a mãe e o filho agora vivem sozinhos. O ex-companheiro da mãe vem visitá-los. Ele encontra o filho triste por causa de uma moça que prefere outro rapaz em vez dele. O homem mais velho mostra, em improviso, como o filho pode conseguir o afeto da moça. Nessa cena improvisada, imaginou-se um restaurante no qual estariam jantando a garota e seu namorado. Eles não aparecem no palco, na realidade; eles são representados pelos gestos do padrasto produtor. A implicação psicodramática aqui parece ser a seguinte: o candidato a padrasto teve uma dupla motivação. Num primeiro plano, ele queria ensinar ao rapaz as estratégias para conquistar uma moça. No fundo, porém, ele pretendia, por meio da identificação com o filho, forçá-lo a identificar-se com ele na conquista da mãe.

Moreno: Uma espécie de inversão de papéis! Teve a perspicácia de adivinhar que o filho o entenderia melhor se vivesse uma experiência similar e fosse por ele ajudado na busca da solução.

Toeman: Na improvisação, o filho fica com a moça. Com isso, a projeção termina, mas quando imediatamente depois sua mãe vem para a sala, o homem mais velho a pede em casamento e os três vão ao restaurante e, na realidade, trazem a moça para o filho. Por causa do interlúdio psicodramático, a peça termina "no palco" com uma catarse para cada um dos envolvidos. Que lhe parece isso?

Moreno: Isso faz lembrar uma bem conhecida técnica psicodramática, a técnica do espelho. O candidato a padrasto, tornando-se o ego-auxiliar do filho, transforma o filho resistente num ego-auxiliar do pai. Dessa forma, ele derruba o protesto do filho contra ele, por estar namorando sua mãe, ajudando o rapaz a obter um substituto para a mãe, uma moça só para ele.

Toeman: E dessa maneira o filho não se preocupa em desistir da mãe.

Moreno: O próprio drama em si, se tivesse sido "escrito" sem esse interlúdio, poderia nunca atingir a catarse terapêutica de que, dentro da peça, o filho precisava para permitir que seu futuro pai namorasse sua mãe.

Toeman: Por outro lado, sem o processo de espelhamento, o público seria privado do necessário efeito terapêutico.

Moreno: Há outro aspecto. Em nossa cultura, o público pode, em seus pensamentos "privados", tolerar um amor genuíno entre duas pessoas e criticar o filho que interfere nos planos delas. Mas na mente oficial, duas pessoas que não sejam casadas não deveriam namorar e viver juntas. Na produção dramática, no palco, é essencial algum corretivo que a coloque dentro do padrão moral do público. Se a produção ocorresse sem o público, no anonimato da vida em si, não haveria necessidade dessa correção. Diante de uma platéia que representa a opinião pública, esse interlúdio é um remédio. Ele acrescenta à tríplice catarse que ocorre no palco – do pai, da mãe e do filho – a catarse do público. Todos vão felizes para casa. O amor ilegítimo é legitimado e o filho está em vias de conquistar o amor.

Toeman: Sim, mas podemos comparar o método do dramaturgo com os métodos do psicodramatista. Imaginemos que o filho fosse uma pessoa real, vivendo esse problema. Suponha que, como na peça, duas pessoas mais velhas que estivessem namorando, bem satisfeitas com sua situação, viessem consultar você a respeito do filho de um casamento anterior que estivesse perturbando seu relacionamento. Você não teria abordado o tema de maneira diferente?

Moreno: Na peça, a mãe está disposta a sacrificar seu amor em nome da felicidade do filho. No psicodrama, porém, isso já teria feito parte do tratamento, porque ela poderia perder seu amor para sempre ao desistir dele. Por outro lado, ela poderia se recusar a desistir de seu amante em favor do filho. Cada alternativa seria então trabalhada no palco e os três sujeitos, um de cada vez, formariam o eixo em torno do qual se daria a ação. Passo a passo, relacionamentos e conflitos passados, projeções futuras, ao lado dos conflitos atuais, seriam reintegrados e analisados, podendo os três vir a encontrar um conjunto totalmente diferente de soluções.

Toeman: Há uma outra peça de sucesso na Broadway. É a *Christopher Blake*, de Moss Hart. Ela me deu a impressão de ter sofrido grande influência dos princípios psicodramáticos. Na verdade, a tal ponto que muitas vezes pensei que o dramaturgo deve ter sido nosso hóspede ou então um sujeito de nossas sessões. A peça é, antes de mais nada, situacional. Há uma situação, o contexto de um tribunal, na qual duas pessoas comparecem diante de um juiz a fim de se divorciarem. Seu filho deve escolher com qual dos dois vai morar. À medida que busca essa decisão (a realidade dramática dessa parte é reduzida ao mínimo), ele tem alucinações, vôos de fantasia, que vão sendo mostrados para o público por meio de encenações.

Moreno: Isso faz lembrar um dos princípios psicodramáticos básicos, que é *permitir ao sujeito ou paciente atuar, imediatamente, no nível psicodramático, as reflexões situacionais que o contexto da vida não lhe permite expressar.* Do ponto de vista terapêutico, é importante tanto para o paciente-sujeito quanto para o público. Essa é a razão pela qual o autor de *Christopher Blake* permite ao garoto encenar sua experiência.

Toeman: Isso é exatamente o que ele seria estimulado a fazer se fosse um paciente no teatro psicodramático. Porém, as projeções de Christopher algumas vezes parecem artificiais. Elas parecem "bem arranjadas" mais do que originadas pelas ansiedades de um paciente real. Mas sem esses interlúdios pseudopsicodramáticos, a peça seria um julgamento no tribunal, antiquado e mal concebido. São esses interlúdios que dão à peça potencial de impacto.

Moreno: Se o autor tivesse apresentado a peça na forma da dramaturgia comum, a seqüência de eventos estaria dentro das dimensões da realidade: uma cena de corte, um juiz, marido e mulher, um filho, todos os tipos de cenas paralelas, conduzindo a um clímax, e assim por diante.

Toeman: Se existisse um paciente psiquiátrico na peça, estaria no plano da realidade retratar no palco alguns de seus delírios e alucinações. Ou seria plausível, da mesma forma, de acordo com a linha clássica de envolvimento quase-psicodramático, fazer o que fez Shakespeare em *Hamlet*: permitir que Hamlet colocasse uma peça dentro da peça. Hamlet, por métodos projetivos, mostrou aos pais reais que ele sabia quão cruelmente haviam conspirado para a morte de seu genitor. Em *Christopher Blake*, contudo, não se "simula" que os interlúdios sejam produzidos por Christopher. Eles são feitos pelo autor-produtor como extensão de uma situação de vida claramente demarcada.

Moreno: Suponha que *Christopher Blake* tenha sido pura fantasia, completamente fora da realidade. As situações imaginadas seriam naturais dentro de uma continuidade dramática única. Mas se trata de um novo princípio aqui utilizado, que é trabalhar simultaneamente em *duas* dimensões, ampliar a situação real porque algo está ocorrendo na mente do sujeito enquanto ela se desenrola. Em outras palavras, dar um retrato psicodramático *paralelo* ao retrato de realidade de vida de determinada cena.

Toeman: Quanto mais normal é determinada cena, mais impactante é o efeito de um retrato psicodramático paralelo.

Moreno: Algumas tendências semelhantes apareceram de vez em quando na literatura dramática, porém seu uso consciente e sistemático deve ser creditado principalmente aos métodos de produção psicodramática. Você não identifica algo semelhante em nossas sessões?

Toeman: Sim. Mas o ponto mais importante em relação ao psicodrama é o fato de que o sujeito é o produtor tanto das cenas reais quanto das projetadas, em vez de haver "um autor" que as estabeleça por ele, imaginando que essa é a maneira de o sujeito sentir. O ator psicodramático mostra não apenas o que realmente aconteceu, mas também o que ele vivenciou e imaginou na situação. Por exemplo, você se lembra do caso do rapaz que foi embora, sem mais nem menos, quando estava no exército?

Moreno: Ele não trabalhou isso no palco psicodramático? Se não me falha a memória, ele foi dispensado por causa de um incidente de fuga amnésica.

Toeman: Isso mesmo. Quando representamos tanto a dimensão real quanto a psicodramática, essa saída aconteceu no decorrer de cenas "reais". Não foi apenas sujeito e produtor de ambos os níveis de experiência; foi mais intenso e dinâmico em suas projeções. Christopher, ao contrário, movia-se nas projeções como se estivesse em transe, empurrado pelo dramaturgo. Era uma projeção "como se".

Moreno: Podemos colocar nos seguintes termos: a peça consiste de duas produções. Uma é a de Christopher vivendo seus tormentos. A outra é a do dramaturgo, infiltrada nas cenas reais. Embora o autor queira passar a idéia de que elas expressam as experiências vividas por Christopher naquela ocasião, ele age como um deus, colocando-as na peça de cima para baixo, sem o consentimento de Christopher, enquanto no psicodrama ambas as produções são de uma única peça, dinamicamente desenvolvida pelo sujeito. Essa deve ser uma das razões para a artificialidade dos personagens retratados em *Christopher Blake*.

Toeman: À medida que o autor vai se movimentando "como Christopher", sua linguagem tem um determinado fluxo natural, mas quando ele assume o papel de deus em favor de Chris, torna-se peculiarmente irreal. É claro, no "como se" o dramaturgo perde a capacidade do discurso afetivo e produz uma forma distorcida de diálogo.

Moreno: Acho que sei a causa desse fenômeno. O dramaturgo sentiu que os interlúdios projetados *precisam* ter características de sonho e ser pautados por distorções oníricas. Essa é a verdadeira razão pela qual algumas de suas projeções são artificiais, propositadamente exageradas e infantilizadas, influenciadas pelas experiências que uma pessoa deve ter tido durante sua psicanálise, especialmente de seus sonhos. Entretanto, numa genuína produção psicodramática, em que os sujeitos têm visões extremamente lúcidas de suas experiências, isso raramente acontece. Quando eles se projetam, fazem-no de uma forma que tem mais o caráter de um todo compacto criado do que um sonho irracional e desorganizado. A idéia de fazer Christopher cair num estado de transe ou de sonho é o cerne de sua artificialidade. Na verdade, Chris não estava dormindo. Ele estava apenas sentado na ante-sala do tribunal pensando. Talvez pudéssemos convidar o autor a participar de algumas sessões de psicodrama *antes* de escrever a próxima peça.

Toeman: Por outro lado, você precisa admitir que o dramaturgo foi hábil em intercambiar ou tirar proveito de várias técnicas psicodramáticas no decorrer desses interlúdios, colocando neles pessoas reais (os pais de Chris, por exemplo). Isso é a "técnica da concretização". Já a tentativa de influenciar a decisão da mãe contra o divórcio – fazendo que ela o observasse, como um ator retratando a angústia de um "órfão do divórcio" – se parece com a técnica do espelho. Há "projeções futuras" nas quais os pais de Christopher acabam num casebre, enquanto ele está numa posição de poder, como proprietário de uma rica mansão, adotado por pais substitutos sul-americanos.

Moreno: Definitivamente, são técnicas quase-psicodramáticas. Mas, independentemente disso, a peça como um todo é mais uma espécie de sonho do que algo real. Não aparece a motivação para o divórcio dos pais. Se o autor trouxesse uma terceira pessoa para o conflito fisicamente, outro homem ou outra mulher, poderia ter conseguido uma força muito maior. Todas as técnicas psicodramáticas que ele utiliza não ajudam Christopher a tomar uma decisão que estivesse de acordo com a lógica imaginativa. Na medida em que o divórcio permanece sem motivação, a escolha do pai continua igual. As tendências do próprio autor podem ter algo que ver com a formulação das "causas do divórcio" e da "escolha do pai", um resultado que, em função de sua característica autoritária, pode exercer um efeito profundamente antiterapêutico sobre o público. Podemos considerar o prejuízo que mesmo um dramaturgo criativo é capaz de proporcionar ao público quando apresenta e resolve, sem fundamentação intelectual adequada, problemas tão complexos quanto os conflitos conjugais.

Toeman: Por que você, que sabe tanto a respeito de drama, nunca se tornou um dramaturgo, Moreno?

Moreno: É verdade. É um problema pessoal. Estive várias vezes a ponto de fazê-lo, mas meu "demônio" me bloqueou, sussurrando: "Como é que você pode escrever uma peça antes de ter visto uma?" E assim eu fui ao teatro. Quando estava sentado na platéia, tentando desfrutar o drama em que um então famoso ator, bastante conhecido por seu alcoolismo, tentava fazer o papel de um rei, meu demônio me impediu de desfrutar, sussurrando: "Ele não é o rei e não age como tal". Fiz uma cena no teatro, parei a ação que se desenrolava no palco e desafiei o ator a fazer o papel dele mesmo, não emprestando o papel de um rei. Fui detido e forçado a deixar o local. Desde então, prefiro o drama que vem espontaneamente e o procurei nas ruas, nas casas e nos lugares onde as pessoas vivem.

A "dublagem" em psicodrama[*]

COMENTÁRIOS DE ZERKA

Diversos artigos que escrevi foram sugestões de J. L. Entretanto, a dublagem é um tema muito meu. Ninguém, até então, tinha articulado as idéias e técnicas de forma clara e sistemática.

Nessa época, estávamos viajando pelo país, fazendo conferências e demonstrações sobre psicodrama e psicoterapia de grupo. Éramos convidados principalmente por administrações de hospitais de veteranos. Isso se devia, talvez, ao reconhecimento do trabalho de Moreno com militares durante a guerra. Além disso, os hospitais de veteranos eram instituições que precisavam lidar com muitos veteranos que retornavam da guerra e necessitavam de cuidados psiquiátricos. Éramos convidados mais freqüentemente por psiquiatras do Sul. Diferentemente dos do Norte, muitos deles não tinham treinamento psicanalítico. Portanto, não precisavam abdicar de uma identidade profissional e podiam mais facilmente aceitar as idéias de Moreno. Eles admiravam a recusa de Moreno em aceitar a norma e o chamavam de "rebelde incurável".

Essas viagens foram muito instrutivas para mim. Como imigrante, eu havia permanecido mais tempo na Costa Leste. Eu estava interessada em ver as diferentes reações entre os profissionais em outras partes do país, na medida em que tentávamos avançar por ele. Para a maioria, era mais fácil

---

[*] Artigo publicado originalmente em *Sociatry, Journal of Group and Intergroup Therapy*, v. I, n. 4, 1948, p. 436-446.

> *aceitar a prática da psicoterapia de grupo do que as teorias de Moreno. Entretanto, estas também começavam a ser reconhecidas e utilizadas, especialmente em hospitais públicos.*

Introdução

Tem-se afirmado com freqüência que o psicodrama, da mesma forma que os procedimentos sociométricos, não descobre nada de novo, mas pode, por causa da sofisticação e flexibilidade de seus métodos, avançar na exploração de uma idéia para alcançar suas ramificações mais remotas e menos óbvias.

O dublê aparece na mitologia de muitas culturas e tem sido descrito por alguns dos maiores escritores da literatura antiga e moderna. Nessas descrições, o dublê é uma experiência simbólica, realizando atos próprios, fora da volição ou do controle do sujeito. O dublê alucinado de um doente mental entra na sala, senta-se, ou, como no caso bem conhecido de Maupassant, rege seu trabalho.

No psicodrama, o dublê é uma experiência objetiva. Tanto o dublê quanto o sujeito realizam o mesmo ato, pensam e agem ao mesmo tempo, em uníssono. O dublê de Maupassant o subjugava a sua vontade e criava seu trabalho. Era uma fantasia de sua mente e uma produção "involuntária" que ele não podia compartilhar com outra pessoa quando ela ocorria. A situação psicodramática do dublê é uma produção voluntária. O sujeito tem uma participação maior, ou pelo menos igual, nela.

Em trabalho anterior, descrevi a técnica do dublê em psicodrama (Toeman, 1946). A produção do sujeito e do ego-auxiliar é uma tarefa comum, testemunhada por todos os membros do público. Não é meramente algo que acontece na mente de um indivíduo, mas um processo sistemático que tem lugar num contexto objetivo.

Quando o sujeito "imagina" um dublê, ele em geral tem medo, ou pelo menos medo e pânico são os fatores preponderantes na situação. Já no dublê do psicodrama, o medo pode entrar na situação no momento em que o sujeito se dá conta de quanto o dublê sabe a respeito dele, contudo é somente um dos fatores e acontece apenas ocasionalmente. Quanto mais o sujeito está aquecido para a situação de dublagem, mais ele perde o medo.

Na literatura, o dublê pode expressar tanto o melhor "eu" a pessoa (como no caso de William Wilson, de Edgar Allan Poe, em que o dublê age como seu anjo da guarda) quanto pode expressar o pior "eu" da pessoa (como em *The strange case of Dr. Jekyll and Mr. Hyde* [*O médico e o monstro*], de Robert Louis Stevenson).

Maupassant considerava seu dublê um "inimigo íntimo". No psicodrama, nenhum valor moral é atribuído ao dublê. Ele não é a melhor nem a pior parte do eu. Ele simplesmente está ali. Algumas vezes é a melhor parte, outras vezes, a pior. Nem existe, no psicodrama, uma divisão clara entre o sujeito e o dublê. Eles são fundidos, separados e fundidos novamente.

Uma das melhores descrições do fenômeno do dublê, na literatura, é encontrada repetidas vezes nos trabalhos de Dostoievski. Entretanto, ele também considerava o dublê parte das pessoas. As pessoas, assim divididas, são como duas metades de uma terceira personalidade dividida, metades que, como os dublês, se buscam e se perseguem.

No psicodrama, o propósito do dublê não é reclamar ou provar que o sujeito é duas pessoas. O dublê pode representar muitas outras reflexões do sujeito, não meramente uma. Na verdade, quanto mais dublês o ego-auxiliar produzir, mais integradora será a experiência do dublê para o sujeito.

O principal propósito do dublê psicodramático é estimular, não perseguir, o sujeito, ajudar e reciclar, e não acusar. Dostoievski inseriu seu dublê em todas as manifestações do diabo, que aparece para o sujeito e se declara seu dublê, uma criação do homem a sua própria imagem. Para Dostoievski, o dublê é uma alucinação. No psicodrama, ele é uma experiência construída e elaborada conscientemente; as encarnações verdadeiras do dublê são colocadas lado a lado com o sujeito, no palco, e ali ele age como uma pessoa real.

Podemos, portanto, distinguir três tipos de dublê:

1. O dublê fictício, construído pela imaginação fértil do escritor.
2. O dublê psicótico, alucinação de um doente mental.
3. O dublê psicodramático, terapêutico, que é um recurso experimental; por intermédio dos métodos dramáticos, ele alcança uma realidade tridimensional.

A técnica de dublagem e a experiência do dublê no psicodrama

A função do ego-auxiliar no psicodrama já foi descrita em outro espaço (Moreno, J. L., 1946c). Geralmente está relacionada com a representação de membros ausentes do mundo do sujeito.

A técnica do dublê, entretanto, é especial dentro da esfera do ego-auxiliar. Um auxiliar habilidoso será rápido para obter e utilizar informações a respeito do sujeito, reveladas em dramatização anterior ou na entrevista de pré-dublagem. Essas informações precisam ser traduzidas em ações pertinentes no palco, e funcionam como um iniciador preliminar para que a dublagem seja atuada.

Na dublagem, a tarefa do ego-auxiliar é particularmente difícil em razão de o sujeito freqüentemente se aquecer muito devagar ou não conseguir alcançar níveis mínimos de experiência. É possível que o sujeito produza todo tipo de resistência. O ego-auxiliar deve fazer uso delas e trabalhar até que se alcancem níveis mais profundos.

A dublagem de Nancy

Os exemplos que se seguem servem para explicar como se dá a dublagem no psicodrama.[1]

Nosso primeiro sujeito, que chamaremos de Nancy, era uma jovem casada que nos procurou, juntamente com o marido, em busca de aconselhamento, em função de problemas com a sogra. Quando começamos a explorar psicodramaticamente a relação conjugal, o marido sentou-se na beira do palco, observando a cena. Ficamos sabendo como eles se encontraram, paqueraram e se casaram, e como eles viviam. Estávamos, assim, em condições de abordar todo o seu relacionamento, até o presente.

Nancy estava tensa, sem condições de se aquecer livremente e, em sua ansiedade, resistia ao desenvolvimento da sessão. Ficou mais evidente que o problema da sogra era apenas um detalhe. Foi quando o diretor decidiu utilizar a "técnica do dublê".

A cena acontecia tarde da noite. O sujeito (eu como dublê) se preparava para ir para a cama. A hora de dormir é um bom contexto, o momento propício para a reflexão e a auto-revelação, assim como para revisar os acontecimentos do dia.

Nancy começou a pensar sobre o que ela realmente sentia em relação a seu casamento, como ela muitas vezes se sentia sozinha, e apareceu, de repente, o fato de que ela estava grávida de três meses. Isso mudou o tom da situação, e aproveitei esse fato para incluir o "nosso filho" em suas meditações. Ela tentou escapar, apelando para o marido (que a observava junto com o grupo), chamando-o para dormir, relembrando que ele deveria apagar as luzes quando viesse etc. Continuei a tentar aquecê-la, ponderando se o bebê seria menino ou menina, se meu marido estava feliz com a gravidez, se eu estava feliz, se o casamento estava pronto para essa complicação etc. Nancy respondia a todos esses assinalamentos de maneira superficial, irrealista, hipomaníaca. Ela apenas enfatizava as coisas "boas" de sua vida, evitando conflitos, dificuldades e responsabilidades. Passei a pressioná-la ainda mais, questionando "nossa" maturidade para a paternidade, lamentando a situação financeira – na medida em que eu não poderia mais trabalhar (seu marido estava fazendo doutorado e ela trabalhava para sustentar a ambos), o que o filho faria comigo, se eu ficaria desfigurada ou incapacitada depois do nascimento.

Nancy persistia em seu aquecimento negativo e respondia: "Qual é a vantagem de se preocupar com essas coisas?", "Estamos felizes com o fato de que vou ter um filho" etc. Contudo, seu corpo já não dava mais conta. Suas costas tinham começado a se deformar e sua fisionomia estava cada vez mais sulcada e preocupada.

O diretor decidiu utilizar naquele momento a técnica de projeção futura, com o objetivo de "ensaiar" o futuro, qualquer que fosse. Ele mudou a cena: "Aqui está o hospital, as dores do parto começaram, o bebê está para nascer. Agora, vamos em frente, as duas".

A essa altura, senti que Nancy estava muito mais tocada do que ela se permitia admitir. Aquecendo-me para o mundo de Nancy, eu saía de mim e me transformava nela. Sentia como ela e com ela. Naquele momento, tive a sensação de que ela percebera que sua produção tinha sido até então irrealista, mas ela estava devagar no aquecimento para a situação de dublagem.

O diretor veio até mim e instruiu-me a me aquecer para a dor, para o sofrimento e assim por diante, mas eu já estava aquecida para meu medo da morte, a morte do bebê, minha morte, quem cuidaria de meu marido e de "nosso filho". Assim, não consegui me ligar na dor, como fora solicitada, senão brevemente, e comecei a tremer. Percebi que Nancy também tremia. Eu disse: "Espero que tudo corra bem", e comecei a chorar.

Algumas pessoas da platéia me disseram, depois da sessão, que Nancy também tinha chorado, mas eu não percebi isso até que parei de chorar. Eu estava muito envolvida em seus medos quando percebi seu choro, e disse: "Espero que eu não morra".

De repente, Nancy deu um suspiro profundo e quase sussurrou: "Não, eu não quero morrer!" Depois, pediu a um amigo que me contasse as razões de seu medo. Ela era católica e tinha se casado em outra religião. Muitos de seus problemas com o marido decorriam disso. Entretanto, ela agora admitia ter medo do que aconteceria com ela se ela perdesse a vida no parto, porque ela e a criança estariam sem proteção no purgatório, futuramente. Como judia, eu não sabia dessas implicações religiosas. Mesmo assim, consegui captar seu medo da morte.

Aquele era o momento de eu me recolher e voltar aos aspectos positivos da situação. Então eu disse: "Acho que vai dar tudo certo. Atualmente, as pessoas não costumam morrer no parto". Isso foi bom para Nancy, que complementou: "Tudo indica que ele é um bom médico e ele me disse que tudo está indo bem". Respondi: "Com certeza, eu sou jovem e saudável, e tudo vai terminar logo".

Depois dessa cena, foi necessário dar muito apoio a ela, e nesse contexto a cena seguinte consistiu numa projeção futura de Nancy com o marido, permitindo a ela completa liberdade de expressão. Ela projetou o bebê como uma menina de 6 meses de idade. Nancy mostrou nessa cena mais autoridade e uma imaginação mais ampla do que antes, quando vinha sendo muito dominada pela presença do marido. O poder emocional da dublagem a libertou para abordar o futuro com mais confiança.

A dublagem de Linda

O segundo caso trata de uma jovem que podemos chamar de Linda. Ela se divorciara recentemente e, embora não se desse conta disso, tinha medo dos relacionamentos futuros com homens. Linda produziu inicialmente várias cenas com diversos homens que conhecia, mas seu aquecimento se restringia aos níveis sociais, superficiais.

O diretor sugeriu, então, uma dublagem. Ela tentava o tempo todo evitar a situação, dizendo, por exemplo: "Vamos contar para a Mary (companheira de quarto) o que aconteceu na escola hoje. Ela se divertiria com o caso do John", ou "Esqueci-me de escovar os dentes e preciso ir ao banheiro", "Tenho de esvaziar o balde de gelo" etc., movimentando-se incansavelmente para a parte de trás do palco.

Eu, como dublê, inicialmente ia acompanhando seus deslocamentos no espaço, copiando cada um de seus gestos, mas depois, quando ela me aceitou como sua dublê, comecei devagar e gentilmente a contestá-la: "Mary está dormindo, não posso acordá-la agora", "Vamos esvaziar o balde de gelo primeiro", "Estou muito cansada para escovar os dentes". Isso a trazia de volta a si mesma e ela começou a concentrar-se na preparação de suas roupas para vestir no dia seguinte. Acompanhei-a novamente, porém comecei a voltar para o proscênio, recusando-me a decidir qualquer coisa mais. Eu ia à frente dela para a cama, localizada bem em frente do público e do diretor.

Linda, agora, mais do que tomar iniciativas, seguia minhas ações. Sem nenhuma coerção, ela copiava meus movimentos, andava atrás de mim. Até que ela se sentou na cama. Eu fiz o mesmo. Ela tirou os sapatos, eu também. Àquela altura, percebi que Linda fazia longas pausas entre os atos, cada vez mais devagar, tinha momentos pensativos e, pela maneira como respondia à situação toda, havia alcançado um nível de reflexão mais profundo que antes. Imediatamente me movi para o medo que eu tinha de me encontrar com homens, especialmente desconhecidos, o medo de pessoas em geral e para o fato de eu sempre tentar causar nelas uma boa impressão. Linda logo concordava: "É isso que o Dick (marido) me dizia o tempo todo. Faço tanta força para superar meu medo que acabo ficando superexcitada e exibicionista. Faço o que posso e o que não posso para atrair atenção e acabo perdendo a naturalidade".

Essa foi a primeira vez que ela concordou comigo. Até aquele momento, ela nunca negava nem concordava com qualquer coisa que eu produzia. Simplesmente pulava de uma situação para outra. Então, ela começou a ampliar minha produção e se envolvia no processo. Foi preciso despender muito tempo com detalhes superficiais de sua vida antes que pudéssemos entrar em aspectos mais profundos. A partir desse ponto, Linda foi se aquecendo cada vez mais.

Tratou-se de uma seqüência fascinante de passos cruciais em nosso processo de sentimentos mútuos (tele). Uma vez que o padrão mútuo de tele foi suficientemente estabelecido para garantir o relacionamento básico, o resto se seguiu com facilidade.

A bem dizer, houve um momento em que o diretor pediu que eu me sentasse. Linda então exigiu: "Devolva minha dublê!", e ele a atendeu.

O diretor perguntou a Linda se ela havia tido algum sonho recentemente, ao que ela respondeu: "Eu sempre sonho". O diretor nos instruiu, então, a dormir e tentar sonhar; ele sugeriu que víssemos as mesmas coisas em nosso sonho e que o encenássemos juntas.

Preparamo-nos para dormir e pouco tempo depois saímos da cama. Linda não falava. Dei-me conta de que ela não tinha nunca mencionado seus pais nas cenas anteriores, e que o sonho estava relacionado com eles, e aí eu disse: "É com mamãe e papai". Linda completou: "Sim, em nossa antiga casa em Connecticut. Mas ela é muito maior e vai ficando cada vez maior o tempo todo". Eu acrescentei: "Estou assustada. É estranho. Como pode a casa crescer desse jeito?"

Linda: E o que todas essas pessoas estão fazendo aqui? Acho que é uma das reuniões sociais de mamãe. Não as agüento. Quero fugir disso.

Dublê: Quero correr e me esconder sempre que essas pessoas vão se aproximando da casa. Mas para onde posso ir sem ser vista?

Linda: Vou lá para cima, para o meu quarto. Papai! Onde está meu pai? Não o vejo. Ele odeia essas atividades de mamãe tanto quanto eu, mas ele de alguma maneira consegue escapar. Vou subir.

Dublê: O que a mamãe vai dizer se ela descobrir?

Linda: Não quero nem saber, embora eu aposte que ela vai ficar brava comigo. Ai! Onde está a escada? Está aqui, a casa muda o tempo todo. Paredes azuis? Nunca vi essa cor nessa casa antes!

Dublê: Está muito diferente. Vamos subir.

Chegando em cima, Linda acha que é melhor descer de novo.

Linda: Onde está a escada, agora? Preciso descer, se não mamãe vai me dar uma bronca. Onde está?

Nesse momento, ela se põe a correr atabalhoadamente pelo palco, procurando a escada. Seus gestos são frenéticos, o tom da voz aumenta. Ela se torna muito mais intensa e dramática do que antes. Ela aponta: "Veja! Veja!"

Dublê: Onde eles foram? O que aconteceu com eles?

Linda: Eles estão ali. Eles são um buraco negro, uma fenda enorme. Foi ali que aquela mulher atirou meus sapatos. Acho que preciso pular.

Dublê: Não quero pular ali. Estou com medo.

Linda: Preciso pular. Tenho de descer a escada. Tenho de encontrar meus sapatos.

Demos um salto juntas. O diretor pediu, então, que Linda retomasse sozinha a última parte do sonho, a cena da escada, mas ela não conseguia se aquecer enquanto a ego-auxiliar não assumiu novamente o papel de dublê a seu lado.

Linda (voz e movimentos ainda mais frenéticos que antes): Ai, onde está aquela escada? Onde foi parar? Como pode desaparecer desse jeito? Como é que posso descer sem ela?

Dublê: Preciso encontrar outra escada, então (anda para o outro lado do palco, com Linda acompanhando).

Linda: Não. Eu não vou descer por aí. Foi aí que mamãe me contou que ela e o irmão caíram. Não quero descer e me machucar.

Dublê: Mas eu preciso dar um jeito de descer. Como é que posso descer sem usar essa escada?

Linda: Não quero descer por essa escada. Não vou descer por aí. Mamãe me advertiu de que posso cair e me machucar, ou então ela pode cair de novo e morrer. Ela uma vez caiu nela e desmaiou. Não posso usar essa escada.

Análise da técnica e da experiência de dublagem

Paralelamente às técnicas que descrevi em trabalho anterior, tem-se constatado que técnicas do tipo pura ação são extremamente úteis no caso de sujeitos que oferecem grande resistência inicial à dublagem ou que vão mostrando uma resistência crescente no decorrer da situação.

A vinculação entre o sujeito e o ego-auxiliar pode ter sido muito bem estabelecida na superfície das associações verbais. Tudo parece correr bem e o sujeito parece colaborar. De repente, a ego-auxiliar percebe que o sujeito tenta abortar a dublagem, que ainda não atingiu o máximo de produção e catarse. Ela se dá conta de que o sujeito tem medo do que ela possa revelar se ela se aquecer ainda mais e, por isso, tenta interromper ou encerrar a dublagem.

A ego-auxiliar pode, no nível verbal, ser suave, delicada, permissiva, mas deve atuar para trazer o sujeito de volta à situação. Por exemplo, o sujeito diz: "Estou cansada agora. Vamos dormir", fecha os olhos e evita qualquer ação. Ou então pode dizer sugestivamente a seu dublê: "Vamos para o outro quarto trocar de roupa e ficarmos prontos para dormir", ao mesmo tempo que começa a se retirar da cena fisicamente. Nesse caso, o dublê pode fazer um movimento oposto: andar em volta do sujeito, impedindo-a de sair do palco, ou então sair da cama ou da cadeira e partir para todo tipo de ação que sugira ao sujeito, por meio de movimentos, que permaneça em cena e *prossiga, aquecendo-se numa outra direção*. Se a resistência do sujeito for silenciosa, a agressão e a persistência do ego-auxiliar serão igualmente silenciosas, porém ativas, por intermédio de gestos e movimentos.

Depois de cumprida essa fase, é interessante observar o sujeito quando ele começa a se aquecer e a aceitar o dublê como se fosse realmente seu dublê. Ele estimula o dublê para uma idéia ou ação, mas de sua parte este também o estimula para uma idéia ou ação. Quanto mais perto o dublê chega do sujeito, mais este se aquece e revela novas experiências. Suas experiências pessoais mais íntimas são altamente intensificadas. Vale notar que não é necessário que o dublê seja sempre do mesmo sexo que o sujeito. A dublagem com sexos mistos tem acontecido de forma efetiva, com o sujeito perdendo o sentimento de presença de um membro do sexo oposto e aceitando totalmente o dublê como possibilidade de representá-lo.

O exemplo da dublagem de Linda mostra quanto material pode ser obtido pelo método do sonho dublado nos casos em que o sujeito guarda cuidadosamente seus segredos, preocupado em não se perder. Por intermédio da dinâmica do processo de aquecimento, Linda foi levada, pouco a pouco, ao longo de sua linha de vida e não conseguiu resistir até que todo o episódio tivesse sido inteiramente vivenciado.

A última parte de sua produção onírica se modificou para ser não um sonho (como a primeira parte fora realmente um sonho recente), e sim um incidente que ocorrera quando sua mãe tinha visitas em casa, a mesma casa em que Linda havia se casado, mas na qual seus genitores não mais viviam.

A imagem de um corpo e uma mente que coexistem é alcançada pelo sujeito por meio da estimulação nele produzida pela imagem corporal do dublê, quando este abaixa a cabeça, movimenta o braço, fecha os olhos, tudo juntamente com ele, pelo efeito animal da mera dublagem puramente física dos gestos. Uma vez que esse relacionamento esteja presente, o ego-auxiliar pode começar a desviar sua ação e expressão corporal, estimulando o sujeito em outro caminho ou conjunto de caminhos.

O ego-auxiliar começou o sonho estruturando a situação: "É estranho que eu sonhe com mamãe e papai". O sujeito concorda com isso e amplia, produzindo a casa em que ela vivera quando criança. Seus pais tinham, nesse meio tempo, mudado para outra casa, mas no sonho Linda era de novo uma menininha com medo de se encontrar com os amigos da mãe numa reunião social. A casa parecia encantada, maior do que a realidade, e aumentava constantemente até que ela ficou com medo de subir a escada para ir ao seu quarto, a fim de se esconder ali até que as pessoas fossem embora. Quando ela quis retornar porque a mãe ficaria brava, a escada tinha desaparecido e se transformado num buraco negro no qual ela finalmente desapareceu.

Quando a última parte do sonho foi encenada de novo, ficou evidente que fora nessa escada que a mãe e o irmão haviam caído. Como eles eram mais velhos e mais poderosos do que ela, ela tinha medo de usar a escada, temendo o que poderiam fazer consigo.

Apesar de a ego-auxiliar se tornar muito menos diretiva depois que o sujeito começou seu sonho, muitas vezes ela precisou estimular a sonhadora pela co-experiência e pela co-produção, ampliando o sonho aqui e ali. Trata-se de uma técnica extremamente sutil de dublagem, que necessita ser mais investigada.

A matriz de identidade e a dublagem

A dublagem é talvez o fundamento das experiências intuitivas entre amantes, marido e mulher, amigos íntimos, e pode ser a base para o que os psicanalistas chamam de "identificação". A velha *Twa ma si* (isto sou eu) indígena é outra confirmação, de natureza religiosa, da dublagem. No teatro, a vivência do papel de espectador constitui uma experiência de dublagem. É a experiência da identidade (e não identificação), que implica que o eu e o espelho não são a mesma coisa, mas que o sujeito imagina que sejam, acrescentando ou subtraindo algo. É provável que na dublagem se reproduza uma das mais antigas experiências do bebê e da criança, o que seria talvez a razão de sua eficiência. É a experiência da criança olhando no espelho e vendo outra criança, um estranho, porém alguém que se parece com ela e age como ela.

De acordo com a teoria da espontaneidade, a primeira matriz de experiência é a matriz de identidade. O corpo de diversos indivíduos e as formas de diversos objetos participam dela. Se a dublagem fosse uma relação transferencial do sujeito para o dublê, nada essencial decorreria disso, exceto a livre associação e os delírios do sujeito em relação ao dublê. Em caso contrário, se fosse uma relação transferencial do dublê para o sujeito, nada aconteceria também, a menos que o sujeito se mostrasse tão sugestionável a ponto de aceitar cegamente tudo que o dublê produzisse, o que nunca aconteceu até hoje. Além disso, a dublagem não pode ser explicada somente pela empatia do dublê em relação ao sujeito.

Alguns elementos de transferência, assim como de empatia, podem operar no relacionamento, mas somente pela empatia ou pela transferência o dublê não conseguiria intuir certos elementos que o sujeito venha a sentir durante a situação de dublagem.

Segundo depoimentos dos sujeitos, é surpreendente para eles a situação em que o ego-auxiliar parece adivinhar algo que o sujeito tenta esconder ou de que ele não tem consciência clara; porém, quando atingido por esse fenômeno de *insight* do ego-auxiliar, o sujeito se abre imediatamente. O ego-auxiliar, encorajado por isso, faz alguns acréscimos, aos quais o sujeito acrescenta novos dados, e esse processo circula entre sujeito e ego-auxiliar até que seja vivida toda a configuração da experiência. Isso vale não somente no nível verbal, mas talvez ainda mais profundamente no nível da ação. O ego-auxiliar dublê, por exemplo, começa a chorar, e isso é exatamente o que o sujeito estava a ponto de fazer, e a partir daí este chora com o ego-auxiliar. Ou o ego-auxiliar faz o gesto de quem vai pular e o sujeito dá um passo à frente e pula. Este dirá que queria fazer aquilo; ele queria ferir-se e morrer. Esse sentimento de mão dupla, o ego-auxiliar sentindo o sujeito e vice-versa – ou seja, o que o ego-auxiliar sente a respeito de si mesmo –, produz uma interação profunda. Não se trata de um material projetado, e sim de eventos reais. É um fenômeno tele. Os dois dublês são mantidos juntos por uma experiência télica. A empatia e a transferência fazem parte dela, mas não representam a essência do processo de relacionamento.

Na dublagem, o que mais freqüentemente impulsiona o sujeito para uma experiência semelhante sob a superfície é a expressão relaxada do dublê, os gestos que ele faz. As palavras que ele pronuncia podem ser imateriais ou mesmo incidentais porque, à medida que o sujeito se aquece para o mesmo padrão gestual, ou semelhante, o verbal vem automaticamente em seguida.

Uma fase importante da dublagem é aquela em que o dublê se abre com a máxima receptividade possível, repetindo as palavras do sujeito num sentido de ego-auxiliar, repetindo os sentimentos de tristeza, alegria, ressentimento, raiva ou hostilidade. O vínculo se estabelece no momento em que o ego-auxiliar proporciona ao sujeito a experiência de que o dublê, perto dele, sente a mesma coisa, propiciando a ele o sentimento de identidade que discutimos há pouco. O sujeito descobre que existe alguém no espaço que não é ele mas se parece com ele, um dublê que sabe tudo a seu respeito porque *é* ele. Esse dublê algumas vezes revela determinados aspectos dele que ele mesmo não consegue revelar para si, e assim representa um componente indispensável de seu psiquismo. O dublê é o início de uma sociedade. Ele sempre soube, inconscientemente, que ele existe, mas somente na dublagem do psicodrama isso é trazido à luz do dia.

Essa identidade total constitui apenas uma das fases características da dublagem. Às vezes, acontece uma segunda fase. O dublê elabora, sistemática e conscientemente, os sentimentos do sujeito, multiplicando sua intensidade e sua quantidade. Se o sujeito está um pouco triste, o ego-auxiliar fica duplamente deprimido. Se o sujeito está feliz com uma relação, o ego-auxiliar aumenta ainda mais, mais do que o próprio sujeito admite.

Essa fase de ampliação do nível de sentimento do sujeito tem dois objetivos: de um lado, promover um acordo do sujeito com essas intensificações e estimular dimensões adicionais; de outro, provocá-lo para que interrompa as percepções do dublê.

Em outra fase, o dublê se torna altamente diretivo e pródigo em assinalamentos e atuações. O sujeito pode demonstrar agressão e ressentimentos consideráveis e produzir uma contra-agressão à qual o dublê se junta imediatamente, com uma atitude permissiva e colaboradora, como se nada estivesse acontecendo. Uma outra, ainda, ocorre quando o dublê antecipa as ações do sujeito no futuro, o que ele vai fazer amanhã.

A fase mais profunda e mais rara é aquela em que o sujeito perde o sentimento de que o dublê é um outro, como uma espécie de "transe de dublagem". O limite[2] entre eles desaparece; ele e o dublê são um. Isso pode muito bem constituir a base para a idéia mística de unidade e para as experiências mediúnicas descritas pelos psicopesquisadores.

O problema da validação e do "controle" da dublagem

Para estimar a validade da dublagem, criou-se o seguinte modelo experimental: a dublagem de Linda, tanto a parte verbal quanto a atuação, foi taquigrafada e gravada eletricamente.[3] Imediatamente após a sessão, sua dublagem foi reproduzida na presença do sujeito e cada item apresentado a ela para avaliação. Na análise do processo consideraram-se mais de duzentos itens, tanto verbais quanto de atuação. Cada intervenção verbal do dublê foi considerada uma unidade, bem como cada ação, acompanhada ou não de palavras. Durante a reprodução, o sujeito foi se aquecendo para relembrar sua própria atitude no decorrer da sessão e pontuou a atuação do dublê como correta (concordância), incorreta (desacordo) ou provável. O resultado foi: 82% de respostas corretas, 10% de prováveis e 8% incorretas. Esse método permitiu a elaboração de uma estimativa objetiva a respeito da correção da dublagem.

Outra modalidade que se mostrou útil foi a introdução de um dublê perto do palco como controle do dublê que estava atuando. O dublê-controle, um ego-auxiliar treinado, procurava aquecer-se para o sujeito, fazendo uma espécie de dublê mudo, situado na platéia. À medida que a produção avançava, ela ia comparando as resposta do dublê com as suas, atribuindo um conceito para a atuação do dublê: coincide, não coincide ou é provável. As diferenças entre a dublagem fora do palco e a do ator, no palco, foram registradas numa folha de papel. O índice de concordância alcançou 68%.

PARTE II

Pioneiros: 1949–1965

Inverter papéis

Eu e você.
Se um pode ser o outro
Isso não roubaria
Nossa individualidade?

Não.
Nós decretamos:
Pelo contrário!

Se eu sou eu
Suficientemente
Eu posso entrar
Em sua identidade.

E se você da mesma forma
Pode ser você
Conseqüentemente
Você pode aprender
A ser eu.

De *Cantos de amor à vida*
Zerka T. Moreno

História do movimento sociométrico em manchetes[*]

COMENTÁRIOS DE ZERKA

1948 e 1949 foram marcos históricos para mim. Em 1948, meus pais vieram aos Estados Unidos para uma visita de três semanas. Era a primeira vez que nos víamos desde que eu saíra da Inglaterra, em 1939. Nesse meio tempo, eu encontrara meu caminho.

O divórcio de Moreno veio no final de 1949. Em 8 de dezembro desse ano, ele anunciou: "Esta noite vamos nos casar". Ele havia obtido uma permissão especial. A cerimônia ocorreu às 7 da noite no Cartório de Paz de Cold Spring, Nova York. Surpreendi-me com a rapidez da decisão. Ele não pensava apenas no meu bem-estar depois de sua morte, mas também no trabalho que estávamos construindo juntos. Nenhum de nós queria se arriscar. Depois da cerimônia, voltamos para o escritório. Assim, nós nos casamos entre duas linhas de um manuscrito.

Este artigo reflete meu papel como "cronista e documentarista". Eu redigia a maior parte dos artigos da revista, não apenas escrevendo mas também editando textos. Isso representava muitas vezes um desafio, porque muitos autores eram refugiados e sua primeira língua não era o inglês. Eu supervisionava a expedição das revistas, chegando a ficar com bolhas nos dedos ao preparar os envelopes. Era comum que os pacientes nos ajudassem a levar a correspondência. Isso lhes dava uma chance de se integrar à comunidade.

---

[*] Artigo originalmente publicado em *Sociometry, a Journal of Interpersonal Relations*, v. XII, n. 1-3, 1949, p. 255-159.

A história do movimento sociométrico se divide naturalmente em três períodos:

a) A época em que Moreno vivia na Europa e era o único a escrever sobre o tema, preparando as bases para a teoria interpessoal e o estudo experimental de pequenos grupos, de 1905 a 1925.

b) O período em que ele morou nos Estados Unidos e encontrou ali um número crescente de colaboradores e co-criadores para o desenvolvimento da teoria e da prática sociométricas, de 1925 a 1941.

c) O período em que a sociometria e suas ramificações alcançaram aceitação generalizada e foram universalmente aplicadas, de 1941 até o presente.

Moreno foi o fundador da sociometria, do psicodrama e da psicoterapia de grupo. Mas talvez ele seja mais lembrado como o criador de algumas invenções sociais sem as quais essas novas disciplinas nunca teriam alcançado o estágio científico. Sem ser arquiteto, ele idealizou o palco circular, aberto e multidimensional. Inventou o jornal vivo, dramatizado, sem ser jornalista. Ele o levou aos Estados Unidos em 1925 e a idéia de notícias transmitidas instantaneamente ganhou ampla popularidade, por meio dos cinejornais, tais como *March of time* (*Marcha do tempo*). Poucos autores de textos científicos sabem que ele foi introduzido inicialmente por Moreno em Viena, em 1924, como uma ramificação do Teatro da Espontaneidade.

Moreno inventou também o "psicogravador" elétrico, a idéia de transmitir e reproduzir fenômenos sonoros com objetivos terapêuticos e exploratórios. Ele propôs essa idéia em 1925, como consta de seu artigo de 1931, "Application of the group method to classification" [A aplicação do método grupal à classificação], do qual foi defensor por muitos anos. A psicogravação é agora universalmente aplicada e se tornou uma ferramenta quase indispensável para os psicoterapeutas. Os psicanalistas e psicoterapeutas de grupo, assim como os que trabalham com aconselhamento não-diretivo, utilizam-na desde 1941.

Ele inventou, entre outros procedimentos, o sociograma, o psicodrama, o sociodrama e o filme psicoterápico. Essas invenções têm em comum seu caráter artístico, iniciando uma nova era no desenvolvimento das ciências sociais, com a arte sendo utilizada para seu resgate e como contribuição a uma síntese.

Primeiro período, 1908–1925

1908–1912 Psicoterapia de grupo aplicada a crianças. Viena.

1911 Teatro da Espontaneidade para crianças. Viena.

1913–1914 Psicoterapia de grupo aplicada a refugiados. Viena.

1914–1924 Desenvolvimento da teoria interpessoal.

1917 Carta ao Departamento do Interior do Império Austro-Húngaro sugerindo um esquema sociométrico para reorganização de Mittendorf, uma comunidade de reassentamento nas proximidades de Viena. O termo "sociometria" é utilizado pela primeira vez.

1921 Psicodrama no teatro *Komoedienhaus*, em Viena, a primeira sessão para um grande público.

1922 Inauguração do *Stegreiftheater* (Teatro da Espontaneidade), em Viena. Invenção do diagrama interacional.

1924 *Das Stegreiftheater*, uma publicação. Ela abriu o caminho para o estudo sociométrico como um todo, para as pesquisas sobre espontaneidade e papéis e para a pesquisa-ação.

1924 Primeira exposição do palco circular multidimensional, na *Internationale Ausstellung Neuer Theatertechnik* (Mostra Internacional de Novas Técnicas Teatrais), na cidade de Viena.

1924–1925 Invenção do disco de gravação eletromagnética (influenciada pelo trabalho de um engenheiro norueguês chamado Paulsson). Parecido com um gravador fonográfico, ele grava o som num lado e imagens no outro.
Mais tarde, conduz à idéia dos processos de gravação psicológica.

Segundo período, 1925–1941

1925 Moreno vai para os Estados Unidos, com um contrato de dois anos com a General Phonograph Corporation, de Elyria, Ohio. Ele se cansa de trabalhar com máquinas e volta para Nova York.

1925	Plymouth Church, Brooklin, Nova York. O psicodrama é aplicado em uma escola dominical"*; demonstração do psicodrama no Departamento de Pediatria do Hospital Monte Sinai.
1929–1930	Impromptu Theater, Carnegie Hall, combinando psicoterapia de grupo com sessões de psicodrama. Entre os participantes estavam muitos que aplicaram, mais tarde, o psicodrama e a psicoterapia de grupo a várias situações sociais.
1931	Reuniões da Comissão Nacional de Prisões e de Trabalho Prisional, durante o encontro da Associação Psiquiátrica Americana, em Toronto.
	Moreno sugere um programa de psicoterapia de grupo em prisões, hospitais psiquiátricos e escolas.
	O jornal vivo é apresentado no sindicato teatral.
	Estudo sociométrico no Presídio Sing Sing.
1931	Publicação de "A aplicação do método grupal à classificação".
	Cunhagem dos termos "terapia de grupo" e "psicoterapia de grupo".
1932	Primeira Mesa Redonda sobre Psicoterapia de Grupo, durante o encontro da Associação Psiquiátrica Americana, em Filadélfia, tendo William A. White como moderador. O dr. White havia mostrado interesse pela teoria interpessoal de Moreno desde 1929. São discutidas a psicoterapia de grupo, a sociometria e o jogo de papéis.
1932–1934	Estudo sociométrico de larga escala na Escola de Treinamento para Meninas do Estado de Nova York, em Hudson, em colaboração com Helen H. Jennings.
	Estudo sociométrico de uma escola pública, a P.S. 181, em Brooklyn, Nova York, em colaboração com Helen H. Jennings.
1933	Mostra de mais de 100 mapas sociométricos no encontro da Sociedade de Medicina do Estado de Nova York, na cidade de Nova York.

---

* Educação religiosa, com classes para todas as idades, transmitida regularmente aos domingos nas igrejas de tradição protestante. (N. T.)

1933   "Psychological organization of groups in the community" [Organização psicológica de grupos na comunidade], estudo experimental de pequenos grupos, trabalho lido por J. L.Moreno durante a reunião conjunta da Associação Americana para a Deficiência Mental e da Associação Psiquiátrica Americana, em Boston.

1934   Publicação do livro de J. L. Moreno *Who shall survive?* [*Quem sobreviverá? – Uma nova abordagem do problema das relações humanas*], com prefácio de William A. White, cobrindo as dimensões da organização comunitária, especialmente relações domésticas e industriais. Publicado pela Nervous and Mental Disease Publishing Company. Primeira aparição do sociograma.

1935–1936   O Departamento de Agricultura e o Departamento do Interior dos Estados Unidos financiam pesquisa sociométrica relacionada com unidades fundiárias de subsistência.

Exibição do filme terapêutico "Treinamento da espontaneidade", durante o encontro da Associação Psiquiátrica Americana, em Washington, DC.

Desenvolvimento da microscopia social e microssociologia, da sociometria dinâmica, da sociodinâmica e do jogo de papéis.

1936   Publicação da *Sociometric Review*, contendo, entre outros artigos, a pesquisa sociométrica com estudantes de enfermagem do Hospital Saint Elizabeths, em Washington, DC, pelo dr. Winigred Richmond, além de estudos a respeito de *laissez-faire*, autoritarismo e estrutura sociométrica de grupos, iniciando a investigação do clima grupal, desde então largamente tratado e discutido.

1937   Construção do primeiro teatro psicodramático, em Beacon, Nova York.

Fundação de *Sociometry, a Journal of Interpersonal Relations*, primeira revista científica com esse título. Editor: dr. Gardner Murphy. O primeiro número trazia os seguintes artigos:

a) "Interpersonal influence and public opinion research" [Influência interpessoal e pesquisa de opinião pública] (Moreno, Lazarsfeld).

b) "Sociometry and sociometric status" [Sociometria e status sociométrico] (Lundberg).

c) "Sociometry and leadership" [Sociometria e liderança] (Jennings).

d) "Sociometry of race cleavage" [Sociometria das divisões raciais] (Criswell).

e) "Sociometric analysis of resettlement" [Análise sociométrica do reassentamento] (Davidson e Loomis).

Mesa Redonda sobre sociometria, durante o encontro da Sociedade Sociológica Americana, em Atlantic City, Nova Jersey. Moderador: dr. George A. Lundberg.

1938	Sociometria numa comunidade cooperativa, Hightstown, Nova Jersey.
1941	Abertura do teatro psicodramático no Hospital Saint Elizabeths, em Washington, DC. (Foram peças-chave na implementação o superintendente, dr. Winfred Overholser, e a diretora da Cruz Vermelha, Margaret Hagan, ambos do Saint Elizabeths).
	Fundação da editora Beacon House, para livros e monografias sobre sociometria. Publicação de *The words of the father* [*As palavras do pai*].
1941–1945	Reconhecimento da psicoterapia de grupo e do psicodrama pelo Departamento de Guerra dos Estados Unidos, *Technical Bulletin 103* e *War Department Bulletin TBMED84*.
1942	Primeiro encontro da Sociedade Americana de Psicoterapia de Grupo e Psicodrama, na cidade de Nova York.
	Fundação do Teatro de Psicodrama e dos Institutos Psicodramático e Sociométrico, em Nova York.
	Introdução de métodos ativos de pesquisa, técnicas, testes e práticas.
1942–1944	Métodos sociométricos de seleção no Exército Britânico.
1943	Pesquisa de público e análise de papéis (Toeman).

1944	Psicodrama aplicado a problemas de alcoolismo.
1944–1947	Instituto de Psicodrama, Universidade de Denver.
1945–1946	Fundação da Associação Sociométrica Americana.
1946–1948	Início da utilização do psicodrama e do jogo de papéis em hospitais para veteranos: West Bretwood, Los Angeles; Lyons, Nova Jersey; Winter General Hospital, Kansas; Little Rock, Arkansas etc.
1947	Psicodrama pastoral, psicoterapia de grupo pastoral. Departamento de Teologia da Universidade de Chicago; Igreja dos Irmãos, Illinois.

1947   Psicodrama na Universidade de Nova York e na UCLA (Los Angeles).

Fundação da revista *Sociatry: a Journal of Group and Inter-Group Therapy*.

Psicodrama na França.

1948   Instituto Sociométrico, Paris.

1949   Antropologia sociométrica (Oceania Francesa).

Antropologia psicodramática (Eskimo, Alasca).

Convenção da ASA, Associação Sociométrica Americana, Nova York, membro da Federação Mundial de Saúde Mental.

Pesquisa de espontaneidade em parapsicologia (CCNY).

Psicodrama em presídios (San Quentin, Califórnia).

Teatro da espontaneidade e psicodrama no Hospital de Psicopatologia de Boston.

Teatro de Psicodrama, Universidade Harvard, tendo Henry A. Murray como diretor.

1950   Sessão de sociodrama no Teatro Mansfield, Nova York. Diretores de psicodrama: dr. Anthony Brunse, James Enneis, dr. Ernest Fantel, Robert B. Haas, Helen H. Jennings, Leone Moreno Kerstetter, J. L.Moreno, Justus F. Randolph III, Zerka T. Moreno.[1]

Psicodrama em uma clínica de puericultura[*]

COMENTÁRIOS DE ZERKA

À medida que crescia a reputação de Moreno, éramos convidados por hospitais e universidades de todo o país. Além das conferências, as pessoas queriam ver algumas aplicações práticas. Este texto é um relato de nossa visita a uma importante universidade da Geórgia. Eles estavam particularmente interessados nas teorias de Moreno a respeito do desenvolvimento infantil. Sua mensagem principal era: a construção do psiquismo se dá por intermédio dos relacionamentos: o indivíduo deve ser estudado na relação com outros seres humanos.

Enquanto Moreno visitava um departamento acadêmico, fui convidada para a clínica. O médico e eu não combinamos com antecedência o que ia acontecer. Como conto aqui, a certa altura ele se voltou para mim e esse foi o resultado espontâneo.

O que me impressionou foi que aquelas mulheres aceitaram esta mulher sem nenhuma dúvida branca e estrangeira como o bebê delas. Elas conseguiam inverter papéis com seus bebês e fazer grandes conquistas, como é o caso da mulher que admitiu concretamente que ia até seu bebê durante a noite porque se sentia só. Houve ocasiões nas quais não sabíamos o que estávamos fazendo até que nos fosse mostrado. O médico ficou radiante porque todos sorriam ao final. Talvez isso não fosse comum para esses clínicos grupais.

---

[*] Artigo originalmente publicado em *Group Psychotherapy, Journal of Sociopsychopathology and Sociatry*, v. IV, n. 1-2, 1952, p. 100-106.

> *Nesse meio tempo, eu acabara de descobrir, antes da viagem, que estava grávida de Jonathan.*

Os métodos psicodramáticos têm nas maternidades e nas clínicas pediátricas um amplo campo de aplicação. Durante recente seminário em um hospital universitário, no Sul do país, a autora fez uma demonstração do uso dessas técnicas para um pediatra comprometido com o exame de um grupo de bebês trazidos pelas mães até a clínica para o primeiro exame; as crianças tinham todas entre 4 e 6 semanas de idade.

Nessa clínica, devido ao grande número de mães, a única abordagem possível era fazer um grupo psicoterápico. Cada membro da equipe chamava de seis a dez mães, com seus respectivos bebês, e as atendia em grupo. Elas se sentavam em círculo com os bebês no colo. O médico e eu nos sentávamos no meio delas e ele pedia que elas tirassem a roupa dos filhos, a roupa de cima.

Tínhamos sido informados de que elas eram todas negras, um bom número delas solteiras, e que poderiam se confundir com meu jeito de falar, estranho para elas. Elas eram novatas nesse sistema de atendimento, era sua primeira visita e o médico sentia que poderiam relutar em confiar nele na presença de uma pessoa estranha. Entretanto, comecei a me aquecer para o grupo como se eu fizesse parte dele, do mesmo jeito que fazem os participantes do grupo numa sessão de psicodrama.

Num primeiro momento, o médico examinava os bebês e, em seguida, entrevistava as mães, uma a uma. Quando o vínculo inicial tinha sido estabelecido, ele perguntava se elas gostariam de perguntar alguma coisa. Uma ou duas faziam comentários a respeito de leves erupções na pele dos bebês. O médico receitava medicamentos e dava dicas para lidar com as irritações. Eu olhava em volta e notava que tanto as mães quanto as crianças eram, em sua maioria, negras retintas, e que poucas mães usavam aliança.

Havia uma dupla mãe e filha cuja pele era consideravelmente mais escura do que a dos demais. Por falta de um nome melhor, vou chamar a mãe de Sra. Jones.

Ela estava bem vestida, com roupas limpas e caras, usava aliança e algumas jóias simples, parecia tensa e agia como tal. A conversa no grupo girava em torno da dermatite de fralda* quando a Sra. Jones, que estivera reticente até então, disse que sua filha tinha algumas erupções que ela não conseguia tratar e que talvez fosse uma dermatite de fralda. O médico pediu que lhe mostrasse. Ela abriu a fralda da filha e virou o rosto de lado, como se não suportasse o mau cheiro. O médico me dissera que em geral essas mães são extremamente amorosas, muito permissivas, alimentando seus filhos sempre que necessário, sem se importar com tempo nem lugar, e eu vi mesmo muitas delas amamentando os filhos no decorrer da sessão.

Não era o caso da Sra. Jones. Sua filha foi examinada da mesma forma que as outras que apresentavam problemas semelhantes. Novamente, algumas recomendações simples foram feitas pelo médico que, em seguida, sentou-se de novo, voltando a ser um membro do grupo.

Ele perguntou ao grupo: "Seus bebês têm algum problema de alimentação?"

A maioria das mães meneou a cabeça, negativamente.

"Que belas crianças, ou, quem sabe, que belas mães."

Esse dardo do médico atingiu o alvo. Uma das mães, sentada bem ao lado dele, à direita, comentou: "Eu tive um problema com ela, dei uma sopinha de legumes com a colher, esta semana, mas ela cuspiu".

Àquela altura, o médico me olhou interrogativa e desafiadoramente, como se dissesse: "O que faz um psicodramatista numa hora dessas?"

Fui para o centro e *assumi o papel do bebê*. Falando suavemente, numa voz fraca e suplicante, eu disse: "Não é gostoso essa sopinha logo depois do leite. Ainda não estou acostumada. Ela está um pouco grossa para minha boquinha sensível. Eu cuspi porque não gosto dela, não sei fazer outra coisa. Além de tudo, eu tenho só 1 mês!" As mães me olharam, surpresas com minha entrada na situação e assustadas com essa fase da reunião. Aos poucos, elas começaram a rir, uma após a outra, especialmente a mãe que havia abordado o problema.

---

* Espécie de eczema que se forma em decorrência do agravamento de assaduras. (N. T.)

O médico perguntou a ela: "Você acha que sua filhinha poderia estar pensando assim?"

"Acho que sim".

"Você acha que ela ficaria brava com você se você continuasse a fazer assim?"

"Acho que sim."

"Por que você começou a dar sopinha para ela?"

"Não fui eu. Foi minha mãe."

No Sul dos Estados Unidos ainda prevalecem alguns hábitos alimentares e, em geral, as avós participam ativamente do cuidado das crianças, especialmente se a mãe é muito jovem e precisa trabalhar.

O médico então perguntou: "Foi idéia dela ou foi outra pessoa, alguma amiga de sua mãe, que a influenciou para que tentasse dar sopinha ao bebê assim tão cedo?"

A mãe respondeu: "Não sei."

"Talvez o bebê ainda não esteja em condições de tomar sopinha. Talvez você tenha de esperar um pouco mais até que a gente fale sobre alimentos sólidos e o que dar para ela."

O grupo concordou com isso, especialmente essa mãe, que disse: "Tudo bem, vou dizer pra minha mãe que não tente mais dar a sopinha".

O gelo começou a se quebrar rapidamente, e o processo de aquecimento foi se espraiando de mãe em mãe. Várias mulheres passaram a falar ao mesmo tempo a respeito de alimentação. Uma delas disse: "Eu ainda não dou sopinha pra minha filha. Eu dou o peito pra ela e dou só um pouco de leite a cada vez, mas ela vomita". Ela estava justamente amamentando a criança e levantou o bebê para que o médico visse o que acontecia.

Ele perguntou: "Você a faz arrotar a contento?"

Ela respondeu: "Acho que sim".

Novamente o médico me olhou, como se me instigasse a começar a atuar. Assumindo o papel do bebê, eu disse: "Ela me tira do peito muito rápido. Eu não consigo mamar tão depressa, por isso acabo jogando fora o leite junto com o arroto".

O médico olhou para o bebê que eu estava representando. "É isso mesmo", concordou, "parece mais um arroto líquido do que um vômito. (Para a mãe) Por que você não dá mais tempo para ela? Vendo o que ela fez, tenho certeza de que é disso que ela precisa."

Todas as mães sorriram e a culpada olhou para o seu bebê carinhosamente, como se pedisse desculpas. O médico me lançou um olhar cúmplice e eu continuei no papel de bebê: "Além do mais, não sou apressada como ela e tenho toda a vida pela frente. Ela se esquece de que eu sou muito pequena ainda e desprotegida. Preciso de um tempo até que venha o arroto".

"Tudo bem", disse a mãe, "vou facilitar pra você de agora em diante." Ela olhava para a criança e para o grupo ao mesmo tempo. As mães começaram a sorrir diretamente para mim como se eu fosse de fato seu bebê. A conversa começou a derivar para outro tema, o dormir.

Disse uma das mães: "Sabe, meu filhinho fica agitado à noite, embora ele durma muito bem durante o dia. Mas à noite eu não sei o que fazer com ele, que fica muito agitado e incansável. Eu preciso acordar cedo de manhã e não tenho como ficar levantando, cuidando dele e brincando com ele toda noite. Sinto tanto sono que muitas vezes não consigo nem sequer levantá-lo. Uma ou outra vez eu durmo antes dele e nem consigo ouvi-lo chorar e se agitar".

Essa foi a deixa para mim novamente, especialmente ao perceber que várias mães haviam ficado muito aquecidas com a fala da última pessoa, que por sinal estava sentada ao meu lado. "O que acontece com as mães?", perguntei, novamente no papel de bebê. "Eu sou um bebezinho, não sei qual é a diferença entre noite e dia, nem se é cedo ou tarde. Tudo que eu sei é que quando eu acordo e tudo está quieto eu me sinto muito só. Todos os outros estão dormindo, ou mortos, ou sei lá o quê, e está escuro. Eu fico com medo e começo a chorar. Eu quero minha mãe, quero companhia e conforto. Durante o dia eu vejo as coisas e as pessoas se movimentando e escuto as vozes das pessoas ou crianças ou alguém e elas vêm até mim. Elas falam comigo ou riem para mim ou me pegam e me amam. Eu não sinto a mesma coisa à noite, e o que eu não sei é que eu sinto isso porque é noite. Eu fico assustado de ter de me virar sozinho à noite, me sinto muito perdido."

Todas as mães meneiam a cabeça afirmativamente. Boa parte delas começa a falar rapidamente, confirmando o fato de que durante o dia seus filhos ficavam quietos e felizes. Uma das mães ergueu a voz e disse vagarosamente: "É verdade, acho que eles não sabem diferenciar dia e noite". Outra acrescentou: "Eu não ligo de cuidar do nenê quando não estou com sono ou cansada, eu o pego e procuro agradar, eu brinco mesmo com ele".

O médico perguntou: "Talvez todas vocês não se importassem em transformar a noite em dia". Várias responderam que não se importariam "se pudessem dormir durante o dia".

A mãe que trouxe o problema ficou pensativa e de repente se manifestou: "Sabem, eu estava pensando, eu mesma me sinto perdida à noite, quando não estou com sono, e eu desperto o nenê para que ele brinque comigo".

As mães sorriram novamente. O médico perguntou a elas: "Quantas de vocês se sentem perdidas e sozinhas quando acordam à noite e está todo mundo dormindo?" Um grande número admitiu que se sentia assim, embora elas "nem sempre acordassem o bebê para fazer companhia".

A discussão se prolongou por algum tempo, até que uma das mães disse: "Tudo bem, eu entendo tudo isso, mas algumas vezes meu filho chora e nem sempre eu sei por que, nem como lidar com isso".

Essa intervenção me soou como um desafio, e então tentei me aquecer novamente para a mãe que tinha levantado essa questão e para o papel de seu bebê, dizendo: "Algumas vezes eu gosto de chorar, não porque eu esteja infeliz, mas porque assim as pessoas prestam atenção em mim. Nem sempre é legal ficar sozinho. Outras vezes, choro porque estou desconfortável. Eu quero me virar, mas sozinho eu não consigo. Ou então minhas roupas estão amarrotadas, me machucando. Ou então minha fralda me incomoda. Claro que eles pensam que é legal para um bebê chorar, que ajuda a desenvolver os pulmões. Eu não sei nada disso, eu só choro".

O médico perguntou às mães: "O que vocês acham? Pode ser isso que o bebê sente quando ele chora e vocês não sabem por quê?"

Elas concordaram, meneando a cabeça e sorrindo para mim. A sessão corria totalmente livre. Infelizmente, o tempo estava chegando ao final. Quase de surpresa – e nós sabemos que o processo de aquecimento é responsável por esse contágio total –, a Sra. Jones, que permanecera mais isolada que as demais, disse: "Não sei, que eu me lembre, há muito tempo não tem criancinha pequena em minha família. Eu estou mais tranqüila em relação a ela. Fui professora antes de me casar, mas de alguma maneira eu não estava preparada para ter uma criança em casa. Tudo parece que dá errado, principalmente na maneira como eu me sinto em relação a ela. Não posso ser usada por ela, seja de noite seja de dia. Algumas vezes eu preciso sair e dar um passeio durante o dia e, quando volto, tudo parece ser mais difícil do que era antes de eu sair".

Àquela altura, o médico sugeriu que a Sra. Jones voltasse para uma entrevista individual com ele, quando então ele trabalharia suas dificuldades mais intensivamente. A consulta foi agendada.

O restante do grupo começou a dizer ao médico quanto tinham gostado da consulta.

Ele perguntou: "Vocês aprenderam alguma coisa neste encontro?"

A mãe do bebê corujão respondeu: "Acho que ela (voltando-se para mim) nos ajudou muito. Agora eu entendo melhor por que meu filho age como ele age. Vocês também sentem isso?" Ela se virou para as companheiras e fitou o grupo. Todas concordaram com ela.

Uma das mães me disse: "Espero que você esteja aqui da próxima vez que eu vier".

Psicodrama dentro de casa[*]

COMENTÁRIOS DE ZERKA

Esse artigo foi escrito quando Jonathan tinha aproximadamente 2 anos de idade. Em alguns aspectos, nossa casa e nossa vida familiar foram um perfeito laboratório. Queríamos compartilhar tudo que descobríamos ali; entendíamos que seria bom as pessoas saberem.

O problema é que nosso processo de aprendizagem acadêmico clássico (separando a experiência do conteúdo) é totalmente equivocado. No contexto psicodramático, a experiência vem primeiro, depois, o aprendizado.

Quando entra no mundo, o bebê passa do útero para o leito, que constitui seu primeiro abrigo. Moreno, em sua teoria da matriz de identidade (Moreno, J. L., 1943), identifica dois apoios: a) a mãe-sujeito, em seus vários papéis, de protetora, enfermeira, companheira de sono etc. e b) a mãe-objeto, em suas várias formas, tais como cama, travesseiro, cobertor etc.

A mãe-objeto é um fenômeno negligenciado na literatura psicológica, mas toda mãe sabe por quanto tempo as crianças, muitas vezes beirando os 3 ou 4 anos, apegam-se a um objeto, um cobertor, por exemplo, tratando-o como um fetiche e levando-o aonde elas vão.

Vale a pena diferenciar três linhas de desenvolvimento do bebê: a etapa do dublê, a etapa do espelho e a etapa da inversão de papéis (Moreno, J. L., 1952). A técnica utilizada pela mãe ou sua substituta para atuar como dublê da criança

---

[*] Artigo publicado originalmente em *Group Psychotherapy, a Quarterly Journal*, v. VII, n. 3-4, 1954, p. 291-302.

é equivalente à técnica do dublê no psicodrama adulto. Sabe-se que o reconhecimento corpo-mente, no espelho físico, é um precursor do auto-reconhecimento na técnica psicodramática do espelho. Essas técnicas podem ser consideradas a "dinâmica da identidade", como expressões do esforço do bebê para garantir e reforçar as satisfações alcançadas na matriz de identidade original.

Por meio de técnicas psicodramáticas pode-se aferir a veracidade dos estados mencionados, assim como corrigir distúrbios emocionais e sociais do bebê.

Neste relato, as *dramatis personae* são uma mãe, um bebê, um pai e um boneco.

O dublê e o espelho

Quando tinha 5 meses e meio, ao ser colocado em frente a um grande espelho no qual podia mirar-se, Jonathan engatinhou até ele, tocou-o com a mão direita, dedos estendidos, movimentou a mão para frente e para trás, tentou emparelhar os dedos do espelho com os seus e, finalmente, bateu nele com a parte gordinha da palma da mão, observando cuidadosamente o que a mão do espelho estava fazendo.

Em seguida, ele fez a mesma coisa com a mão esquerda, repetindo seu esforço, e, finalmente, combinou essa atividade com ambas as mãos ao mesmo tempo, examinando simultânea e detalhadamente seu rosto refletido no espelho.

Quando terminou, ele chutou com ambas as pernas as pernas do espelho. Era um envolvimento total de suas ações com as contra-ações da criança do espelho. Ele se divertia com o caráter simultâneo e simétrico das operações e com o fato de que um dígito parecia corresponder ao outro, algo que ele nunca tinha visto com seus bonecos. Era uma experiência tanto de dublê quanto de espelho, embora ele não se desse conta de que o outro bebê era ele mesmo. Parecia intrigá-lo a simultaneidade das ações corporais colaterais das quais ele era o autor e o modificador.

O passo seguinte de sua imaginação especular aconteceu cerca de seis semanas mais tarde, aos 7 meses, quando ele tentou entregar um pedaço de pão ao bebê do espelho. Ele fez diversas tentativas, primeiro com uma, depois com outra mão. Ao perceber a separação entre ele e o outro bebê, tentou descobrir de que consistia essa separação, pôs o rosto no espelho, particularmente a boca, e tentou explorar. Ele batia a testa no espelho diversas vezes no decorrer dessas tentativas, procurando atingir o espelho com os lábios, ria e se divertia com a experiência. Ele olhou para a mãe, que estava ao lado, estudou um pouco a imagem dela no espelho e tentou dar o pão para a mãe do espelho.

O passo final nesse processo ocorreu quando Jonathan, com 14 meses, reconheceu que a criança do espelho era ele mesmo. Ele apontava para si e para uma fotografia sua, que ele tinha nas mãos quando mirava o espelho, mostrando também fotos dele que estavam na parede. Depois, começou a circular pela casa, procurando localizar outras fotos suas, e quando as encontrava reconhecia nelas uma representação sua. Antes de conseguir reconhecer-se no espelho, a criança não consegue colocar-se no lugar do outro, inverter papéis e se tornar um membro do grupo totalmente maduro.

O ego-auxiliar e a inversão de papéis

A necessidade de co-atuar e conviver com um ego-auxiliar[1] se evidenciava quando Jonathan era muito pequeno, agarrado ao seio da mãe. Assim que ele conseguiu pegar alimento com a mão e comer, passou a estender a mão à pessoa que lhe oferecia algo para comer, oferecendo também um pedaço. Ele tinha cerca de 9 meses quando se mostrou sensível à inversão de papéis, ampliando sua identidade. O passo seguinte nessa seqüência ocorreu com brinquedos. Sempre que se dava a ele um de seus favoritos, ele pegava e, sem brincar, o devolvia ao ego-auxiliar que lhe havia entregue. Para testar se isso era mera coincidência, dava-se a ele outro brinquedo e ele fazia o mesmo movimento de aceitar e devolver, como se dissesse: "Eu não quero brincar com ele agora. Pode brincar você". Quando ele se cansava da repetição dessa troca, desviava o olhar do brinquedo e do ego-auxiliar, da mesma forma como, mais tarde, recusava alimento quando estava satisfeito.

Numa etapa mais articulada de desenvolvimento, quando Jonathan tinha 2 anos e quatro meses, ele bateu a cabeça numa gaveta aberta ao tentar pegar um brinquedo que havia caído. Quando percebeu o que batera nele, ele puxou a cabeça da mãe e tentou empurrá-la também contra o obstáculo. A mãe o interrompeu e perguntou a ele: "A gaveta machucou você? Você quer que eu bata a minha cabeça também?" Ele respondeu: "Sim, mamãe também bate a cabeça". A ego-auxiliar bateu a cabeça suavemente na gaveta e chamou o pai de Jonathan, que também bateu a cabeça. Jonathan ficou feliz com tudo isso, o que significa que a criança obviamente requeria algum tipo de co-experiência do ferimento que ela tinha inocentemente sofrido. A ego-auxiliar não permitiu uma atuação cega dessa co-experiência, deixando que ele descarregasse sua raiva e a machucasse. Em vez disso, ela freou sua agressão, enfrentou-o com seu desejo de experenciar a mesma dor voluntariamente naquele momento e com sua aquiescência repetiu o "bater a cabeça", chamando em seguida o pai para ser outro ego-auxiliar apoiador. Trata-se de uma técnica "deliberada", que permite que a criança compartilhe sua experiência, seja ela traumática ou prazerosa. No caso da experiência traumática, o prazer desse conviver é evidente, e no riso subseqüente a dor da criança foi expurgada.

A linguagem do bebê

Mais ou menos na mesma época em que a negociação com o espelho atinge o clímax (10 a 14 meses), a linguagem do bebê se torna um pouco mais estruturada. É uma linguagem psicodramática, sem estrutura lógica e sem gramática. O balbucio de Jonathan, nessa ocasião, tinha configurações sonoras específicas e repetitivas, que constituíram a matriz a partir da qual se construíram gradativamente as palavras significativas da língua materna.

Nesse período, também é conveniente, como forma de comunicação, que os pais e os outros cuidadores utilizem a linguagem do próprio bebê para falar com ele – o que desperta na criança não apenas repetição e imitação, mas também respostas concretas. O adulto e a criança falam um com o outro por meio da linguagem do bebê, com o adulto utilizando deliberadamente a técnica infantil do balbucio e empregando as configurações de som criadas pelo bebê. Esse balbucio se vincula com raiva, medo, negação, protesto e aprovação de toda sorte. Na fase da inversão de papéis, sua capacidade e seu esforço para aprender as palavras efetivamente faladas pelos adultos, quando se dirigem a ele, vão tornar-se muito fortes: é o início da aprendizagem da linguagem adulta.

É também nessa época que começa a aumentar sua independência em relação ao ego-auxiliar na situação de alimentação. Ele tenta comer por conta própria, e também nessa fase sua forma preferida de se locomover passa a ser o caminhar, no lugar do engatinhar e do ser carregado por um ego-auxiliar. A emancipação de Jonathan em relação à linguagem de bebê (língua da natureza), passando com facilidade para a língua materna, foi facilitada pelo estímulo ao uso sistemático da linguagem do bebê e pelo compartilhamento dessa linguagem com ele a ponto de socializá-la.

Psicodrama *in situ*

À medida que a criança vai crescendo, particularmente a partir do segundo ano, torna-se cada vez mais insistente a tendência a realizar sozinha seus projetos. "Quero sentar aqui", "Nenê faz", "Vamos sair no carro novo?", "Quero ir lá fora", "Sentar no colo da mamãe", "Quero ver o papai", e assim por diante. Os pais costumam abordar essas situações de duas maneiras. Ou eles concordam com a criança e a levam para passear de carro, permitem que ela saia para tomar ar fresco, deixam que ela veja o papai, colocam-na no colo, ou então se opõem a ela. A abordagem "sim" dá margem a uma série aparentemente interminável de demandas para a realização de pequenos projetos, e pode nem sempre ser possível ou conveniente, requerendo mais atenção do que a que estaria disponível. A abordagem "não" leva a reiteradas frustrações, desapontamentos e, finalmente, rebeldia.

Há um terceiro método: a abordagem psicodramática. Ela se baseia na hipótese bem fundamentada de que o projeto da criança nem sempre traduz o que ela necessariamente quer. Sua fome de atos pode, com muita freqüência, ser satisfeita da mesma forma por meio de uma espécie de síntese, um faz-de-conta. Ou seja, jogar a situação em cada detalhe, mas no nível imaginário. Isso tem um caráter terapêutico e catártico, é uma extensão deliberada, dramatizada, do que a criança faz quando brinca sozinha. A mãe chama a criança e diz: "Vamos brincar de descer as escadas". Ela faz os movimentos de descer as escadas dando apenas pequenos passos. Trata-se de uma síntese do descer, um primeiro passo para isso, e se equipara ao que a criança espera quando ela de fato desce a escada, mas ela fica satisfeita com apenas um fragmento.

Em seguida, a mãe vai para o passo seguinte: "Aqui está a escada e aqui está o papai", diz apontando para um ponto no espaço. "Tudo bem com você, papai?" A criança vira a cabeça e ri, "entrando no papel" e fazendo sua parte. Ela desempenha sua parte sem resistência, porque isso é positivamente o que ela espera que aconteça depois que desce a escada para "ver o papai", e por isso fica satisfeita. A mãe inventiva então diz: "Vamos dizer tchau pro papai, mandar um beijo pra ele e dizer boa noite". Nem sempre é o que a criança quer. Trata-se de uma interpolação negativa. É algo que ela pode muitas vezes recusar, mas naquele momento ela está suficientemente aquecida e envolvida no jogo, de tal forma que pode fazer isso como um gesto de tolerância, ou quem sabe, às vezes, com prazer.

A mãe, em seguida, trata de voltar para o quarto, escada acima, subindo os degraus, andando pelo corredor, ritmicamente chegando até o berço e fazendo carinho na criança enquanto a coloca de volta na cama. *Tudo isso acontece no quarto da criança.* Esses exercícios são um importante treinamento na luta permanente que ocorre durante toda a vida entre as dimensões da fantasia e da realidade. Analiticamente, há aqui uma distinção a ser feita:

a) A criança brincando sozinha.

b) A criança brincando com outra criança.

c) A mãe brincando com a criança.

d) Esse tipo de brinquedo planejado para superar um dificuldade imediata: é um brinquedo curativo, "emergente", um "psicodrama *in situ*".

Portanto, *deve ser cuidadosamente estruturado com base nas pistas que a própria criança fornece.* Não se trata apenas de desviar a atenção da criança, porque isso raramente funciona. Mais que isso, até a provoca para que insista. A mãe ou babá que conhece bem a criança e tem algum treinamento e *insight* psicodramático vai conseguir estruturar a cena eficazmente. A primeira alternativa, de permitir à criança satisfazer sempre sua fome de atos, resulta freqüentemente em comportamento infeliz e não-terapêutico. Nesse caso, a mãe (e nos últimos tempos, o mundo) "tem de" fazer o que a criança quer, senão acontece uma cena de birra. Esse tipo de extrema permissividade é amor sem *insight* e sem orientação.

Outro exemplo da mesma técnica é a seguinte: Jonathan não queria ir dormir quando chegava a hora ou quando seu sono tinha sido prematuramente interrompido e insistia em descer ao andar inferior. Se seu desejo não era realizado, a situação costumava terminar num choro insistente, muitas vezes de longa duração. O ego-auxiliar decidiu insistir que ele permanecesse na cama, ou, pelo menos, no quarto escuro – não era desejável permitir que ele se aquecesse para outra atividade, uma vez que isso poderia resultar, em longo prazo, num padrão de sono precário. Já se tinha tentado deixá-lo à vontade, e isso em geral significava um período de duas horas antes que estivesse novamente pronto para dormir. Mas sempre que chega o momento de cobri-lo, ele reitera sua demanda obstinadamente, até que uma madrugada (às duas horas) a mãe diz: "Eu não posso descer com você, porque está escuro lá fora" (levanta a cortina para mostrar que diz a verdade) "e mamãe e papai também estão indo dormir agora" (fecha a cortina de novo), "mas queremos que você desça e diga boa noite para o papai". (O pai está no quarto conosco, mas imediatamente ele se prepara, sentando numa cadeira e esperando por nós.) A ego-auxiliar pega o cobertor macio de Jonathan, enrola-o nele – do mesmo jeito que ele faz quando vai dormir, depois do banho ou quando não está totalmente vestido –, pega o menino nos braços e começa a andar. "Chegamos, estamos atravessando a porta" (andando em volta do quarto, sem sair dele), "agora vamos descer a escada devagar, segure na mamãe" (da maneira como fazíamos usualmente para descer a escada), "agora o último degrau" (fazendo um movimento brusco para o lado, indicando o degrau curvo) "e agora estamos na sala. Veja, está muito escuro. Olhe na janela. É noite ainda. Olha o papai ali, sentado à cabeceira da mesa, na cadeira dele. Vamos lá dizer boa noite pra ele." O pai entra em ação: "Boa noite, Jonathan, está na hora de ir para a cama." Carregado pela mãe, o menino se inclina e dá um beijo no pai. "Boa noite, Jonathan." "Boa noite, papai." "Agora vamos subir de novo para dormir. Subindo as escadas. Segure a mamãe. Chegamos (anda em volta do quarto novamente). Aqui está a porta do seu quarto e aqui está sua cama. Vamos pôr o Jonathan na cama agora." Ela coloca a criança na cama.

"Eu quero descer!", ele insiste, mas agora de forma não tão veemente como tinha feito antes do episódio psicodramático, com um sorriso no rosto. A mãe responde: "Não vamos estragar nossa brincadeira. Amanhã cedo você vai lá embaixo". Jonathan deita-se facilmente, sem novo protesto, repetindo "Amanhã cedo? Ah!!", e põe a cabeça no travesseiro. Nesse momento, o pai sai sorrateiramente do quarto e Jonathan, rápido em perceber a saída e em tirar proveito dela, faz outra tentativa: "Papai, descer!" Contudo, vendo que não obtém nenhum resultado imediato, deita-se novamente, quando então a mãe lhe pergunta: "Você se cobre sozinho ou a mamãe cobre você?" Calma e confiantemente, ele responde: "Mamãe cobre você". Nada aconteceu depois, o que contrastou claramente com algumas poucas noites anteriores, nas quais esse método não fora aplicado e o tempo médio de choro insistente era de uma a duas horas.

Dali em diante, a demanda não voltou durante vários dias depois dessa cena psicodramática, embora antes disso fosse um comportamento regular ao ir para a cama. Quando ele repetia essa demanda, algumas poucas vezes, a encenação o satisfazia inteiramente.

Outra aplicação desse método ocorreu mais ou menos duas semanas depois, quando na hora de tirar a soneca da tarde Jonathan me pediu: "Mamãe veste você". "Eu não posso vestir você antes que você tenha tirado sua soneca. Mas vamos brincar como fizemos outro dia? Você faz de conta que vai dizer 'boa-noite' para o papai." "Tudo bem", respondeu ele gostosamente. A mãe e a criança fizeram uma encenação semelhante à descrita anteriormente, acrescentando vários aspectos significativos: 1) a criança agora aprendeu o que esperar e se deu conta de que não ia de fato descer a escada (passou a surpresa inicial), mas cooperou voluntariamente; 2) o pai não estava no quarto; 3) Jonathan jogou um beijo para o papai imaginário quando instado pelo ego-auxiliar: "Aqui está o papai, mande um beijo de boa-noite". A criança conseguiu produzir uma pessoa ausente psicodramaticamente e interagir com ela como se estivesse presente.

A última encenação teve como resultado eliminar do repertório comportamental de Jonathan, na hora de ir para a cama, a tática da procrastinação. Algum tempo mais tarde, quando ele acordou e pediu para "descer", chorou copiosamente ao ouvir que, em vez disso, deveria "brincar de descer a escada". A mãe o levantou, entretanto, e começou pelos movimentos então já familiares, balançando-o ritmicamente para dar início. Embora ele estivesse muito resistente e dissesse "não, não, não", a ego-auxiliar insistiu, trazendo o pai para a situação, *in absentia*. É importante salientar que, nessa ocasião, a resistência era muito mais intensa. Seu protesto demorava mais tempo. No entanto, o processo de aquecimento se sustentou e o levou a conviver com a situação psicodramática. Ele respondeu ao pai e, quando a ego-auxiliar disse "Agora eu vou ser o papai" e falou com voz masculina grave, pedindo-lhe um beijo de boa-noite, a criança se debruçou e beijou a mãe no rosto. Daí em diante, o aquecimento se completou. Quando recolocado na cama, ele aceitou e comeu alegremente um biscoito que lhe tinha sido oferecido como se fosse uma chupeta, antes da encenação psico-dramática, e que ele rejeitara violentamente. Isso foi, com efeito, uma continuação das encenações prévias, porque: 1) ele tinha um aquecimento completamente negativo para superar; 2) ele aceitou a mãe no papel do pai e interagiu com ele nesse nível; e 3) ele aceitou um objeto "real" anteriormente rejeitado. Trata-se de um teste da capacidade de superar resistências interpoladas e uma demonstração de contato corporal (beijo) no aquecimento imaginário.

Reconstrução da linguagem "básica" como ferramenta terapêutica

O trabalho psicodramático com a gagueira e outras dificuldades de linguagem tem evidenciado, com freqüência, que no processo de aquecimento durante a formação dos padrões de linguagem ocorre uma deficiência. Essas dificuldades decorrem de muitos fatores, sendo um dos principais a ansiedade no momento de produção da linguagem. Muitas vezes, os indivíduos aprendem a gaguejar em função de conteúdos que nem sempre podem ser colocados em palavras ou num contexto significativo com a necessária rapidez.

Notamos uma tendência de Jonathan, ao colocar seu ponto de vista, a pronunciar mal e omitir palavras, algumas vezes engolindo-as. É evidente que ele sabe, cogita e experimenta muito mais coisas do que seria possível encaixar na camisa-de-força da linguagem. Mesmo adultos muito sofisticados com freqüência não conseguem encontrar *le mot juste* ou até expressar emoções simples em formas adequadas de linguagem. Pode-se imaginar quanto é difícil, então, para crianças pequenas, cuja linguagem falada e gramatical está ainda em formação.

Como percebemos que Jonathan era um produtor particularmente rico de linguagem básica e infantil antes de aprender a falar, decidimos experimentar a linguagem básica para reduzir as restrições e as tensões que vêm junto com a aprendizagem da fala, para eliminar a ansiedade, para fazer que ele se sentisse senhor absoluto da linguagem e para ajudá-lo a superar o titubeio e a gagueira, e, se possível, praticar sua linguagem infantil espontânea. Foi um experimento muito interessante, porque embora tivesse sido difícil fazer os adultos se encaixarem nessa forma aparentemente sem sentido de comunicação, há suficientes evidências de que as crianças pequenas não desenvolveram essa barreira e estão ainda próximas da linha divisória, na qual permanecem tão firmes quanto um pouco antes. Jonathan, por exemplo, uma vez entrou no jogo, riu muito da produção sonora da ego-auxiliar e respondeu ali e então. Ele não engolia nenhum som, ainda que o mesmo não se pudesse dizer do titubeio, que continuava a aparecer de vez em quando. Comunicamo-nos por meio da linguagem dele durante um bom tempo. Fazíamos piadas e eu me referia a seu cobertor favorito, que ele chamava de "badum", para ancorar a conversação num objeto tangível. Ele respondia em sua linguagem, falando também a respeito do "badum". Em diversas ocasiões subseqüentes, quando essa linguagem era empregada, o menino imediatamente respondia prazerosamente. Mais tarde, ele mesmo começava esse tipo de fala. Continuávamos utilizando esse padrão sonoro espontâneo como um guia para fundamentar uma boa fala adulta.

O *locus nascendi* e o processo de aquecimento

A hipótese sustentava que a reconstrução da geografia psicológica (que inclui a geografia física) ajudaria o protagonista a se aquecer para uma recordação psicodramática. Embora demonstrado clinicamente, é interessante que a confirmação desse fenômeno possa ser encontrada nas crianças. Por exemplo, Jonathan estava sentado ao meu lado, no carro, a caminho do banco. O banco tinha um guichê do tipo *drive in*, e enquanto esperávamos nossa vez eu me voltei para ele, dei-lhe um tapinha no braço e disse: "Você é meu querido". Desde então (não quero dizer que essa tivesse sido a única vez que eu lhe disse isso, mas parece ter sido a primeira vez com um significado identificável para ele), ele nunca deixou de fazer o mesmo gesto e de me dizer a mesma coisa – "Você é minha querida"

– sempre que íamos ao mesmo banco e, curiosamente, sempre no mesmo lugar em que o fato ocorrera, quando entrávamos no corredor que levava ao guichê. Esse espaço ficou ligado a essa lembrança e parece ter um significado especial para ele, fazendo-o voltar a repetir sempre o mesmo ato.

Um segundo exemplo é uma esquina da principal avenida perto de nossa casa. Um dia, passando próximo daquele lugar, Jonathan me perguntou: "Onde está Heika?" Não percebi imediatamente a ligação, mas depois de explicar a ele que ela não estava conosco, comecei a procurar na mente um acontecimento que pudesse ter ocorrido naquele lugar. Lembrei, então, que tinha dado carona até a cidade para uma amiga com esse nome, e que a havia deixado naquele lugar. Retornando ao mesmo ponto, algumas semanas depois, ele relembrou a configuração de eventos e daí a pergunta.

Essas constatações fundamentam a atuação do diretor de psicodrama, quando se questiona por que ele se preocupa tanto em fazer que o protagonista defina um ponto específico de tempo e lugar, e por que ele faz perguntas aparentemente sem sentido, focalizando esses aspectos ao ajudar o sujeito a se aquecer para entrar no palco psicodramático. É uma evidência adicional de que esses *loci nascendi* têm um significado dinâmico para o sujeito, embora a conexão direta se perca na vida adulta.

Treinamento para usar o banheiro e para ir dormir

Foi utilizada uma técnica psicodramática para estimular uma criança de 2 anos e 4 meses a utilizar o vaso sanitário. Um boneco usava o vaso antes dela, colocado em pé ou sentado, no assento sanitário normal ou no infantil, da mesma forma que um ser humano o faria. Também se empregou a técnica de o ego-auxiliar ir verbalizando para o boneco aquilo que ele estava fazendo: "O bonequinho tem de ir ao banheiro agora. Pronto, cheguei. Tenho que fazer *shhhhh* (som de jato de água)", "Pronto, já fiz. É melhor esperar um pouco pra ver se tem mais. Hmmm, hmmm" (som de fazer força), "Eu sou um bom menino, mamãe, eu fiz". O garoto agora faz o mesmo.

Pouco tempo depois, sem a ajuda da mãe, o menino pega o boneco espontaneamente e o ajuda a ir ao banheiro, fazendo sozinho todos os sons pertinentes.

Assim que o boneco termina, ele faz o mesmo, e quando a tarefa está completa diz à mãe: "Eu sou um bom menino, mamãe".

É obvio que, quando o ir ao banheiro se torna rotina, a técnica do boneco deixa de ser necessária. O ego-auxiliar obtém da própria criança, à medida que se desenvolvem, de cenário em cenário, todas as indicações de que está na hora de parar de usar a técnica. Exatamente como vêm de suas necessidades as indicações de que se deve utilizar uma nova técnica.

A fim de aquecer a criança para dormir bem, depois de colocada na cama, a ego-auxiliar pegou um de seus bonecos, ou companheiros de cama (bichinhos de pelúcia etc.), e começou a perguntar a ele: "Como você se sentiu hoje?" Num tom de voz diferente, o boneco (falado pela ego-auxiliar) responderia. Nesse caso, ele perguntou: "Eu estou legal, mas, mamãe, por que eu não visto minhas roupas? Eu estou pelado, do mesmo jeito que o dia em que nasci". Mãe: "Tudo bem, bonequinho, quando você veio para esta casa, suas roupas foram tiradas pelo Jonathan, porque ele gostava de sentir o cheiro de sua pele macia e suave". (Esfrega cuidadosamente a pele do bebê, entrega o boneco à criança enquanto ele continua a falar com Jonathan): "Você gosta de esfregar minha pele? Você quer senti-la agora?" Jonathan faz sinal afirmativo com a cabeça, esfrega a pele do bebê e diz: "Legal!" Entrega o boneco de volta para a ego-auxiliar, que continua a explicar: "E então, quando os dentes dele estavam crescendo, ele gostava de mastigar suas mãos, braços, pés, pernas, para ajudar o dente a sair da gengiva". Boneco: "Ele fez isso?" A mãe pega os pés do boneco, põe na boca e mastiga, entregando-o em seguida para Jonathan, que repete o gesto, fazendo careta. Essa técnica difere do contar uma historinha. No conto de fadas, a criança fica envolvida e aquece somente o pensamento, mas por meio do método psicodramático ela não só ouve a história como a vê igual a um filme ou um livro de gravuras. Aqui, ela atua a história com alguém, não numa forma monodramática, fazendo ela os papéis, e sim em colaboração com membros significativos de seu grupo, sua mãe, seu pai, seus brinquedos.

Alguns dias mais tarde, uma cena mais elaborada aconteceu. Tanto a mãe quanto a criança estavam com um bebê boneco no colo.

Jonathan: Mamãe, fale com o bebê.

Mãe (voltando-se para o boneco que ela está segurando): Como você está hoje, nenê?

Boneco bebê (a mãe faz seu papel e usa uma voz alta, de bebê, diferente daquela que usou para falar com o bebê anteriormente): Eu estou legal, mamãe, mas você poderia me dizer uma coisa? Por que tem dias em que tudo parece não dar certo? Por que tudo parece misturado?

Mãe: Por que, o que aconteceu, nenê?

Boneco: Hoje eu pus minha meia esquerda no punho direito, depois tentei colocar o pé direito no sapato esquerdo. Vesti minha camisa do avesso e meu chapéu de cabeça para baixo.

O menino dá uma risada hilária.

Mãe (para o boneco): Todo mundo tem dias como esse de vez em quando. O mais importante é não se levar tão a sério e lembrar que tudo vai bem na medida em que amamos um ao outro. Não é verdade, filho (a mãe e o boneco olham para Jonathan)?

Jonathan: Sim, é verdade.

O menino entrega seu boneco à mãe e diz: "Fala com o nenê, mamãe". Ambos trocam de bonecos.

Mãe: E você, como está se sentindo hoje?

Boneco (novamente numa voz diferente, não tão alta quanto o primeiro boneco, mas também não como a voz da ego-auxiliar): Eu gostaria de viajar pelo mundo, mamãe. Gostaria de ver alguma coisa do mundo enquanto ainda posso.

(A mãe está preparando a criança para o fato de que logo um novo boneco terá de substituir esse, que está caindo aos pedaços, não dando mais para consertar. Como isso pode envolver algum sentimento de perda da parte de Jonathan, a ego-auxiliar pensou que seria bom levantar, no jogo, o tema do "ir embora".)

Mãe: É uma boa idéia. Onde você gostaria de ir?

Boneco: Para qualquer lugar. De avião, navio, trem, para ver todo o mundo.

Mãe: Podemos dar um jeito nisso e mandar você numa viagem pelo mundo e, no final, para algum outro menino ou menina, para fazê-los felizes.

A criança ficou intrigada com essa idéia e pediu para a mãe: "Põe o bebê para dormir para mim agora".

Boneco: Mas primeiro eu quero ir até o Jonathan (a mãe ajuda o boneco a caminhar e saltar, pulando para cima do menino; o boneco dá um abraço apertado). Boa noite, Jonathan.

Jonathan (sendo colocado na cama ao lado do boneco): Boa noite, nenê.

O garoto tem agora 2 anos e meio. O que o intriga, nessa técnica, é que esse boneco mudo, mecânico, com o qual ele brinca, torna-se animado pela voz de um ego-auxiliar; que se está dando vida e realidade ao boneco, vida e realidade idênticas à sua, diferente do tipo de animação mecânica dada a bonecos que abrem e fecham os olhos, molham a fralda quando lhes dão a mamadeira, andam quando colocados em pé etc. Ao descobrir o mecanismo por detrás desses truques, a criança fica desapontada, mas o que o ego-auxiliar dá ao boneco é um psiquismo, uma nova dimensão, sempre renovada, inesperada e cheia de aventura. É uma espécie de "retorno (calculado) ao animismo inconsciente do primitivo".

O menino pede o jogo espontaneamente. "Fala com o nenê", ele solicita. Ele pode não compreender todas as palavras ditas pelo boneco por intermédio da voz da mãe, mas compreende as regras do jogo. Isso abre novas formas de comunicação entre a mãe e o filho. No nível da realidade, a criança pode dizer "Não, não, mamãe" a isto ou aquilo, seja ir para a cama, comer, ou fazer qualquer coisa que possa interferir em sua atividade ou em sua aspiração do momento. Mas a técnica do "fale com o nenê" remove essas barreiras. Mãe e filho andam lado a lado, através de suas fantasias, numa terra psicodramática em que tudo é possível. A cadeira fala e a mesa canta, o boneco fala, o cão de pelúcia sente dor e late. A divisão entre real e irreal, que os adultos aceitaram depois de uma longa batalha, a criança não pode aceitar e deseja muito entrar em qualquer sistema de atividade que coloque em uníssono esses dois mundos. Pode ser que o velho sonho de toda mulher de se tornar mãe esteja vinculado ao igualmente velho sonho de ser criança de novo. E assim as duas coisas acontecem para toda mãe e são estimuladas por essa técnica: a mãe ensina o filho a se tornar adulto e o filho ensina a mãe a se tornar criança.[2]

Nota sobre aprendizagem espontânea
in situ versus aprendizagem acadêmica*

COMENTÁRIOS DE ZERKA

Quando sofri minha amputação, li a história de Helen Keller e me inspirei. Ela foi muito corajosa diante de várias situações adversas. Miss Sullivan se tornou sua ego-auxiliar perfeita. Aquele momento de reconhecimento – o despertar dos sentidos no ato de aprender – me pareceu falar diretamente sobre o princípio da espontaneidade.

No livro de Helen Keller, *The story of my life*[1], enfatiza-se repetidamente que ela fez avanços tão admiráveis em sua aprendizagem de habilidades que sua professora, Anne Sullivan Macy, perguntou-se se acaso todo esse rápido progresso não seria devido ao talento e à inteligência da aluna. A própria Miss Sullivan declara nesse livro: "Helen é uma criança maravilhosa, espontânea e ávida por aprender" (p. 263). Ela descreve, então, o método pelo qual conseguia ensiná-la e chegar nela tão rápida e profundamente que traz todas as características da aprendizagem *in situ*, utilizando como guia a espontaneidade da criança.

Citando novamente o relato de Miss Sullivan: "Estou começando a suspeitar de todos os sistemas especiais e elaborados de educação" (p. 260). "Assim

---

* Artigo publicado originalmente em *Group Psychotherapy, a Quarterly Journal*, v. XI, n. 1, 1958, p. 50-51.

que abandonei a idéia de aulas-padrão, descobri que Helen aprende muito mais depressa" (p. 261).

Há ampla evidência nos relatos de Miss Sullivan de que se tratava de um método *in situ*, intimamente relacionado com o princípio psicodramático do treinamento da espontaneidade. Miss Sullivan utilizava os indicadores da própria Helen, sua espontaneidade, como guia. Eles apontavam à professora para onde Helen devia ser conduzida, a fim de que pudesse despertar suas potencialidades e, então, desenvolvê-las.

Por exemplo, Miss Sullivan descreve o seguinte acontecimento (p. 256-267): "Hoje de manhã, quando estava se lavando, ela quis saber como se chamava a água. Quando ela quer saber o nome de alguma coisa, mostra essa coisa e dá um toque em minha mão. Falei pausadamente "á-g-u-a" e não pensei mais nisso até depois do café da manhã. Foi quando me ocorreu que, com a ajuda dessa nova palavra, eu conseguiria superar uma dificuldade que ela tinha com o copo de leite. Fomos à bomba d'água e eu fiz Helen segurar o copo debaixo da torneira enquanto eu bombeava. Quando a água fria jorrou, enchendo o copo, eu soletrei "á-g-u-a" na mão livre de Helen. Ela pareceu surpresa com a palavra vindo tão perto da sensação de água fria correndo em sua mão. Ela derramou o conteúdo e parou, estupefata. Sua face se iluminou. Ela repetiu várias vezes: 'água'".

Esse exemplo de aprendizagem ativa e de *insight* ativo indica bem o método que Anne Sullivan Macy seguia intuitivamente. Mas há outro exemplo mais expressivo: "Quando era possível, ela se tornava *atriz* da lição (grifo meu) e gostava de ficar em pé *sobre* a cadeira e ser colocada *dentro* do guarda-roupa" (grifos no original, p. 279). Isso era feito para ensinar a Helen a diferença entre *sobre* e *em*.

Se o psicodrama fosse utilizado sistematicamente no ensino de crianças cegas e surdas-mudas, tenho certeza de que os resultados seriam igualmente gratificantes e produtivos, como aqueles utilizados tão singelamente por Miss Sullivan no caso de Helen Keller. Ela relata uma visita a uma pequena escola de surdos na qual se utilizava o método acadêmico de ensino, com quadro-negro, construindo penosamente sentenças simples porém não produzidas espontaneamente pelas crianças. "Elas ficavam espantadas com o manejo da linguagem dela. Segundo elas, nenhuma criança tinha a facilidade de Helen para se expressar, e algumas estavam em treinamento fazia dois ou três anos" (p. 292). Esse relato é datado de 15 de maio de 1888. Miss Sullivan chegou à casa dos Keller em 3 de março de 1887. Portanto, o tempo total de instrução, por ocasião desse relato, era de pouco mais de um ano.[2]

A técnica psicodramática do "terapeuta relutante" e do "público relutante"*

COMENTÁRIOS DE ZERKA

Fiquei intrigada com o relato de um psicodramatista que trabalhava com um jovem em situação de risco que sistematicamente resistia às cenas propostas nas sessões. A certa altura, o terapeuta simplesmente foi embora. Parece que isso teve um impacto positivo, pois o adolescente começou a cooperar.

Lembro-me de Moreno fazendo uma coisa similar no caso de um drogado, num hospital público no Meio-Oeste. Além de não colaborar, o paciente estava trazendo maconha para a área do hospital e distribuindo a seus companheiros. Moreno entrou em confronto com ele, perguntando: "Por que devo me preocupar com você se você não tem intenção de mudar?" O protagonista ficou surpreso e Moreno terminou a sessão ali.

Foi uma verdadeira "terapia da realidade". Mais tarde, ele discutiu o caso desse paciente com a equipe e recomendou que o garoto fosse desligado do programa. Não fomos informados sobre o cumprimento ou não dessa recomendação.

A literatura psiquiátrica está repleta de exemplos de resistência ao processo terapêutico produzida pelo paciente, e particularmente na psicanálise esse problema e suas várias abordagens constituem uma parte substancial dessa literatura.

---

* Artigo publicado originalmente em *Group Psychotherapy, a Quarterly Journal*, v. XI, n. 4, 1958, p. 278-282.

No psicodrama, o problema é tratado por meio de um enfrentamento direto. A resistência é sistematicamente encenada em episódios psicodramáticos, a interação com o terapeuta-diretor, com o ego-auxiliar e com o público recebe uma carga de hostilidade, agressão e aquecimento negativo.

A resistência pode assumir a forma de silêncio hostil, recusa em participar da entrevista preliminar ou em fazer o papel (tanto o seu próprio quanto o de outra pessoa envolvida em seu problema), riso fora de hora, apartes irrelevantes à situação encenada e comportamentos que comprometem o aquecimento para a coesão grupal, que conduziria a uma catarse de integração.

A literatura psicodramática também está cheia de descrições desse tipo de resistência e de como ajudar o sujeito ou paciente a trabalhá-la *in situ*.

Às vezes, o protagonista não é um indivíduo apenas, mas um grupo de pacientes. Eles podem resistir como grupo. Nesse caso, a tarefa do diretor é trabalhar a relutância grupal, ajudar a esclarecer percepções distorcidas e falsas expectativas, antes que tenha lugar a terapia. O processo de interação no qual o protagonista, singular ou plural, está envolvido com o terapeuta que dirige a sessão é semelhante a um intercâmbio sutil entre dois amantes que se conheceram há pouco tempo: existe um processo gradual de sedução em curso, que o diretor espera que conduza ao objetivo de uma produção psicodramática que implique um envolvimento total.

A técnica do terapeuta relutante

O fenômeno do psicoterapeuta resistente não é tão conhecido. Ele ocorre freqüentemente, muito mais vezes do que o terapeuta em situação bipessoal pode ou deseja admitir. Não havendo observadores do que se passa, é fácil atribuir a resultante dinâmica interpessoal à ocorrência de transferência negativa – geralmente por parte do paciente. Entretanto, diversas vezes o terapeuta não consegue se dar conta das necessidades do paciente – e aqui chegamos ao papel desempenhado, consciente ou inconscientemente, pelo terapeuta na relação paciente–terapeuta.

A sociometria nos tem ensinado que a transferência é um processo unidirecional e unilateral, baseado em fragmentos projetivos trazidos para a situação presente e, de acordo com os princípios psicanalíticos, baseado em experiências interpessoais semelhantes ocorridas no passado. Segundo Moreno, a transferência é o aspecto patológico de um fenômeno muito mais inclusivo que ele chamou de "tele", um sentimento conjunto de mão dupla que concretiza uma atração, seja ela positiva ou negativa.

Os terapeutas que não percebem ou se recusam a enfrentar o fato de que podem estar em "tele negativa" com um paciente estão iludindo a si e ao paciente. Como poderia ser diferente? A sociometria mostra que os humanos são seletivos na escolha de parceiros para incontáveis atividades do cotidiano – inclusive, tem-se estudado tal seletividade também em sub-humanos (Moreno, J. L., 1958b) – e que esse processo de escolha não é uma questão unilateral, mas uma situação em que ambos os parceiros têm igual responsabilidade.

Seguir enchendo livros e livros com descrições detalhadas de dinâmicas dolorosas de transferência negativa e falando da contratransferência é negar a existência de um vasto corpo de conhecimentos sociométricos, acumulados com muito esforço ao longo de muitos anos.

É no campo da psicoterapia, particularmente, que o desconhecimento do saber sociométrico a respeito da estrutura das inter-relações humanas traz mais prejuízo a aqueles que buscam uma ajuda bem fundamentada. Sem a sociometria não estamos atendendo a essa necessidade. O que seria da medicina hoje sem, por exemplo, o uso do microscópio? No entanto, há psicoterapeutas que continuam a ignorar os instrumentos mais atualizados das ciências sociais para investigar a microscopia social.

O terapeuta – enfrentemos essa questão – também faz escolhas. Ele decide se gosta ou não de um paciente e se pode ou não oferecer a ele o melhor de si. Quando sua decisão é ou se torna negativa, o terapeuta transforma-se em um participante relutante no processo terapêutico, impedindo o paciente de auferir os benefícios pretendidos. Seria mais ético interromper o tratamento no momento em que isso ocorre, liberando o paciente para encontrar uma situação terapêutica mais produtiva para ele e, ao mesmo tempo, tornando o terapeuta disponível para outro paciente com quem possa estabelecer relações télicas positivas.

Sabemos, por intermédio da pesquisa sociométrica, que uma pessoa pode ser rejeitada por uma ou outra pessoa, mas desejada por outrem. Inúmeras evidências confirmam que um paciente pode ser rejeitado por um ou outro terapeuta, ou arrastado para uma relação improdutiva, até que encontre um terapeuta que o deseje. Se uma telerrelação positiva se estabelece mais cedo, evita-se prejuízos.

É Moreno quem mais tem alertado para as implicações dessa relação paciente–terapeuta (Moreno, J. L., 1954). Também é ele quem tem tido a coragem de se postar frente a um público de mais de trezentas pessoas, tomadas por sentimentos de hostilidade e agressão, e rejeitá-las como protagonistas num psicodrama. Deve-se ressalvar que nem todos os indivíduos são unanimemente rejeitadores. Entretanto, as relações positivas dentro do grupo não são suficientemente fortes para levar o público a um nível produtivo. O diretor-terapeuta depara com esse fato e se recusa a ser crucificado por eles (Ben Ali, 1958). A autora nunca deparou com um grupo como esse, que era um exemplo clássico, perfeito, de turba enraivecida. O tema que, entre parênteses, apareceu logo no início da sessão foi: "Como podemos ajudar os pacientes a enfrentar a hostilidade dentro de si?" Médico, cura-te a ti mesmo!

A técnica do público relutante

Outra possibilidade dentro desse tema é que o público rejeite um protagonista-paciente, o que ocorre com certa freqüência. Enfrentamos essa situação com um paciente cujas tendências exibicionistas alcançaram proporções alarmantes no decorrer da terapia. Ele apresentava uma série de tiques que envolviam todo o corpo, resultando em movimentos tônicos e clônicos. O paciente começou a desenvolver esses sintomas por volta dos 7 anos de idade e eles foram se agravando progressivamente. Passou por vários tratamentos desde que os sintomas apareceram, mas resistia às terapias de caráter revelador. Houve apenas um período relativamente longo em que seus sintomas diminuíram, por ocasião de seu último ano no colegial. Ele era bem aceito pelos colegas, participava integralmente da vida escolar e obtinha um reconhecimento especial quando atuava, no palco, como comediante.

Depois da graduação, ele entrou na universidade e logo no início do primeiro ano seus sintomas exacerbaram-se, o que o levava a afastar-se da escola e a hospitalizar-se. Ele nos foi encaminhado para terapia psicodramática por causa de sua preocupação com fantasias, que cercavam sua inclinação para o teatro, e porque se considerava o psicodrama mais indicado para tratar esses distúrbios psicomotores do que os métodos verbais.

Dick (pseudônimo) gostava das sessões de psicodrama e parecia estar sendo beneficiado por elas. Em especial, ele saboreava o fato de ter um público. Os participantes do grupo começaram, ao longo do tratamento, a desenvolver relações bastante diferentes com Dick e ele encontrava muito acolhimento e compreensão. Seu medo de fracassar, entretanto, o levava a assumir repetidamente o papel de palhaço, especialmente quando este era mais inconsistente com as demandas da situação. Por exemplo, colocamos Dick com ego-auxiliar numa cena em que ele estava sendo entrevistado com vistas a um emprego. Sua atuação no papel de pretendente desestabilizou tanto o processo de aquecimento que os egos-auxiliares foram se irritando cada vez mais com seu desempenho. Ficou claro que ele utilizava a abordagem cômica para encobrir suas deficiências e para desviar a atenção desse aspecto.

Alguém poderia interpretar esse comportamento como resistência à terapia, mas isso seria apenas uma parte da verdade, porque de fato Dick gostava muito das sessões psicodramáticas. Ele se sentiria rejeitado se não fosse o protagonista numa sessão e era incapaz de permanecer como espectador durante o trabalho de outro protagonista, embora disposto a participar como ego-auxiliar. Ele tinha sido o sujeito exclusivo em várias sessões anteriores, até que o público finalmente se cansou e se recusou a ser uma válvula de escape para sua destrutividade narcísica. Em outras palavras, eles estavam fisicamente presentes mas emocionalmente ausentes. A essa altura, uma de suas apoiadoras mais entusiastas (ela sempre fazia o papel de mãe dele) cochichou com o diretor: "O que aconteceria se ele não tivesse público? E se todos saíssemos do auditório, um a um?" O diretor assentiu – parecia que ele tivera a mesma idéia, assim como diversos outros audioegos – e *o público se retirou silenciosamente.*

Dick permaneceu ali, junto com o diretor-terapeuta e os poucos egos-auxiliares necessários. Ele reagiu com uma demonstração forte de emoção, ressentimento e hostilidade ao comportamento volúvel do público, mas pela primeira vez durante aquela sessão conseguiu fazer uma encenação realística de uma entrevista de emprego. Foi de valor terapêutico essencial o fato de ter sido forçado a atuar sem platéia, enquanto a mera perpetuação do apoio permissivo não produzia nenhum aquecimento real.

Fica claro o significado da técnica do "público relutante". Se a terapia deve ser uma verdadeira situação de aprendizagem, não se devem poupar esforços para ajudar o paciente a reavaliar seus padrões comportamentais, oferecendo-lhe continência. A mera permissividade inibiria o crescimento e a integração. Em uma situação como essa, ela não faria sentido. A retirada de apoio num momento crucial, em que o público se sentia usado, foi um passo necessário no processo terapêutico pelo fato de quebrar um padrão comportamental rígido, que seria muito ruim para o paciente.

Um panorama das técnicas psicodramáticas[*]

COMENTÁRIOS DE ZERKA

Fiquei sem o braço direito, devido a um câncer, em janeiro de 1958. Três dias depois da cirurgia, pedi ao meu marido minha máquina de escrever. Um dos melhores meios de eu me recuperar seria voltar ao trabalho o mais rapidamente possível. Esse foi um dos primeiros artigos que escrevi, embora tivesse permanecido inédito até 1959. Ocorreu-nos que, até então, não se elaborara uma lista atualizada das técnicas.

Descobri por acaso, há pouco tempo, um trabalho que concluía, depois de uma "extensa revisão" da literatura, que a Loja Mágica foi criada por Hannah Weiner, uma de nossas alunas, como ficou demonstrado, entre outras evidências menos concretas, por um texto que ela escreveu junto com James Sacks em 1969. Conforme o leitor vai notar, nesse trabalho eu me refiro à técnica da Loja Mágica não como um fenômeno novo, mas para descrever uma técnica que Moreno criou e utilizou largamente antes da publicação do artigo. Espero que isso esclareça a questão da origem do termo.

O psicodrama não é uma simples técnica. É uma metodologia, um método sintético em que se mobilizam muitas dimensões da experiência em benefício do paciente. Vamos enumerar algumas delas, juntando breves exemplos. Não se trata, de maneira alguma, de todas as técnicas. Os diretores são muitas vezes

---

[*] Artigo publicado originalmente em *Group Psychotherapy, a Quarterly Journal*, v. XII, n. 1, 1959, p. 5-14.

forçados a inventar novas ou a modificar antigas para enfrentar uma situação de desafio apresentada pelo paciente.[1]

Solilóquio

Trata-se de um "monólogo" do protagonista *in situ*. O paciente representa uma cena em que ele está no caminho do trabalho para casa, por exemplo. Ele está indo da estação de metrô para o seu apartamento. Na vida real, seus pensamentos não seriam verbalizados, uma vez que se encontra sozinho, mas ele está pensando a respeito de si. O diretor-terapeuta de psicodrama o instrui para que use a técnica do solilóquio: dizer em voz alta, enquanto caminha, o que pensa e sente nesse momento, aqui e agora. O paciente utiliza o nível inferior, mais espaçoso, do palco psicodramático. Ele caminha sem parar, sacudindo a cabeça, aquecendo-se para a situação vivenciada diariamente. Rosto franzido, cabeça enterrada nos ombros e tronco semi-encurvado, ele está muito desanimado. A voz é baixa, quase inaudível, quando ele diz: "Estou cansado dessa vida. Gosto de meu trabalho, é verdade, mas odeio chegar em casa à noite. Sei exatamente o que vai acontecer quando eu chegar. Minha mãe vem com suas queixas, uma série sem fim de dores e sofrimentos que nenhum médico consegue curar. Aí vem minha irmã, Jane, uma dona-de-casa amarga e infeliz, que se ressente de ter se dedicado tanto à mãe porque sua existência é inútil. Mas ela não tem iniciativa e energia para mudar a situação e encontrar outro tipo de vida. E aí vou eu, sua contraparte masculina, aborrecido com as duas porque tenho de apoiá-las".

Auto-realização

O protagonista encena seu plano de vida com a ajuda de alguns egos-auxiliares. O paciente se imagina sendo Adolf Hitler. Sua identidade original se perdeu e foi substituída por uma estrutura psicótica. Para que possa se liberar da produção psicótica, ele precisa que o ajudem encarnando os personagens com os quais ele interage em seu novo eu. O paciente não consegue completar essa auto-realização sozinho no mundo da realidade, mas ao mesmo tempo está convencido de que seu mundo psicótico é o mundo real. Na verdade, ele se tornou o único mundo real para ele. Os egos-auxiliares, que durante as sessões terapêuticas assumem os papéis de Hess, Goering e Goebbels, entre outros, transformam-se em parteiras, prestando assistência ao nascimento de seu psicodrama. Eles tornam possível a ele levar sua gravidez psicótica até o fim e, uma vez formado plenamente o bebê psicótico, fazê-lo nascer.

Psicodrama alucinatório

O paciente submete seus delírios e alucinações a um teste de realidade. As alucinações não obedecem à lei da gravidade: elas tanto podem subir no espaço como sair de cima e descer. Elas transgridem a lei da percepção sensorial; podem falar com o paciente e tocar nele. Na cena descrita a seguir, a paciente está sentada à mesa da sala de jantar. A diretora (ZTM) decidiu que a sessão de psicodrama deve focar essa situação do cotidiano por ter sido estressante tanto para a paciente quanto para suas companheiras de mesa, a maioria das quais estavam presentes e assumiram seus respectivos papéis.

Um dos vizinhos de mesa da paciente fala com ela: "Carolyn, por favor, você me passa o sal?" Carolyn não se move. Outra pessoa se dirige a ela: "Carolyn, por favor, passe este copo de leite para o Sr. Stone". Carolyn, uma vez mais, permanece paralisada. Ela está fisicamente presente, mas ao mesmo tempo ausente da realidade da cena. Ela mira fixamente o espaço.

Diretora: O que você está olhando, Carolyn?
Carolyn (com voz titubeante e medrosa)**:** Você não os enxerga?
Diretora: Sim, mas quantos estão lá?
Carolyn: Três.
Diretora: Como estão vestidos?
Carolyn: Estão de preto, mas encapuzados como os membros da Ku Klux Klan.
Diretora: Você consegue distinguir o rosto deles?
Carolyn: Não. Eles estão completamente encapuzados.
Diretora: Onde exatamente eles estão?
Carolyn: Flutuando no teto.
Diretora: Eles representam alguma coisa?

Carolyn: Sim, eles são o espírito do ódio, do medo e da morte.

Diretora: Ódio, medo e morte. Eles estão sós?

Carolyn: Não. Cada um deles está em frente a um esquife.

Diretora: Os caixões estão vazios?

Carolyn: Não. (No decorrer de todo esse diálogo, ela não se mexe. Suas respostas são lacônicas. Fica evidente, porém, que ela percebe tudo isso com muita clareza.)

Diretora: Eles representam alguém?

Carolyn: Sim.

Diretora: Levante-se, Carolyn. Vamos escolher, entre as pessoas que estão aqui, os espíritos do ódio, do medo e da morte.

A diretora toma Carolyn pela mão, ajuda na escolha dos egos-auxiliares – todos eles pacientes que já experimentaram alucinações – e os coloca no palco.

Diretora: E agora, Carolyn, quem é a primeira figura?

Carolyn: Vejo minha mãe deitada no caixão.

Diretora: Você agora vai se deitar no caixão.

Carolyn faz isso, representando a figura que está sob este espírito em particular, o espírito da morte. Suas ações e o uso do caixão correspondem ao tom emocional que emana do espírito. Ela se deita no caixão com os olhos fechados, os braços nas laterais, relaxados, a imagem de um doce repouso.

Diretora (dirigindo-se a Carolyn no papel da mãe): Sra. Smith (esse não é o sobrenome dela), eu sinto muito em vê-la aqui. O que aconteceu?

Carolyn (em tom sepulcral): Estou melhor morta. Aquela minha filha me matou. A Carolyn. Ela gostava de me irritar, eu tive um ataque cardíaco. Estou melhor assim.

Diretora: Eu sei, mas onde anda a Carolyn agora? O que ela faz sem você?

Carolyn: Ela está morta também.

Diretora: Ela está num caixão?

Carolyn: Sim, ela é uma assassina e teve de morrer também.

Diretora: Você agora é a Carolyn, aí no caixão?

Carolyn: Sim, sou eu.

Diretora (dirigindo-se ao espírito da morte): O que você acha disso, espírito da morte? Você tem algo a dizer?

Paciente (uma esquizofrênica severamente regredida que dificilmente conseguia se aquecer para qualquer outro papel que não sua própria fragmentação): Ela é muito jovem e está prestes a morrer.

Diretora: Vamos perdoar os pecados dela e deixar que ela continue vivendo?

Espírito da morte: Sim.

Diretora: Você vai fazer a mãe dela reviver?

Paciente: Sim.

Diretora: Carolyn, venha comigo. O espírito da morte vai abrir mão de você. Saia do palco, espírito da morte.

A paciente faz isso. A diretora e Carolyn se voltam agora para o próximo esquife.

Diretora: Carolyn, que esquife é este?

Carolyn: O espírito do medo.

Diretora: Entre no caixão e mostre como ele está.

Carolyn se agacha como um animal assustado, costas arqueadas sobre os joelhos, braços cruzados sobre a cabeça.

Diretora: Quem é você?

Carolyn: Eu sou todos os pacientes de hospitais psiquiátricos, especialmente hospitais públicos.

Diretora (voltando-se para o espírito do medo): Que você acha disso, espírito do medo?

Espírito (outro paciente bastante comprometido): Eu só mostro para ela os medos que ela mesmo cria.

Diretora: É verdade, Carolyn?

Carolyn: Mais ou menos. Eu não posso ajudá-lo e os outros não me ajudam.

Diretora (fazendo sinal a todos os presentes para que se juntem e falem com Carolyn como um coro): Nós prometemos ajudar você, Carolyn. Não tenha mais medo. (A fala do coro é repetida várias vezes, mais alto e insistentemente.)

Diretora: Agora, saia desse caixão, Carolyn, porque nós vamos fazer de tudo para ajudar você. Com isso, o espírito deve ir embora.

O espírito desce do palco.

Diretora (conduzindo Carolyn até o terceiro esquife): E aqui temos o último, Carolyn.

Carolyn: O espírito do ódio.

Diretora: Entre no caixão e mostre para nós como o ódio sente.

Carolyn deita-se, braços e pernas entrelaçados em volta do corpo como amarras auto-aprisionantes de ódio.

Diretora: E quem é esse?

Carolyn: Eu, quando não consigo o que quero.

Diretora: O que, por exemplo?

Carolyn: Quando eu quero que parem de me aplicar eletrochoques.

Diretora: Espírito do ódio, o que você sente em relação a isso?

Paciente (como espírito do ódio): Eles usam eletrochoque quando é necessário. O pressuposto é de que vai ajudar os pacientes.

Diretora: Ele ajudou Carolyn?

Espírito: Acho que sim, do contrário eles não lhe teriam aplicado.

Diretora: E o que você acha disso, Carolyn?

Carolyn: É um tratamento terrível demais.

Diretora: Você já tomou eletrochoque aqui?

Carolyn: Não.

Diretora: Quanto tempo faz que você tomou pela última vez?

Carolyn: Mais ou menos um ano.

Diretora: Prometemos que isso não vai acontecer enquanto você estiver aqui, Carolyn. Pode se levantar; o espírito do ódio vai embora.

Dublagem múltipla

O paciente está no palco com diversos dublês. Cada um deles retrata uma parte do paciente. Um ego-auxiliar atua no papel de como ele é agora, enquanto o paciente faz o papel de como ele era quando pequeno, logo depois da morte de seu pai. Outro ego-auxiliar atua no papel de como o paciente vai ser, provavelmente, daqui a trinta anos. As máscaras do paciente estão presentes todas ao mesmo tempo, mas atuam uma de cada vez. No caso de psicóticos, a técnica da dublagem múltipla tem sido útil quando empregada com pacientes com delírios envolvendo partes do corpo. Cada um dos egos-auxiliares representa um órgão diferente, respondendo ao estímulo delirante produzido pelo paciente.

Inversão de papéis

Nesta técnica, o paciente, em uma situação interpessoal, assume o papel da outra pessoa envolvida. Podem aflorar, dessa forma, distorções na percepção do outro, que podem ser exploradas e corrigidas em ato, no âmbito do grupo. Esse recurso tem sido utilizado com sucesso com bebês e crianças pequenas, como técnica de socialização e auto-integração. Um exemplo: a inversão de papéis entre uma mãe e seu filho de 3 anos, em que o filho assume o papel da autoridade. Jonathan tinha medo de um cão preto muito grande, que costumava aparecer nas redondezas. O cão tentava ser amistoso com o menino, procurando chegar perto, lamber-lhe a mão, pular em volta dele. Jonathan sentia tanto medo que se agarrava à saia da mãe, mesmo quando o cão se mantinha a uma distância considerável. Palavras de estímulo não eram suficientes para afastar o medo. Decidiu-se trabalhar da seguinte maneira:

Mãe: Jonathan, o cachorrão preto está ali de novo (o cão estava em algum lugar visível).

Jonathan (corre para a mãe, esconde o rosto na saia dela e exclama): Estou com medo dele, mamãe, eu estou com medo!

Mãe: Mas, filhinho, não tem por que ter medo. Primeiro, eu estou aqui e não vou deixar que ele faça nada com você. Depois, o que ele quer é ser seu amigo e brincar com você. Você não quer passar a mão nas costas dele?

Jonathan: Ele não vai me morder?

Mãe: Claro que não. Se você for legal com ele, ele vai ser legal com você. Além do mais, eu estou com você (pega a mão de Jonathan, que, relutantemente, permite que ela a use para acariciar as costas do cachorro).

Mãe: Agora, você vai ser eu e eu vou ser Jonathan.

Jonathan (como mãe, sua voz adquire uma força notável, sua postura fica mais ereta): Jonathan, veja o cachorro preto. Não tenha medo dele.

Mãe (como Jonathan, agachando até o chão, pendurando na mãe): Mamãe, eu estou com medo, eu estou com medo, eu estou com medo!

Jonathan (como mãe): Filhinho, não tem por que ficar com medo (põe as mãos ternamente em volta da criança). Não se esqueça. A mamãe está aqui com você e ela não vai deixar que você se machuque.

Técnica do sonho

Em vez de contar o sonho, o paciente dramatiza. Ele se deita na cama e, quando consegue reconstruir o sonho, levanta-se e o representa em ato, utilizando egos-auxiliares para fazer os papéis dos personagens do sonho. Em seguida, a técnica permite um retreinamento do paciente, oferecendo-lhe a oportunidade de "mudar" seu sonho. Essa é a contribuição original do psicodrama para a terapia do sonho: produzir uma encenação sobre e para além do sonho real, incluindo material atual e latente, mas sempre avançando, buscando retreinar o sonhador mais do que interpretar. A interpretação está no ato em si.

Realização simbólica

Encenação pelo protagonista de seu processo simbólico, utilizando-se como forma de esclarecimento as técnicas de solilóquio, dublê, inversão ou espelho.

Psicodrama analítico

A validade de uma hipótese analítica, por exemplo, a do complexo de Édipo, é testada no palco. O paciente assume o papel da mãe numa situação com o pai (chegando em casa, demitido do trabalho por causa de uma crise cardíaca). O analista fica sentado na platéia e observa. A análise do material é feita logo depois da encenação.

Mundo auxiliar

Todo o mundo do paciente é reestruturado em volta dele, *in situ*, com a ajuda de egos-auxiliares. William foi diagnosticado como portador de demência precoce. Ele se considera Cristo e escreveu um manifesto ao mundo que ele deseja salvar. Os egos-auxiliares em seu entorno vivem nesse mundo e são completamente guiados por suas necessidades. Um dos egos-auxiliares se torna o apóstolo João. Cristo pede a ele que se ajoelhe num canto da sala, com a cabeça curvada, em reverência. Ele não quer que ele se ajoelhe em nenhuma outra sala ou em nenhum outro canto. Outro ego-auxiliar faz o apóstolo Paulo, com quem ele reza. Um terceiro é o apóstolo Pedro, única pessoa que ele deixa que o banhe, uma vez por mês. Ele não permite que os membros de sua família venham visitá-lo. As únicas pessoas que ele aceita são aquelas que povoam o mundo de sua psicose, de acordo com suas instruções.

Tratamento a distância

O paciente é tratado *in absentia*, em geral sem que tenha conhecimento disso. Ele é substituído por um ego-auxiliar, que está em contato diário com ele e é o intermediário entre o paciente e o terapeuta. Ele atua na clínica todos os episódios cruciais em que o paciente está envolvido. São incluídos na ação outros membros do meio próximo, como os pais do paciente.

Técnicas de aquecimento

São utilizadas para induzir estados espontâneos.

Improvisação espontânea

O protagonista encena papéis fictícios e tenta preservar seu personagem pessoal de qualquer envolvimento com os personagens fictícios.

Comunidade terapêutica

Uma comunidade em que as disputas entre indivíduos e grupos são submetidas a regras de terapia em vez de regras legais.

Técnicas de espelho – Em suas costas

Muitas técnicas de espelho são construídas de tal forma que o indivíduo pode se ver e se ouvir por meio das percepções que outras pessoas têm dele. No espelho clássico, como descrito acima, o protagonista está fisicamente presente, mas psicologicamente ausente. O ego-auxiliar atua como se o paciente não estivesse presente, de modo a desafiá-lo a se dar conta de que a pessoa retratada no palco é uma expressão radicalmente verdadeira dele mesmo. Há outros formatos da técnica, que são utilizados por Moreno e seus companheiros no New York Institute. A saber:

O público de costas

O público é instruído a deixar o teatro, mas na realidade todos podem permanecer sentados onde estão, fingindo que não estão presentes, de modo a oferecer ao protagonista inteira liberdade de expressão. O paciente diz a cada membro do grupo como se sente em relação a ele. Eles não devem responder, independentemente de quanto ele os provoque. Os membros do grupo passam a ser o foco; eles se vêem no espelho que é o mundo do protagonista. Isso funciona, em geral, como um ponto de partida, como uma fase de aquecimento que antecede a um psicodrama. Dá certo também quando os membros do grupo ficam efetivamente de costas.

De costas para o público

É muito freqüente que os protagonistas se sintam constrangidos em apresentar determinado episódio diante de um grupo. Pode-se permitir a eles, quando isso é inevitável para o aquecimento, que dêem as costas para o grupo e atuem como se estivessem sós, em casa ou onde o episódio tenha ocorrido. O diretor também pode voltar as costas para o público, a fim de observar o protagonista ou os protagonistas. Uma vez que os protagonistas, no caso de um casal, por exemplo, tenham conseguido determinado grau de envolvimento, eles estarão em condições de voltar a enfrentar o público.

Luzes apagadas

Apagam-se todas as luzes do teatro, embora as ações continuem sendo encenadas como se estivessem à luz do dia. Isso se faz de modo que o protagonista possa prosseguir numa experiência dolorosa sem ser observado, proporcionando a ele a experiência da solidão.

Improvisação da fantasia

Desde os primórdios do psicodrama, a improvisação de fantasias tem sido utilizada para atingir objetivos terapêuticos (veja "Bulletin of Psychodrama and Group Psychotherapy", *Sociometry, a Journal of Interpersonal Relations*, v. VI, 1943, p. 349).

Uma técnica popular era, e ainda é, a Loja Mágica. O diretor instala no palco uma loja mágica, ou loja de sonhos. Ele e alguém do grupo por ele escolhido assumem o papel do vendedor. A loja é estocada com itens imaginários, valores de natureza não-física. Esses itens não estão à venda, mas podem ser obtidos por escambo, trocados por outros valores a serem oferecidos pelos membros do grupo, tanto individualmente quanto em grupo. Cada membro, um por vez, sobe voluntariamente ao palco, entrando na loja em busca de uma idéia, um sonho, uma esperança, um desejo. Espera-se que eles entrem somente se sentirem muita vontade de conseguir algo ardentemente desejado ou sem o qual sua vida fica sem sentido. A seguir, um exemplo.

Uma paciente depressiva, que se juntou ao grupo após uma tentativa de suicídio, entrou na loja mágica procurando "paz mental". O vendedor, um terapeuta jovem e sensível, perguntou a ela:

– O que você pretende dar em troca? Você sabe que não podemos dar nada sem que você sacrifique alguma coisa.

– O que você quer? – perguntou a paciente.

– Existe algo a que muitas pessoas que vêm a esta loja aspiram – replicou ele. Fertilidade, capacidade e desejo de ter filhos. Você desistiria disso?

– Não, esse preço é muito alto. Eu desisto, então, de ter paz mental.

Com isso, ela saiu do palco e voltou para o seu lugar. O vendedor tinha tocado num ponto sensível. Maria, a protagonista, estava namorando, mas não queria se casar, devido a um medo arraigado de sexo e de parto. Suas preocupações, em fantasia, envolviam imagens de violento sofrimento, tortura, morte etc. por ocasião do parto.

Esse exemplo indica o valor diagnóstico da técnica da loja dos sonhos. O ponto crucial é o vendedor demandar do cliente o que ele deseja dar em troca, que preço está disposto a pagar.

Outra técnica de fantasia é a dramatização de contos de fadas, tal como descrito em *Teatro da espontaneidade*, de Moreno (Moreno, J. L., 1924, p. 35-37; Moreno, J. L., 1947). O conto permanece totalmente em aberto, de tal forma que se pede ao protagonista que o preencha com suas fantasias em relação ao tema.

Outra técnica consiste na improvisação de experiências infantis. No processo de representá-las, o protagonista vai muito além daquilo de que ele realmente se lembra.

Muitas técnicas psicodramáticas, embora pareçam excêntricas ou fantásticas, fazem referência a rituais e costumes de culturas antigas e são encontradas nos escritos clássicos da literatura mundial. Moreno simplesmente as redescobriu e as adaptou para objetivos psicoterápicos. *Seus verdadeiros inventores são os doentes mentais de todos os tempos.*

O número de variações do método psicodramático é praticamente ilimitado, embora sua essência permaneça inalterada.

Psicodrama: regras, técnicas e métodos complementares*

COMENTÁRIOS DE ZERKA

Moreno era bom para criar idéias, mas nem sempre elas eram organizadas ou apresentadas de maneira clara. Trabalhei para dar forma a elas, querendo que fossem compreendidas pelo maior número de pessoas possível.

Nessa época, eu era responsável pela maior parte dos treinamentos. Assim, esse artigo fazia parte da organização de um currículo que pudesse ser compreendido, especialmente pelos novatos. Não tínhamos um curso extensivo apostilado como existe hoje. A ênfase concentrava-se no fazer, não em ler a respeito do que se faz. Esse artigo foi um breve resumo, para reunir organizadamente a experiência prática.

Moreno tinha grupos de estudantes que vinham à nossa casa à noite, para discussões histórico-filosóficas as mais variadas. Eu percebia que havia uma parte organizada do treinamento que se poderia aprender.

A crescente demanda de pessoas preparadas para trabalhar com psicodrama despertou em nós a necessidade de estruturar um texto abrangente, com as regras fundamentais (Moreno, J. L., 1959) para a prática desse método e um breve panorama explicativo das numerosas alternativas de intervenção psicodramática. Algumas dessas alternativas foram descritas em outros levantamentos (Moreno,

---

* Artigo publicado originalmente em *Group Psychotherapy, a Quarterly Journal*, v. XVIII, n. 1-2, 1965, p. 73-86.

Z. T., 1959), mas é importante ter algumas regras básicas que sirvam de referência para o profissional.

Regras

I

"O sujeito (paciente, cliente, protagonista) atua seus conflitos em vez de falar sobre eles."

Para isso, deve-se utilizar um veículo especial ou um palco psicodramático, embora o processo possa acontecer em qualquer sala ou espaço informal, sempre que esse veículo especialmente desenhado não esteja disponível. Idealmente, o veículo especial ajuda a alcançar um envolvimento mais intenso.

O processo exige, além disso, um diretor (ou terapeuta principal) e pelo menos um ego-auxiliar treinado (embora o diretor possa ser forçado a atuar também como ego-auxiliar, em situações nas quais este não esteja disponível). Quando se utilizam atores-terapeutas-assistentes treinados, consegue-se o máximo de aprendizagem.

Não se deve esquecer que o psicodrama pode ser aplicado também como método de tratamento individual – um paciente com um diretor e um ego-auxiliar, ou então um paciente e um diretor. Quando é aplicado como método de tratamento grupal, os pacientes do grupo podem servir como egos-auxiliares um para o outro. Nesse caso, mesmo sessões centradas no indivíduo colocam em ação outros membros do grupo, que, por sua vez, auferem benefícios terapêuticos dessa função de ego-auxiliar. Além do mais, isso intensifica a aprendizagem de todos os presentes.

II

"O sujeito ou paciente age no 'aqui-e-agora', independentemente de quando o fato real aconteceu ou possa vir a acontecer – passado, presente ou futuro –, ou se o fato imaginado foi fantasiado ou quando ocorreu a situação crucial que originou a encenação em pauta."

Isso vale também para situações que nunca aconteceram ou podem nunca vir a acontecer. Uma das experiências notáveis do psicodrama é a constatação de como as rememorações e reencenações se dão de forma distorcida, ineficaz, pobre e incompleta. Isso tem sido verificado experimentalmente por meio da reencenação imediata de cenas que aconteceram apenas cinco minutos antes, utilizando-se as mesmas pessoas envolvidas na cena original. Tanto a rememoração verbal quanto a ativa, assim como a percepção interpessoal, são impossíveis de se reproduzir, mesmo quando todos os parceiros atuais tentam sistemática e sinceramente recapturar "o que de fato aconteceu".

O sujeito fala e age "no presente" e não no passado, pois o passado está relacionado com a memória e falar utilizando os verbos no passado afasta o sujeito do caráter imediato da experiência, transformando-o em espectador ou contador de histórias mais do que em ator.

A incapacidade de relembrar perfeitamente indica que essa rememoração é uma impossibilidade prática. Uma rememoração absoluta não existe, e a correta reprodução é no máximo um ideal inatingível. Além disso, a espontaneidade e a "contemporaneidade" ficam submetidas à reprodução correta e assim desaparecem.

Para liberar a espontaneidade e incrementar a contemporaneidade no aqui-e-agora, o protagonista é orientado a tornar o tempo seu servo, não seu senhor; "aja como se isso estivesse acontecendo com você agora, de tal forma que possa sentir, perceber e agir como se isso acontecesse com você pela primeira vez".

III

"O sujeito deve atuar a 'sua verdade', como ele a sente e a percebe, de maneira completamente subjetiva (não importando quão distorcido isso possa parecer para o espectador)."

O processo de aquecimento não acontece adequadamente a menos que aceitemos o paciente com toda sua subjetividade. A encenação vem primeiro, o retreinamento vem depois. Temos de oferecer a ele a satisfação do ato completo antes de pensar no retreinamento para mudanças comportamentais.

IV

"O paciente é estimulado a maximizar, mais do que a reduzir, toda expressão, ação e comunicação verbal."

Com esse objetivo, permite-se que façam parte da produção delírios, alucinações, solilóquios, pensamentos, fantasias e projeções. De novo, a restrição deve vir depois da expressão, embora não deva nunca ser desconsiderada. Entretanto, sem ensejar a expressão *in toto*, a restrição será, na melhor das hipóteses, apenas parcial.

V

"O processo de aquecimento se desenvolve da periferia para o centro."

O diretor não começa, portanto, pelos eventos mais traumáticos da vida do paciente. O início se dá num nível mais superficial, permitindo seu envolvimento gradativo, aprofundando até chegar ao essencial. A habilidade do diretor vai aparecer na construção das cenas e na escolha das pessoas ou objetos necessários para ajudar o paciente em seu aquecimento.

VI

"Sempre que possível, o protagonista escolhe tempo, lugar, cena e ego-auxiliar de que precisa para produzir o seu psicodrama."

Ao ajudar o protagonista, o diretor serve como dramaturgo. Diretor e protagonista são parceiros. Em um momento o diretor pode ser mais ativo, mas o protagonista sempre conserva o direito de declinar de uma encenação ou de mudar uma cena. Além disso, quando a interação entre paciente e diretor torna-se negativa, com o paciente resistindo tanto ao diretor quanto ao processo, o diretor pode optar por uma destas alternativas:

1. Pedir ao paciente que escolha outro diretor, se mais de um estiver presente.
2. Pedir ao paciente que se sente e observe um espelho seu, encenado por um ou mais egos-auxiliares.

3. Entregar a direção ao próprio paciente, que pode assim envolver outras pessoas do grupo como egos-auxiliares.

4. Pedir ao paciente que escolha outra cena.

5. Explicar ao paciente por que escolheu determinada cena, mesmo ela não se concretizando naquele momento, tentando fazê-lo compreender suas razões.

6. Voltar a essa encenação em outro momento caso continue entendendo que o paciente precisa dela.

7. Insistir na encenação se acredita que os benefícios dela decorrentes para o paciente são maiores do que sua resistência.

VII

"O psicodrama é um método tanto de restrição quanto de expressão."

O caráter repressivo de nossa cultura tem vinculado um valor à expressão em si, muito além do seu benefício real. É muito comum que sejam subestimados e desconsiderados os métodos que, como a inversão de papéis ou o desempenho de papéis, que requerem restrição, constituem aplicações do psicodrama voltadas para a restrição e/ou recondicionamento da excitabilidade dos pacientes.

Pensamos aqui especialmente naquele que é, na vida real, um mau ator crônico, o delinqüente ou o psicopata, cuja capacidade de autocontrole não tenha sido devidamente fortalecida em seu processo de aquecimento para as exigências da vida.

VIII

"O paciente tem autorização para ser tão inexpressivo ou não-espontâneo quanto ele é naquele momento."

Talvez pareça uma contradição em relação à quarta regra, mas tal paradoxo é apenas aparente. A "maximização da expressão" pode aplicar-se à incapacidade do paciente de se expressar, seu isolamento, sua raiva submersa etc. Primeiro, precisamos aceitar sua incapacidade, ajudando-o a se aceitar. Depois, gradativamente, vamos tentar liberá-lo de suas amarras, utilizando diversos métodos, como apartes, solilóquios, dublê etc.

O fato de que um paciente careça de espontaneidade não é obstáculo à produção psicodramática. Essa é a razão para a existência dos egos-auxiliares, que são treinados para apoiar, ajudar e fortalecer o paciente. Além disso, foram desenvolvidas técnicas como o solilóquio, o dublê, o espelho, a inversão de papéis etc.

Uma pessoa pode não conseguir ser espontânea atuando como ela mesma, em seus próprios papéis, e no entanto ser extremamente espontânea em papéis invertidos, como esposa, pai, bebê, cachorrinho etc.

Sua expressividade vai crescer à medida que aumente sua espontaneidade. A expressão a qualquer preço não é necessariamente espontânea. Pode ser um disfarce para os verdadeiros sentimentos, produzindo, por exemplo, um fluxo seguro de palavras e ações. O paciente pode ser totalmente espontâneo quando está sentado, quieto, numa cadeira, ou observando os demais à sua volta.

IX

"A interpretação e o fornecimento de *insights* no psicodrama são de natureza diferente da que ocorre nas terapias verbais."

No psicodrama, falamos de *insight* ativo, aprendizagem ativa ou catarse ativa. Trata-se de um processo integrativo proporcionado pela síntese de numerosas técnicas, de acordo com o aquecimento do protagonista. O psicodrama é na realidade o método mais interpretativo que existe, contudo o diretor concretiza suas interpretações na construção das cenas. A interpretação verbal pode tanto ser essencial quanto omitida, à discrição do diretor. Na medida em que a interpretação se dá em ato, falar pode ser redundante.

X

"Mesmo que se interprete, a ação é o principal. Não pode haver interpretação sem ação prévia."

A interpretação pode ser questionada, rejeitada ou totalmente ineficaz. Já a ação fala por si. Além do mais, a interpretação é colorida pela orientação do terapeuta. Assim, um freudiano vai interpretar partindo de referências diferentes das de um adleriano, jungiano, horneyano etc. Mas isso não muda absolutamente o valor da produção em si. Apenas coloca a interpretação num patamar mais baixo no que se refere à importância. Às vezes, entretanto, a interpretação pode ser mais destrutiva do que construtiva; talvez o paciente esteja precisando não de análise, e sim de identificação emocional.

XI

"O aquecimento para o psicodrama pode variar de cultura para cultura, sendo necessário que se façam mudanças adequadas na aplicação do método."

Talvez seja impossível começar um psicodrama no Congo com trocas verbais, invocando a necessidade de começar com canto e dança. O que se configura como aquecimento interessante em Manhattan pode não funcionar em Tóquio. Devem ser construídas variantes culturais. O que importa é o que começamos, e não tanto como o fazemos.

XII

"O protagonista nunca deve ficar com a impressão de que está sozinho com seu problema no grupo."

O diretor deve extrair do grupo, na fase de discussão posterior à dramatização, identificações com o sujeito. Isso vai estabelecer ancoragens no grupo para relações mutuamente satisfatórias entre seus membros, aumentar a coesão e ampliar a percepção interpessoal. Quando não existe ninguém na platéia que se identifique abertamente com o sujeito, o protagonista se sente desnudado, roubado daquilo que é sua parte mais sagrada, seu psiquismo privado. Assim, faz parte da tarefa do diretor mostrar-se não apenas solidário ao protagonista, mas como alguém que está sendo ou já foi oprimido de maneira semelhante. O que se recomenda aqui não é uma análise, e sim amor e compartilhamento do eu. O único meio de compensar uma pessoa pelo que ela deu de si é em espécie. Isso vai, com freqüência, aquecer outras pessoas da platéia para avançar de maneira semelhante, envolvendo dessa forma o público num genuíno aquecimento, que uma vez mais inclui o protagonista e ajuda a estabelecer um fechamento.

XIV

"O protagonista precisa aprender a assumir o papel de todos aqueles com quem ele se relaciona significativamente, a experienciar as pessoas de seu átomo social, seu relacionamento com ele e umas com as outras."

Avançando um pouco mais, o paciente deve aprender a "se tornar" no psicodrama aquilo que ele vê, sente, ouve, cheira, sonha, ama, odeia, teme, rejeita, por quem é rejeitado, atraído, desejado, deseja evitar, deseja tornar-se, teme tornar-se, teme não tornar-se etc.

O paciente "internalizou", com maior ou menor sucesso, pessoas, situações, experiências e percepções que estão na base de seu sofrimento atual. Para superar as distorções e manifestações de desequilíbrio, ele precisa reintegrá-las em outro nível. A inversão de papéis é um dos métodos *par excellence* para conseguir isso, uma vez que ele pode reintegrar, redigerir e crescer, superando as experiências que tiveram impacto negativo, liberar-se e tornar-se mais espontâneo numa linha positiva.

XV

"O diretor precisa confiar no método psicodramático como guia e árbitro final do processo terapêutico."

Esse imperativo é tão universal que encontra confirmação entre os diretores-terapeutas psicodramatistas.

Quando o aquecimento do diretor é objetivo, quando sua presença é espontânea e ele está disponível para as necessidades do paciente e do grupo – ou, em outras palavras, quando não há ansiedade em seu desempenho –, o método psicodramático se torna um meio abrangente e flexível. Ele conduz de forma sistemática até o cerne do sofrimento do paciente, capacitando o diretor, o protagonista, os egos-auxiliares e os membros do grupo a se tornarem uma força coesa, aquecida para maximizar a aprendizagem emocional.

Técnicas[1]

Solilóquio terapêutico

Representação de pensamentos e sentimentos ocultos, por meio de diálogos e ações simultâneas, em paralelo com pensamentos e ações abertas. A paciente está confrontando seu superior, que a advertiu por ter participado de manifestações por direitos civis. A ego-auxiliar, no papel de seu superior, pede que explique onde esteve na noite anterior. A paciente diz que foi visitar um amigo enfermo. A ego-auxiliar afirma que tem evidências de que isso não é verdade. Nesse momento, o diretor interrompe a dramatização, pedindo à paciente para expressar como ela se sente, explica que a superiora não vai ouvi-la nem reagir, uma vez que, na situação real, ela não tem como saber o que se passa na cabeça da paciente. A paciente então diz: "Eu realmente fui à manifestação. Ela não pode fazer nada comigo porque tenho direito, mas ela pode criar um clima desagradável para mim". Diretor: "O que você quer fazer?" Paciente: "Tirar um sarro da cara dela. Mas, evidentemente, não posso fazer isso". Diretor: "Aqui você pode". A paciente dá um enorme arroto. O diretor pede a ela que siga a cena como aconteceu e como terminou no nível da realidade.

Auto-apresentação

O protagonista se apresenta e apresenta sua mãe, seu pai, seu irmão, seu professor favorito etc. Ele faz esses papéis do seu jeito, como ele os experiencia e como ele os percebe.

Dublê

Enquanto o paciente faz seu próprio papel, um ego-auxiliar é chamado para também fazer o papel do paciente, "estabelecendo identidade com ele", movimentando-se, agindo e se comportando como ele. O protagonista está se preparando para se levantar, de manhã. Está na cama. O ego-auxiliar se deita no palco ao lado dele, assumindo a mesma postura corporal. O dublê pode começar dizendo: "Para que levantar? Não tenho nenhum motivo para viver".

Paciente: Sim, é verdade. Não tenho nenhuma razão para viver.
Ego-auxiliar: Mas eu sou um artista muito talentoso. Houve momentos em que a vida foi muito boa.
Paciente: Sim, mas isso foi há muito tempo.
Ego-auxiliar: Talvez eu tenha de me levantar e começar a pintar de novo.
Paciente: OK. Vamos tentar levantar primeiro, de alguma forma, e ver o que vai acontecer.

Tanto o paciente quanto o ego-auxiliar se levantam, fazem os movimentos de lavar o rosto, fazer a barba, escovar os dentes; o tempo todo juntos, como se fossem um só. O ego-auxiliar se torna a ligação pela qual o paciente pode tentar alcançar o mundo real.

Espelho

Quando o paciente não consegue fazer seu próprio papel, em palavras ou em ato, um ego-auxiliar é colocado em seu lugar na encenação, dentro do espaço psicodramático. O paciente ou os pacientes permanecem sentados no espaço grupal. O ego-auxiliar reencena o paciente, copiando seu comportamento e tentando expressar seus sentimentos em palavras e em movimentos, mostrando a ele como outras pessoas o vivenciam, "como se ele estivesse frente a um espelho".

O espelho pode ser exagerado, empregando técnicas de distorção deliberada, com o objetivo de mobilizar o paciente para que passe de espectador passivo a participante ativo, a ator, visando corrigir o que ele sente que não corresponde a uma correta encenação e interpretação de si.

Projeção futura

O paciente representa, em ato, como ele imagina que vai ser seu futuro. Ele escolhe, podendo ser auxiliado pelo diretor para fazê-lo, um ponto no tempo, o lugar e as pessoas, se for o caso, com quem espera estar envolvido naquela ocasião.

O paciente já tem o bacharelado e está estudando para ser professor de inglês. Vem trabalhando por quase oito anos em sua tese, mas não consegue terminá-la. Na projeção futura ele aparece três anos depois, dando seu primeiro curso de inglês na universidade. O público da sessão faz o papel da classe. Ele recebe instruções para encará-los e inspirá-los com a beleza da língua inglesa. "Meu nome é Sr. Johnson. É um nome bastante comum, mas muito bonito. Eu gostaria de dar as boas-vindas para vocês, hoje, pedindo que se apresentem uns aos outros. Mas lembrem-se, o nome diz quem vocês são. Tentem apresentar-se de tal maneira que ele cante, que ele atinja o outro como se estivesse dizendo: 'Eu estou aqui, quem é você?'"

Métodos complementares

Hipnodrama

A hipnose é induzida no palco psicodramático. A pessoa que está sendo hipnotizada é livre para agir, para se movimentar, e recebe egos-auxiliares que a ajudam a representar seu drama. O hipnodrama é uma combinação de hipnoterapia com psicodrama.

Choque psicodramático

Pede-se ao paciente que se entregue à experiência alucinatória enquanto ela ainda está vívida. Ele não a descreve, ele deve atuar. Coloca o corpo na posição em que estava, no espaço no qual estava, na hora do dia ou da noite em que a experiência realmente ocorreu. Ele deve escolher um membro da equipe para recriar com ele o envolvimento alucinatório (Moreno, J. L., 1939b). O paciente pode resistir ao fato de ser colocado novamente na terrível experiência da qual acaba de emergir. Sua inclinação natural é esquecer, não falar sobre ela e deixá-la para trás. Ele tem muito medo de que a liberdade que acaba de encontrar seja comprometida. O mero relembrar o assusta, e a idéia de encenar ainda mais. O diretor psicodramático explica que não se trata de um simples reviver, que o objetivo é aprender a controlar, que a reencenação vai ajudá-lo na construção de recursos contra a reincidência. Uma vez que o paciente se aquece novamente para o estado psicótico e o encena completamente, o diretor o interrompe para ajudá-lo a descobrir que ele pode construir seu controle interior.

Improvisação para avaliação da personalidade

O sujeito é trazido para o teatro psicodramático ou para a situação de vida sem nenhuma preparação prévia. O diretor estrutura a situação antecipadamente com a ajuda de egos-auxiliares. Pede-se ao sujeito que se aqueça para a situação, como ele faria se estivesse acontecendo na realidade. Diz-se ao sujeito que ele está em seu carro, sozinho, dirigindo em uma rodovia. De repente, ele ouve uma sirene e um carro de polícia emparelha com o seu e o ultrapassa. O policial manda que ele pare, caminha até ele, pede para ver seus documentos e o repreende verbalmente por estar dirigindo muito acima do limite permitido. Entrega a ele uma multa por excesso de velocidade.

Ou, então, o sujeito entra numa lanchonete. Um ego-auxiliar, obviamente embriagado, aproxima-se dele e pede dinheiro.

Como esses, foram desenhados diversos esquemas de situações padronizadas que possibilitam ao diretor e aos membros do grupo um perfil da ação potencial do indivíduo que nenhum teste escrito poderia revelar (Murray, 1947).

Psicodrama didático e jogo de papéis

Utilizado como método de ensino. Enfermeiras, assistentes sociais, psicólogos, psiquiatras, como egos-auxiliares, assumem o papel de um paciente numa cena que retrata determinada situação do cotidiano. Por exemplo, o paciente que se recusa a obedecer às regras de um hospital ou de uma clínica. Os estudantes aprendem a assumir ambos os papéis, tanto o de paciente quanto o de profissional.

As situações de treinamento são estruturadas de acordo com os conflitos típicos com os quais eles se defrontam ou que podem vir a enfrentar em seus papéis profissionais.

Os estudantes podem apresentar diversas alternativas de como lidar com o paciente escandaloso. O paciente é em geral representado por um ego-auxiliar, um membro da equipe, de modo que pacientes reais não precisem ser envolvidos.

Outra aplicação didática consiste em ter os membros da equipe como observadores, em sessões reais com pacientes, envolvendo-se na medida do necessário. Nesse caso, o paciente faz o seu papel e os membros da equipe, os deles. A inversão de papéis entre os membros da equipe e o paciente vai intensificar a aprendizagem, com todos alcançando uma nova percepção de seu relacionamento, da responsabilidade de ser membro da equipe e da agonia de ser paciente.

Psicodrama combinado com narcosintéticos, LSD etc.

Sob influência de drogas, o paciente pode reviver determinadas experiências. Ou então, depois de ter sido submetido a uma terapia antidroga, precisa integrar seu monodrama ao seu interior num momento em que ele não tinha condições de comunicar essas experiências.

Há duas variáveis em jogo, a droga (o pentatol sódico, por exemplo) e a encenação dos mundos internos. A questão aqui é saber de que forma cada variável contribui com o tratamento.

Psicodrama de família e terapia de família

Marido e mulher, mãe e filho, são tratados como uma unidade em vez de isoladamente, muitas vezes enfrentando-se um ao outro e não separadamente, porque separados podem não ter nenhuma cura mental tangível (Moreno, J. L., 1945a; Moreno, J. L., Z. T. e J. D., 1955). No decorrer dessa abordagem, os membros da família podem inverter papéis, dublar um ao outro e, em geral, servir como egos-auxiliares uns dos outros.

Resumo

Ainda resta uma a ser respondida, que é a avaliação científica do psicodrama. O psicodrama, com ou sem psicoterapia de grupo, para além dos relatos subjetivos dos terapeutas e de seus pacientes, produz mudança comportamental? De acordo com John Mann (1965), 41 estudos mostraram que ocorreram mudanças fundamentais no comportamento dos pacientes.

O direito de ser eu

Eu não sou você

Nem ele

Nem ela

Eu sou eu.

Eu não sou baixa

Nem alta

Nem grande

Nem pequena

Eu sou eu.

Eu não sou boa

Nem má

Nem alegre

Nem triste

Eu sou eu.

Deixa-me ser eu!

Você não sabe?

Você não vê?

Antes de tudo

Eu sou eu!

De *Cantos de amor à vida*

ZERKA T. MORENO

A mente seminal de J. L. Moreno e sua influência sobre a geração atual[*]

COMENTÁRIOS DE ZERKA

Era importante que Moreno fosse adequadamente inserido no quadro da evolução da psicoterapia de grupo. Eu trouxe à tona estas questões invertendo papéis com pessoas que nada sabiam a respeito do psicodrama – o que elas gostariam de saber?

Em conseqüência desse artigo, fui procurada, em março de 2004, pelo dr. Robert Waldl, um estudante de filosofia em Viena. Sua tese de doutorado compara o uso totalmente novo e idiossincrático da língua alemã no trabalho de Moreno de 1918 publicado em Der Daimon *com o uso que Buber faz em* Ich und Du, *publicado cinco anos mais tarde, em 1923, e que usa quase as mesmas palavras. O objetivo não é caracterizar um caso de plágio, mas estabelecer a origem de um ponto de referência, que teve profunda influência em nossa cultura e em nosso modo de pensar a respeito de aspectos significativos da vida humana.*

Nas ciências sociais, mais do que em qualquer outro ramo das humanidades, é particularmente difícil identificar, ainda dentro da contemporaneidade, as origens da inspiração e os canais que elas seguiram em seu caminho para serem absorvidas pela cultura. Entretanto, a própria história é escrita de um ponto de

---

[*] Artigo publicado originalmente em *International Journal of Sociometry and Sociatry, a Quarterly Journal*, v. V, n. 3-4, 1967, p. 145-146.

vista subjetivo e enviesado, e um dos mais persistentes problemas, mesmo na educação básica, é o quadro de referência que o determina. A religião, por exemplo, pode muitas vezes "misturar" a verdade vista pelo cientista, quando não levar a uma completa distorção do fato. Ninguém, portanto, nem mesmo o cientista, está acima de qualquer suspeita ao reivindicar ou apontar fontes.

Como participante de uma das maiores revoluções nas ciências sociais, portanto, a autora está numa posição particularmente vulnerável, e escrever sua história, mesmo quando baseada em evidências objetivas, datas de matérias impressas e assim por diante, é sempre questionada. Não obstante, é profundamente satisfatório observar a disseminação e o crescimento de idéias e vê-las sendo propagadas por contemporâneos não meramente como confirmação de achados, mas por causa da assistência então oferecida ao estabelecimento de novas fronteiras do pensamento. Dessa forma, vemos as idéias se movimentando do privado e pessoal para o geral e universal. Muitas das idéias de Moreno alcançaram tal nível de universalidade que se tornaram largamente aceitas como se tivessem sempre existido, um fato que pode ser de interesse dos membros da American Society of Group Psychotherapy and Psychodrama (ASGPP) e dos leitores desta revista.

Em meus vários papéis como professora, pesquisadora, profissional, editora, autora etc. tentei traçar o desenvolvimento e a influência das idéias de Moreno sobre o movimento da psicoterapia de grupo, sobre o existencialismo, sobre as técnicas comportamentais em psicoterapia e o psicodrama. O mais recente desses esforços apareceu no *International Handbook of Group Psychotherapy* [*Manual Internacional de Psicoterapia de Grupo*], em um capítulo denominado "Evolution and dynamics of the group psychotherapy movement" [Evolução e dinâmica do movimento da psicoterapia de grupo] (Moreno, Z.T., 1966a). Para minha satisfação, esse capítulo provocou numerosas discussões e dúvidas, algumas das quais tentarei responder neste trabalho.

1. Quem introduziu o conceito de "encontro", utilizado atualmente pelos existencialistas?

A melhor maneira de responder é citar o livro do prof. Paul E. Johnson, *Psychology of religion* [*Psicologia da religião*] (Johnson, 1959):

Na primavera de 1914, Moreno publicou em Viena o primeiro de uma série de escritos poéticos com o título *Einladung zu einer Begegnung* (Convite a um encontro), que é, evidentemente, *a primeira descrição literária de encontro*, conceito que se tornou central para o movimento existencialista [...] Durante os anos 1918–20, Martin Buber foi editor de *Daimon*,[1] e seus artigos apareceram lado a lado com os de Moreno, proféticos do papel que cada um deles teria na história da teoria interpessoal.

É claro, então, que Moreno possui os créditos por ter introduzido o conceito de encontro, e não Martin Buber, que entretanto foi importante para sua divulgação.

2. Qual a relação entre o conceito de encontro e o "grupo de encontro", cuja divulgação recente desperta curiosidade?

Nos últimos anos, os National Training Laboratories for Group Development, [Laboratórios Nacionais de Treinamento para o Desenvolvimento de Grupos] em Bethel, Maine, e muitos de seus seguidores em todo o país vêm descartando os termos *T-group* e *T-group training* e substituindo-os por *encounter group* (grupo de encontro). Esse termo e esse conceito foram inicialmente sugeridos por Moreno em seu texto "Group training vs. group therapy" [Treinamento de grupo *versus* terapia de grupo] (Moreno, J. L., 1958a, p. 80):

Eu diferencio grupos naturais, como a família, de grupos sintéticos, como os grupos de terapia e de treinamento, e do grupo de encontro, que não é nenhum dos dois, embora tenha elementos de ambos. No grupo de encontro, são eliminados tanto o indivíduo privado quanto o coletivo.

Isso leva diretamente à questão de quem propôs primeiro a idéia de "treinamento em grupos". Ela foi criada por Moreno em *Quem sobreviverá?* (Moreno, J. L., 1934, p. 321-331).

3. Atualmente se utiliza o termo "terapia interpessoal". De onde ele surgiu?

Esse conceito vem sendo utilizado cada vez mais na terapia de díades, comunidades íntimas e pequenos grupos, em terapia conjunta, terapia de família, terapia de casais etc.

O dr. R. Grinker Jr., no artigo "Complementary therapy" [Terapia comple-
mentar], publicado no *American Journal of Psychiatry* (Grinker, 1966), fala de
"duplas associadas". Na edição de maio de 1967 da mesma revista, na página
1.463, Moreno comentava esse artigo assim:

> É um alvissareiro sinal dos tempos que um psicanalista com a reputação do dr.
> Grinker tenha mostrado uma mente aberta em relação ao tratamento de duplas "as-
> sociadas". Mas é lamentável que os autores por ele mencionados em suas referências
> estejam limitados aos pesquisadores de orientação psicanalítica, uma vez que isso
> implica que os líderes da mudança têm origem no *establishment* psicanalítico. O dr.
> Grinker deixa de mencionar a contribuição de outras fontes. Mas como em muitas
> outras áreas da psiquiatria relacionada com a comunidade, a insistência original e
> continuada sobre o tratamento pessoal e conjunto de cônjuges (Moreno, J. L., 1937,
> 1939c; Solby, 1941) não veio de representantes da escola psicanalítica clássica, e
> sim de outras escolas de psicoterapia (Biddle e Thomas 1966, p. 5-19; Spieger e
> Bell, 1959, p. 136). O desenvolvimento da psiquiatria comunitária tem uma grande
> dívida, por exemplo, com a terapia interpessoal, a terapia de grupo interativa, a so-
> ciometria, o psicodrama, a dinâmica de grupo e a intervenção na realidade. Isso não
> pode ser esquecido pela geração mais jovem de psicoterapeutas.

Como observadora da história em processo de construção, acrescento um
fato que mostra algumas das redes de influência que operam ao longo de nossa
vida. No artigo mencionado, a respeito de duplas associadas (marido–mulher,
mãe–filha etc.), o dr. Grinker lista, entre suas referências, artigos do dr. Bela Mit-
telman, "The current analysis of married couples" [A análise contemporânea de
casais] (Mittleman, 1948) e "Simultaneous treatment of both parents and their
child" [Tratamento simultâneo de pais e filhos] (Bichowski e Despert, 1952, p.
103-118). As datas das publicações do dr. Mittleman são as mais antigas na lista de referências do dr. Grinker: 1948 e 1952. Essas datas são significativas. O
dr. Bela Mittleman era bastante conhecido da autora, uma vez que foi aluno de
um seminário no Instituto de Psicodrama de Beacon e freqüentador habitual
das sessões abertas no Instituto Psicodramático da Cidade de Nova York, no
número 101 da Park Avenue, de 1942 até meados da década de 1940. Portanto,

ele estava muito ligado ao psicodrama e se envolveu, como ego-auxiliar, em sessões de psicodrama com uma *dupla mãe–filha,* então em tratamento com Moreno, em Beacon. Muitas vezes ele permanecia no teatro depois das sessões, entrando em longas discussões comigo sobre a dinâmica interpessoal que ocorria entre o paciente e o ego-auxiliar. Mostrava particular interesse pela técnica do dublê, que estávamos submetendo a rigorosos testes clínicos e experimentais, conforme relatei anteriormente (como Zerka Toeman) em *Sociometry, a Journal of Interpersonal Relations* (Toeman, 1946) e novamente em *Sociatry, Journal of Group and Intergroup Therapy* (Toeman, 1948).

A história de uma ciência é permeada por tais contatos diretos porém significativos, que costumam mudar a linha de pensamento de uma pessoa. Eles são também freqüentemente desconsiderados ou nem sequer mencionados nos relatos.

4. Como surgiu o conceito de "sensibilidade interpessoal"?

A vida de Moreno foi permeada pela idéia de que "algum processo real na situação de vida de uma pessoa é sensível e corresponde a algum processo real na situação de vida de outra pessoa, e que essa sensibilidade interpessoal apresenta numerosos graus, positivos e negativos". Ele se preocupava especialmente com a definição e mensuração dos processos interpessoais. Assim, chegou a formular um sistema de quantificação dos processos de escolha, estabelecendo de forma matemática, clínica e experimental, por meio do eixo escolha–rejeição, a existência de um fator responsável pelas atrações e rejeições mútuas entre as pessoas.

As sensibilidades interpessoais foram submetidas a um cuidadoso escrutínio, em ato, no treinamento e na avaliação da espontaneidade. O leitor pode consultar as seguintes publicações: "Statistics of social configurations" [Estatísticas das configurações sociais] (Moreno, J. L. e Jennings, H. H., 1937); e uma descrição detalhada de como opera a sensibilidade interpessoal, por exemplo, entre marido e mulher, aparece no trabalho de Moreno denominado "Interpersonal therapy and the psychopathology of interpersonal relations" [Terapia interpessoal e psicopatologia das relações interpessoais] (Moreno, J. L., 1937).

5. Quando foi sugerido e discutido pela primeira vez o conceito de "coesão grupal"?

A primeira edição do livro de Moreno *Quem sobreviverá?*, de 1934, contém a seguinte afirmação, na p. 103, a respeito de uma pesquisa conduzida na New York State Training School for Girls, em Hudson, Nova York:

> Constatamos que o desejo de permanecer nos alojamentos atuais – o índice de interesse foi obtido somando-se todos os alojamentos – chega a 44,81%. Fica dessa forma evidente que *as forças coesivas que operavam em Hudson eram mais fortes do que as forças que levavam as meninas a abandonar seus grupos.*

Em "Estatísticas das configurações sociais" (Moreno, J. L. e Jennings, H. H., 1937, p. 363), Moreno afirma:

> O estudo da coesão das forças dentro de um grupo pode ser realizado por meio de uma análise das escolhas feitas e escolhas recebidas, escolhas dirigidas para pessoas de dentro e pessoas de fora dessa constelação. Outro estudo de coesão, diferente desse, baseia-se no aspecto configuracional. Ele leva em conta, em lugar de elementos singulares, as escolhas, as estruturas interpessoais e o grau de coesão produzido por elas. A coesão seria muito baixa, por exemplo, no caso de um grande número de escolhas não-recíprocas dirigidas às pessoas do grupo.

O princípio da coesão grupal formulado por Moreno aparece também na segunda edição revista e ampliada de *Quem sobreviverá?*, de 1953, p. 454: "Quanto maior o número de pares recíprocos, maior será o índice de interação e a probabilidade de uma alta coesão grupal. Quanto maior o número de indivíduos envolvidos em comunicação télica positiva, maior a coesão grupal".

A superioridade das hipóteses de Moreno sobre interação em relação às de George C. Homans, que muitos anos mais tarde escreveu o livro *The human group* [*A coletividade*], baseado em achados sociométricos (Homans, 1950), foi demonstrada por muitas autoridades no campo das relações humanas. Para uma das mais recentes críticas a Homans, veja o livro do prof. P. Sorokin, *Sociological theories today* [*Teorias sociológicas contemporâneas*] (Sorokin, 1966).

6. Quando foram utilizados pela primeira vez, no contexto psicoterápico, televisão e filmes?

Nessa área estão disponíveis as seguintes referências: *Psychodrama, v. I* [*Psicodrama, v. I*], 1946, seção IX, "Therapeutic motion pictures" [Filmes terapêuticos], p. 385-420. Da página 402 até a 420, o capítulo trata especificamente da televisão. Encontramos na página 403:

> Um dos aspectos mais importantes do estudo das relações interpessoais é a produção interativa de um grupo de pessoas num veículo que está constantemente mudando e no qual a atenção dos participantes está mudando de uma tarefa a outra sem aviso. Sob essas condições, o julgamento em fração de segundo e a espontaneidade responsiva serão rigorosamente desafiados. A televisão é um veículo em que a ação interpessoal do momento é o objetivo final.
>
> Podemos encontrar uma nova oportunidade para testar a produtividade interpessoal tanto na televisão quanto no rádio, uma vez que esses veículos permitem combinar, de maneira única, a espontaneidade da interação humana com a flexibilidade de um instrumento técnico bem afinado com esse intento. O organismo humano, tanto individual quanto coletivamente, vem sendo tão supercondicionado e treinado para responder aos estímulos culturais conservados que novos métodos e procedimentos devem ser investigados para que se possam desenvolver novos padrões de reação.

Os filmes de psicodrama, com protagonistas verdadeiros, foram inicialmente introduzidos por Moreno em Hudson, em 1933, quando ele era diretor de pesquisa na New York State Training School for Girls. Esse filme aborda, com objetivos vocacionais, a avaliação e o treinamento da espontaneidade e o treinamento de papel de garotas. O filme foi exibido no Departamento de Psicologia da Universidade de Columbia, onde o assistiram o prof. Gardner Murphy e o dr. Kurt Lewin, para mencionar apenas dois dos disseminadores de idéias que estavam presentes. A produção de filmes com e por pacientes prosseguiu, em Beacon, ao longo dos anos 1940.

Produzimos filmes especificamente para a televisão, em Paris, no Centro Francês de Rádio e Televisão, em 1955 e 1956. Esses filmes foram mostrados várias vezes na televisão pública. Uma noite, tivemos a grata experiência de, caminhando inocentemente pelo saguão do Hotel Lutetia, em Paris, deparar com nosso rosto estrelando na tela da televisão. Vários hóspedes estavam vendo, extasiados, e acabaram nos reconhecendo.

Nos anos 1940, foram feitos filmes de pacientes, protagonistas reais de psicodrama, no Departamento de Psiquiatria da Escola de Medicina da McGill University, pelo dr. René Hartogs e sua esposa. Na Universidade da Califórnia, em Los Angeles, Robert Haas produziu um filme em 1948, "Psychodrama in guidance" [O psicodrama no aconselhamento].

Um avanço significativo no que se refere à televisão dos Estados Unidos aconteceu em 1953, quando a dra. Verna Minear fez uma transmissão televisiva para o público geral utilizando psicodrama com pacientes alcoólatras. Ela relata isso em nossa revista, *Group Psychotherapy*, com o título "An initial venture in the use of television as a medium for psychodrama" [Aspectos pioneiros do uso da TV como veículo para o psicodrama], de onde retiro este trecho: "Uma sessão de psicodrama foi televisionada pela primeira vez no canal WTOP, em Washington, DC, no dia 19 de abril de 1953. Foi o primeiro de uma série de treze programas produzidos pela comissão de educação do programa de reabilitação alcoólica do distrito de Colúmbia" (Minear, 1953, p. 115-117).

Continuando a aventura pioneira da dra. Minear, os drs. Abel Ossorio e Leon J. Fine, do St. Louis State Hospital, fizeram um filme de televisão, em 1959, exibido publicamente por cortesia da CBS Network, numa série chamada "Montage". A série ganhou o prêmio Albert Lasker, dedicado a programas de televisão que se destacaram.

A aventura original seguinte veio na utilização do circuito fechado de TV, dirigido aos pacientes do Camarillo State Hospital, em maio de 1964. Moreno foi televisionado dirigindo uma sessão de psicodrama com pacientes e toda a população de pacientes assistiu em telas espalhadas pela instituição. A produção foi gravada em videoteipe à medida que acontecia, e é mostrada aos pacientes semanalmente no circuito fechado. O protocolo completo dessa produção foi publicado na revista *Group Psychotherapy* sob o título "Psychodrama in action" [Psicodrama em ação] (Moreno, J. L., 1965).

Outra apareceu em setembro de 1964, em Paris, durante o 1º Congresso Internacional de Psicodrama, quando, sem o conhecimento de Moreno, foi montada uma exposição completa de filmes no grande salão de recepção da velha Faculdade de Medicina. Quando ele entrou no salão, deparou com um grupo de várias centenas de participantes que o aguardavam ansiosamente, na expectativa de uma demonstração de psicodrama naquele local e então... eles conseguiram. Essa produção, também em filme, consistiu no tratamento psicodramático de um problema conjugal, com ambos os parceiros participando do psicodrama.

O filme também foi patrocinado pelo governo francês, por intermédio do mesmo Centro de Rádio e Televisão da França que nos tinha recebido generosamente nas duas vezes em que lá estivemos, durante os anos 1950. O relato completo desse filme está publicado em *Group Psychotherapy*, que faz parte das atividades daquele memorável 1º Congresso Internacional de Psicodrama, sob o título "Psychodrama of a marriage" [Psicodrama de um casamento] (Moreno, J. L., 1966).

O filme é especialmente digno de nota porque seu segundo rolo traz o "Psychodrama of a dream" [Psicodrama de um sonho] da esposa, também o primeiro desse tipo. Na produção psicodramática de sonhos, o sonho é encenado pelo protagonista com a ajuda de egos-auxiliares, que seguem rigorosamente as orientações do protagonista, movimentando-se e falando somente quando este os orienta para isso, como figuras de cera que ganham vida ao toque da varinha mágica da fada. De acordo com constantes informes da França, esse filme é exibido repetidas vezes na rede pública de televisão e é um grande favorito do público francês, que se orgulha do fato de Paris ter sido o cenário desse raro evento.

Vários colaboradores de Moreno também apareceram em rede nacional nos Estados Unidos. Em novembro de 1965, no programa de Hugh Downs, "Today", a NBC exibiu uma produção ao vivo chamada "Alcoholism, America's greatest failure" [Alcoolismo, o grande fracasso americano]. O psicodrama foi um dos métodos abordados, tendo sido realizada uma sessão psicodramática no próprio programa com um paciente e egos-auxiliares reais, sob a direção de Hannah B. Wiener, uma das diretoras do Instituto Moreno.

Em 1966, o dr. Lewis Yablonsky televisionou uma sessão psicodramática ao vivo com um grupo de pacientes em Los Angeles, numa série chamada "Therapy". Dois cônjuges foram mostrados em interação tentando resolver algumas de suas dificuldades, ao lado de um grande número de cenas abordando conflitos de um paciente adolescente, envolvendo diversos membros do mesmo grupo.

É estimulante, portanto, ler na *American Journal of Psychiatry*, v. 123, de maio de 1967, dedicada a abordagens inovadoras em terapia, que outros profissionais estão redescobrindo a utilidade do videoteipe em circuito fechado de TV. Os drs. Ian Alger e Peter Hogan descrevem sua forma de utilizar esse veículo em "The use of videotape recordings in conjoint marital therapy" [O uso de gravações em videoteipe na terapia conjunta de casais" (Alger e Hogan, 1967). Essa confirmação de achados é absolutamente imperativa se quisermos atingir uma compreensão crescente das relações pessoa–pessoa e pessoa–grupo. Vale ressaltar que os profissionais não-psicodramatistas se restringiram à gravação do videoteipe para circuito fechado de televisão, enquanto os terapeutas ativos trabalharam tanto com circuitos fechados quanto com a transmissão por circuitos abertos.

O pioneiro nessa área tem algo a dizer a respeito do futuro das transmissões televisivas. Já em 1942 ele especulava a respeito de como as mídias poderiam afetar a interação e a espontaneidade humanas (Moreno e Fischel, 1942, p. 7-28). Ele vislumbrava o uso da televisão não somente em circuitos fechados, mas também em circuitos abertos com objetivos terapêuticos de larga escala, fazendo que os meios de comunicação de massa servissem ao interesse público mais do que ajudassem a encher os bolsos dos produtores comerciais. Para citar uma vez mais *Psicodrama* (p. 420):

> Eu antevejo que no futuro não muito distante o campo para a televisão e os filmes terapêuticos será tão lugar-comum quanto é atualmente (1946) o campo dos cinejornais . Todos vão ter um consultor psiquiátrico. Eles vão proporcionar o veículo mais eficaz para a psicoterapia de massa, nunca antes imaginado. A psicoterapia de grupo "localizada" terá encontrado uma contraparte por meio da qual milhões de grupos locais poderão ser tratados em massa. (Moreno, J. L., 1946c)

7. Considerando os freqüentes problemas entre negros e brancos nos Estados Unidos, quem foi o profeta da presente crise racial?

A investigação sistemática das tensões inter-raciais feita por Moreno começou e foi publicada em *Quem sobreviverá?*, de 1934, dez anos antes do livro de Gunnar Myrdal, *An American dilemma: the negro problem and modern democracy* [*Um dilema americano: o problema do racismo e a democracia moderna*] (Myrdal, 1944). Com base em extensa pesquisa sociométrica de pequenos grupos (escolas e pequenas comunidades), Moreno previa que as tensões emocionais e sociais latentes entre brancos e negros certamente levariam a rupturas violentas. Ele mostrou, com base na análise sociométrica de grupos, que, "sob determinadas condições, há um ponto de saturação sociométrico de um grupo homogêneo específico em relação a um outro elemento contrastante específico. No caso de grupos sociais, o ponto de saturação pode mudar com a organização de grupos inter-relacionados".

Este trabalho foi posteriormente elaborado pela dra. Joan H. Criswell, em 1935, e relatado por ela no artigo "Racial cleavage in negro–white groups" [A segmentação racial em grupos de negros e brancos] (Criswell, 1935).

8. Pesquisadores da personalidade, psicoterapeutas e educadores estão enfatizando cada vez mais a importância do corpo. Quem foi responsável por essa idéia de passar da palavra ao ato?

Correndo o risco de ser repetitiva devo dizer: Moreno. Em seu livro *Psicodrama*, encontramos sob o título "Psicodrama sem palavras, a dança e a psicomúsica" (p. 216), o seguinte:

Abordamos aqui novos âmbitos do psicodrama, os âmbitos da pantomima, do ritmo, da dança e da música e o âmbito do aparentemente sem sentido. São necessários métodos para a exploração e desenvolvimento de uma psicopatologia livre da linguagem, não semântica. Um exemplo desse método é a experimentação com os estados espontâneos, com o processo de aquecimento, e com o movimento corporal no espaço. Não tratamos com associação de palavras, primariamente. Espera-se um processo não-verbal. (Moreno, J. L., 1946c)

E, na página 140, em "Treinamento da espontaneidade de crianças":

A educação para a ação e por meio da ação tem sido negligenciada. A teoria e o método da espontaneidade é uma resposta a essa demanda. Baseada em fatos conhecidos da fisiologia e da psicologia, ela oferece um método prático simples para o direcionamento dessas forças que determinam o desenvolvimento da personalidade. (Moreno, J. L., 1946c)

Na página 142, Moreno fala do treinamento "do corpo para a mente" e "da mente para o corpo". Ele reiteradamente enfatiza em seus escritos que estamos engajados em uma "terapia corporal, tanto quanto em uma psicoterapia". Uma de suas mais profundas discordâncias com Freud resulta de sua observação de que "a palavra não é o verdadeiro caminho do psiquismo; há no psiquismo, na verdade, partes que são verboresistentes". Na página 11 de *Psicodrama*, encontramos:

Uma psicologia da ação tem mais que ver com os americanos (em oposição aos europeus), um povo de mentalidade motora, treinado por uma história de pioneirismo e pela filosofia do pragmatismo, em favor de idéias motoras. Drama significa ação. "Ir aos lugares e fazer coisas" é uma noção mais popular para eles do que "sentar numa cadeira e ler um livro". Parece mais fácil para eles aceitar uma psicoterapia que seja uma batalha de atos. (Moreno, J. L., 1946c)

Partindo da terapia corporal do indivíduo, chega-se ao próximo passo lógico, que é movimentar-se no sentido do contato corporal, aplicando técnicas fisiodramáticas, especialmente com pacientes não-cooperativos que não são alcançados ou mobilizados por palavras. Com eles, os psicodramatistas entram em combate, lutando, boxeando, batendo, beliscando, esbofeteando, acariciando, fazendo ginástica, jogando bola, dançando, fazendo movimentos rítmicos de todos os tipos, corporificando animais, plantas, objetos, partes do corpo humano etc.

No início dos anos 1950, admitimos no hospital de Beacon um adolescente catatônico mudo, que estava nessa condição fazia sete anos, período em que esteve internado num hospital público. Ele recebeu um acompanhante psiquiátrico que se encontrava com ele o tempo todo, um rapaz jovem, forte e atlético. Eles iam juntos às sessões no teatro, comiam juntos, caminhavam, em suma, faziam tudo juntos. Embora Richard gostasse de seu "ego-auxiliar" e não resistisse a ele, permanecia mudo. Moreno imaginou, então, um programa para ele. Ele agendou competições de boxe e luta romana para Richard, duas vezes por semana. O teatro se transformou num ringue. Os pacientes, os alunos e a equipe vinham assistir, enquanto os dois jovens mostravam suas habilidades físicas. O ego-auxiliar foi orientado a não ser "delicado" com ele, a revidar cada golpe, como ele faria normalmente numa luta desse tipo.

Richard respondeu positivamente. Depois de seis meses dessa abordagem completamente não-verbal, ele começou a participar de psicodramas com outros pacientes, primeiro fazendo comentários astutos porém esparsos, como observador, e depois como ego-auxiliar, em favor de outros pacientes. Embora sempre um "homem de poucas palavras", ele era extremamente eficiente, sensível e pontual como ego-auxiliar, mas era impossível conseguir que ele cooperasse na produção de seu próprio psicodrama. Entretanto, ele recebeu alta com bom resultado e retornou à comunidade depois de aproximadamente catorze meses, conseguindo uma boa recuperação social.

Moreno foi pioneiro em outra iniciativa na área do movimento corporal: o estudo científico de lutadores de boxe (o que o levou à forma de tratamento anteriormente descrita). Ele observou lutadores de boxe em ação no ringue e, com base nessa e em numerosas outras áreas de pesquisa que pretendo descrever mais tarde, previa o resultado do campeonato para o qual eles estavam se preparando. Ele foi contratado várias vezes para esse posto pela Associated Press, entre 1935 e 1958. Ele ia às academias de treinamento de boxe, estudava a atuação dos atletas enquanto lutavam com os parceiros, contava o número de vezes que eles se conectavam por minuto, registrava o conjunto completo dos movimentos usados, media a pressão sanguínea, os índices respiratórios, conferia a quantidade de perspiração tanto na ação quanto em repouso. Para compreender as pressões psicológicas que eles sofriam junto com o esforço físico, ele incansavelmente investigava suas relações sociométricas com treinadores, promotores e membros da família. Ele explorava psicodramaticamente sua percepção de si mesmos e de seu oponente enquanto estavam em ação no ringue, seu medo de perder e como eles se manifestavam nos estados de vigília, sono etc. Moreno também estava interessado no que eles liam, comiam e em sua fé em Deus. Fui com ele em muitas dessas ocasiões e o assistia nos registros. Ele então investigava os principais campeões e fazia previsões muito precisas a respeito de sua atuação – mesmo o número de *rounds* que eles conseguiriam cumprir. A Associated Press enviava informes para o mundo todo sobre seus achados a respeito das lutas de Joe Louis, Max Baer, Max Schmeling, Jersey Joe Walcott, Rocky Marciano, Ezzard Charles e outros. Até jornalistas esportivos famosos tais como Damon Runyon ouviam com atenção suas previsões e se baseavam nelas para fazer suas apostas!

Moreno fez descobertas fascinantes nesse processo, inclusive que os treinadores intuitivamente escolhiam parceiros de treino que representavam o estilo de luta do oponente que seu atleta estava treinando para enfrentar. Ele designava os parceiros de treino – naturalmente – como ego-auxiliar, aliados para a pessoa real e para o evento real, do mesmo jeito que o terapeuta psicodramático atua para preparar seu paciente por meio de ações para eventual returno aos seus parceiros da vida real e para o inevitável encontro com eles.

Eu esperava a luta final de Joe Louis no Yankee Stadium, em 1949, e observava em primeira mão os vários fenômenos que Moreno nos tinha treinado para procurar. Infelizmente, nenhum dos dois protagonistas-campeões estava à altura de seu poder de ação. O evento ficou marcado em minha memória, mas produziu uma consciência aumentada a respeito dos múltiplos psicodramas que haviam precedido seu "fisiodrama" final.

Numerosos terapeutas mais jovens e ecléticos, tais como Fritz Perls e William C. Schutz, estão utilizando esses métodos corporais. Por muito tempo ficamos sozinhos. Os outros presumiam que todo esse envolvimento corporal era perigoso para o paciente, especialmente na medida em que mudava seu relacionamento com o terapeuta de objetivo para subjetivo. O uso de egos-auxiliares como intermediários nunca foi completamente aceito ou compreendido. Moreno permanecia firme. A única preocupação, ele pregava, era se tudo aquilo era feito em benefício do paciente. Nunca se pretendeu preencher as necessidades do terapeuta. Afinal, como poderia um dentista, um cirurgião, um ginecologista, obstreta ou dermatologista praticar suas habilidades sem "tocar"? É o psiquismo mais ou menos sacrossanto que o corpo? Onde começa e onde termina?

Ficamos felizes ao ver que essa barreira também está finalmente sendo superada.

9. Há uma tendência geral em psicoterapia de sair de uma visão negativa da vida para uma posição positiva, afirmativa. Quem é responsável por esse clima?

Um psicólogo social, William Schutz, recentemente teve a coragem de retomar uma das idéias centrais de Moreno: substituir a terapia do negativismo e depressão por uma terapia de jovialidade e alegria. Isso pode ser visto em seu livro *Joy: expanding human awareness* [*Alegria: expandindo a consciência humana*] (Schutz, 1967). Em uma citação que hoje é clássica, Moreno, ao encontrar Freud, disse a ele, em 1912: "Você analisa seus sonhos. Eu procuro dar-lhes a coragem de sonhar novamente. Eu ensino as pessoas a fazerem o papel de Deus". Alhures, na mesma página, ele continua: "A psicanálise desenvolveu uma atmosfera de medo entre os jovens. Medo da neurose que era o assunto do dia. Um gesto heróico, uma aspiração nobre tornava seu portador imediatamente suspeito" (Moreno, J. L., 1946c, p. 6).

A validação existencial chegou até nós pelo dr. Marvin Wellman, também psicodramatista, na ocasião em que o diretor clínico do Northeast Florida State Hospital, em Macclenny, que me escreveu uma carta em 15 de outubro de 1963:

> Creio que a maior contribuição que o dr. Moreno fez à medicina é a possibilidade de tratamento com alegria. Todos conhecemos o peso da terapia tanto para o médico quanto para o paciente, mas especialmente na terapia de Moreno, e em nenhum outro lugar na medicina, existe a alegria que é espontânea e profunda como o balbucio de um bebê. Infelizmente, Hamlet tem mais prestígio que as esposas felizes de Windsor.

Milhares de participantes das sessões do Instituto Moreno vão se lembrar de uma de suas falas mais antigas e mais persistentes: "Eu gostaria que em meu túmulo tivesse o seguinte epitáfio: 'Aqui jaz o homem que trouxe alegria e riso para a psiquiatria'". Ele bem poderia ter seu desejo cumprido.[*]

---

[*] O desejo de Moreno foi atendido. Zerka providenciou que esse epitáfio fosse colocado em seu túmulo em City Center, Viena. (N. Orgs.)

O psicodrama em circuitos fechado e aberto de televisão*

COMENTÁRIOS DE ZERKA

Fizemos algumas coisas bastante ousadas e estimulamos outros a fazerem o mesmo. Moreno perguntou ao grupo de psicodrama do Saint Elizabeths se o psicodrama poderia ser feito na televisão. O hospital tinha infraestrutura para tanto. A dra. Verna Minear transmitiu uma sessão com uma paciente alcoolista na TV local. A mãe da paciente assistiu pela televisão ao trabalho com sua filha. Em conseqüência, mãe e filha tiveram pela primeira vez uma conversa profunda, cara a cara (não televisionada).

J. L. Moreno foi o primeiro a romper com a regra ortodoxa de tratar apenas uma pessoa da família. Já em 1923 ele tratava o casal em conjunto, conforme relato publicado em alemão (Moreno, J. L., 1924). Em inglês, o primeiro relato dessa abordagem apareceu em 1937 (Moreno, J. L., 1937). Era natural, portanto, que Moreno procurasse um veículo que permitisse uma abordagem mais eficaz para o tratamento de grupos íntimos da mesma forma que grandes grupos. Com isso em mente, ele começou a verificar a possibilidade de utilizar meios de comunicação de massa. Ele foi o primeiro a avaliar e utilizar filmes e televisão no tratamento de casais, famílias e grupos, em combinação com o psicodrama (Moreno, J. L. e Fischel, 1942). De vez em quando aparecem, nesta revista, re-

---

* Artigo publicado originalmente em *Group Psychotherapy, a Quarterly Journal*, v. XXI, n. 2-3, 1968, p. 106-109.

latos a respeito da televisão, aliada ao psicodrama, como veículo para ensino, treinamento, terapia e pesquisa.

Em 1966, quando Moreno coordenava um seminário no State Hospital, em Pueblo, Colorado, a sessão de psicodrama com pacientes foi simultaneamente televisionada em circuito fechado, como ferramenta de ensino para a equipe técnica, cuja maioria se reuniu numa sala especialmente preparada para esse fim. As vantagens das sessões de psicodrama televisionadas foram tão mencionadas que não me parece necessário repeti-las aqui, mas o memorável dessa ocasião foi o fato de que, segundo relato da equipe, conseguimos envolver no psicodrama muitos pacientes que até então tinham sido intratáveis na enfermaria e inatingíveis pelos métodos usuais empregados.

A sessão começou com o aquecimento usual de Moreno, dirigindo-se aos participantes, apresentando-se, dando as mãos para cumprimentar um bom número de pessoas e estabelecendo uma atmosfera de intimidade e respeito mútuo. A seguir, ele se dirigiu a uma paciente que ficara olhando insistentemente para ele e perguntou de onde ela era. Ela respondeu que vinha de uma região montanhosa, conhecida por sua pobreza e por seu isolamento do mundo. Quando ele perguntou: "Por que você deixou sua casa?", ela desandou a criticar sua sobrinha Violet, que, de acordo com ela, a acusara injustamente de ter feito um pacto com o diabo, dizendo que Violet era uma feiticeira que praticava magia negra etc. Antes que ela desse mais detalhes, Moreno construiu uma cena na qual Emily, a paciente, confrontava Violet, que fora visitá-la na cabana à qual ela havia retornado. O papel de Violet foi desempenhado por um ego-auxiliar treinado. Emily descreveu sua casa: um barraco pobre no alto da montanha, ao final de uma estradinha íngreme, suja, estreita e tortuosa.

Desde o início estava claro que Emily vivia num mundo de alucinações religiosas, dentro de um sistema paranóide rígido e bem estruturado. Invertendo papéis com Violet, com o ego-auxiliar fazendo seu papel, Emily primeiro usou a linha de pensamento acusatório, dizendo que Emily fazia pactos com o diabo contra Deus e o mundo, para destruí-lo e assumir o poder, como a rainha do futuro. Isso implicava que Emily estava tentando envolver Violet na conjura. O ego-auxiliar tentou se defender, mas isso apenas incitava Violet. No pico da discussão, os papéis foram invertidos e, fazendo seu próprio papel, Emily revelou incapacidade de lidar com essas acusações e ódio em relação à sobrinha que ela, por sua vez, acusava de seduzir seu marido e induzi-lo ao alcoolismo.

Nada disso foi produzido de forma coerente, e sim da maneira fragmentada e dissociada típica do esquizofrênico, que de alguma maneira se torna coerente no decorrer do processamento psicodramático.

Na entrevista, esse tipo de paciente não consegue comunicar ou relatar experiências específicas e seu respectivo conteúdo. Dentro do contexto psicodramático, o drama interior é revelado e de alguma maneira faz muito sentido para os membros do grupo, mesmo para aqueles que tenham sido até o momento incapazes de juntar as peças dispersas do quebra-cabeça psicótico.

Uma das questões levantadas na discussão pós-sessão por um membro da equipe técnica foi: como saber se se trata realmente do conteúdo da paciente e não de um subproduto do psicodrama? O psicodrama não influencia a produção do paciente?

Aqui, o psicodrama na televisão se torna não apenas uma excelente introdução ao método psicodramático, como se revela um igualmente poderoso instrumento de ensino, por proporcionar uma percepção do que constitui a psicopatologia.

As experiências do psicótico estão dissociadas do assim chamado mundo real de forma tão completa que não se pode perceber a profundidade do envolvimento no mundo próprio do paciente até que esta seja psicodramatizada. Não é porque esse mundo do paciente não é transparente e não pode ser penetrado por outros meios que devamos presumir que o psicodrama produz esse mundo. Isso seria o mesmo que acusar o microscópio de produzir micróbios. Obviamente, atribuir esse tipo de poder mágico ao psicodrama é tão anticientífico quanto acusar o microscópio de produzir micróbios. Temos de aprender a pensar pelo viés do mundo interno do paciente, cujos processos invisíveis porém altamente envolventes substituíram o mundo do "real"; o psicodrama é sua exploração microscópica.

O valor desse tipo de aprendizagem para os profissionais somente pode ser verificado, na prática, quando a equipe e os pacientes empreendem o processo de luta contra os vários demônios, nas sessões subseqüentes, porque agora eles podem "ver, sentir e viver" no mundo de Emily. Os pacientes que tomam consciência da capacidade de Emily de revelar seu mundo podem se mobilizar e começar a revelar os seus.

Não queremos negar a influência do psicodrama sobre os pacientes psicóticos, mas qualquer pessoa que trabalhe com o tipo de paciente representado por Emily sabe que influenciar a mudança é um processo muito difícil. Ficamos já muito satisfeitos quando podemos apenas penetrar primeiro, quando o paciente nos toma pela mão e nos permite conhecer seu mundo interno. Isso é apenas o começo. Mudar seu mundo exige mais que uma sessão, se é que de fato essa mudança é possível.

Outra sessão de psicodrama em circuito fechado de televisão gravada simultaneamente aconteceu no Southern Florida State Hospital, em Hollywood, em fevereiro de 1968. Por essa ocasião, lidou-se com as dificuldades de um voluntário do hospital de traduzir seus conhecimentos a respeito de doenças mentais para a comunidade. As pessoas não conheciam os processos de integração dos pacientes que tinham obtido alta e acusavam o voluntário de "abandonar os demais doentes". Tal atitude era comum na assim chamada "população normal" da comunidade. A sessão foi mobilizadora para um grande número de pessoas no grupo – cerca de seiscentas – que estavam presentes no grande auditório do hospital.

Esse tipo de sessão e a fita gerada servem para iluminar os membros da comunidade leiga, para ajudar a sensibilizá-los para as mudanças que se fazem necessárias a fim de se conseguir uma maior saúde mental geral dentro dos parâmetros da própria população.

Morenianos: os heréticos de ontem são a ortodoxia de hoje*

COMENTÁRIOS DE ZERKA

Esse artigo foi escrito devido à crescente preocupação com o fato de o psicodrama estar sendo separado de sua filosofia e de sua metodologia, deixando de se fundamentar nas idéias de Moreno. Não sei se deu certo, mas senti que era necessário dizer. Nós preparamos o terreno. Mesmo subaproveitados, o psicodrama e a psicoterapia de grupo mudaram o perfil da psicoterapia.

Entre 1910 e 1950, nós, os morenianos,[1] fomos os heréticos. Hoje, no alvorecer dos anos 1970, o quadro mudou. Somos agora respeitáveis, quase ortodoxos. Todos, sob diversas bandeiras, estão fazendo o que nós começamos. Muitos dos conceitos que introduzimos tornaram-se a terça-feira de carnaval de psiquiatras, psicólogos, educadores, religiosos e filósofos. Devemos protestar, entretanto, contra o uso acrítico de nossos métodos e técnicas.

Freudismo

Até há bem pouco tempo, os conceitos e métodos freudianos eram sacrossantos. Id, ego, superego, subconsciente e inconsciente, catexia, divã e associação livre estavam em todas as bocas. Hoje, esses termos e processos são utilizados cada vez mais criticamente, ou então desconsiderados. No lugar do

---

* Artigo publicado originalmente em *Group Psychotherapy, a Quarterly Journal*, v. XXII, n. 1-2, 1969, p. 1-6.

id, ego e superego, colocamos a criatividade, a espontaneidade e as conservas culturais. No lugar da psicanálise, a psicoterapia de grupo; no lugar da associação livre, o papel; no lugar do divã, o palco ou a ação em espaço aberto; no lugar da interpretação, o processo de aquecimento e o psicodrama; no lugar da comunicação verbal, o ato.

Behaviorismo e terapia comportamental

Até recentemente, os conceitos comportamentais, tomando emprestadas as idéias de várias escolas de pensamento e diluindo-as – especialmente de Pavlov, Watson, Thorndike, Dollard e outros –, foram aproveitados em nome da terapia comportamental. Mas a moda também está começando a perder seu apelo, porque o comportamento como tal é apenas um sintoma, que deve se basear numa filosofia de vida significativa.

Existencialismo e terapia existencial

O terceiro e mais recente passo nesta evolução de linhas terapêuticas é o existencialismo acadêmico. Mas o que é a existência? Onde está o existencialista? Onde estão os "cristos de nosso tempo"?

Superecletismo e a *lingua psychiatrica*

No final de uma longa cadeia, emergiu a presente condição da psicologia, psiquiatria e sociologia: inumeráveis pseudomodificações, centenas de assim chamadas "novas" técnicas, milhares de "novos" termos e prescrições, uma superanomia, uma anomia "sem fim". Desenvolveu-se uma nova *lingua franca* de higiene mental, uma mistura de termos emprestados de todas as escolas, a *lingua psychiatrica*.

A posição moreniana

Moreno não inventou os métodos e técnicas como encontro, grupos, treinamento da sensibilidade, inversão de papéis e outros como algo em si. Eles se baseiam numa teoria de vida, sem cuja compreensão perdem sentido, podendo ser até perigosos. De acordo com Moreno, as raízes da vida são simples. Vejamos um trecho de seu livro mais antigo, *As palavras do pai*, e de outras obras que se seguiram.

O universo é criatividade infinita. Não basta definir criatividade semanticamente, como "fazer ser ou fazer existir. Ou fazer uma nova forma a partir de uma substância preexistente". A criatividade somente pode ser definida por sua dinâmica interna. Ela exige que adentremos seus opostos dialéticos, de modo a tornar claro o que ela significa. Uma das maneiras de definir criatividade é pensar em sua condição máxima, o máximo de criatividade – a penetração mais completa do universo pela criatividade, um mundo que é criativo do começo ao fim e que nunca cessa de sê-lo. A condição oposta à criatividade seria, então, criatividade zero – um mundo que é totalmente não-criativo, automático, que não tem passado nem futuro, nem evolução nem propósito, absolutamente imutável e sem sentido.

A espontaneidade-criatividade é o problema da psicologia; entretanto, ela também é o problema do universo. A criatividade é o problema do universo e, portanto, o problema de toda a existência, o problema de toda religião, ciência, o problema da psicologia, da sociometria e das relações humanas. Mas a criatividade não é uma categoria mística "separada", aristocrática, estética ou teológica. Ela está no topo, mas está, também, na base. Está em toda parte. Está no macrocosmo e também no microcosmo. Se ela está no maior está também no menor. Ela está nas formas eternas da existência e também nas mais transitórias. Ela opera no aqui-e-agora, neste lápis e neste papel, enquanto escrevo estas palavras para o leitor. (Moreno, J. L., 1941b, p. 126)

Quando o século XIX terminou fez-se um balanço final e chegou-se à seguinte conclusão: o que emergiu como sua maior contribuição para as ciências sociais e mentais foi, no pensar de muitos, a idéia do inconsciente e suas catexias. Quando o século XX for fechar suas portas, o que acredito que vai surgir como sua maior conquista é a idéia da espontaneidade e criatividade, e o vínculo significativo, indelével, entre elas. Pode-se dizer que os esforços dos dois séculos se complementam mutuamente. Se o século XIX procurou o "mínimo" denominador comum da humanidade, o inconsciente, o século XX descobriu ou redescobriu seu "máximo" denominador comum – a espontaneidade e a criatividade. (Moreno, J. L., 1934, p. 49)

As idéias de Moreno sobre uma ciência das relações humanas

Não existe, antes do advento da sociometria, uma ciência adequada das relações humanas.

A hierarquia das ciências definida por Comte (1. matemática; 2. astronomia; 3. física; 4. química; 5. biologia; 6. sociologia), tornou-se obsoleta. Está equivocado seu pressuposto de que todas as ciências podem ser tratadas com a mesma metodologia básica. As ciências sociais precisam – pelo menos em sua dimensão mais importante – de métodos diferentes de abordagem. O ponto central da ontologia da ciência é a condição do objeto de investigação. Seu *status* não é uniforme em todas as ciências. Há um grupo de ciências, como a astronomia, a física, a química e a biologia, em que os objetos de pesquisa são sempre meros "objetos". Suas ações falam por si mesmas e as generalizações obtidas com base nelas não são ameaçadas por nenhum protesto metafísico ou revolução social.

Há então um outro grupo de ciências, as ciências sociais. É por causa de uma inércia crônica em seu desenvolvimento que a sociometria levantou a questão: como são possíveis as ciências sociais? Concluiu-se que as ciências sociais, como a psicologia, a sociologia e a antropologia, requerem que seus objetos recebam o "*status* de pesquisa" e certo grau de autoridade científica para elevar seu nível de uma disciplina pseudo-objetiva para uma ciência que opera no mais alto nível de sua dinâmica material. Cumpre seu objetivo ao considerar os objetos de pesquisa não somente como objetos, mas também como atores de pesquisa, não somente como objetos de observação e manipulação, mas como co-cientistas e co-produtores do projeto experimental que eles estão implantando. (Moreno, J. L., 1934, p. 63-64)

Nossos principais projetos experimentais são a sociometria e o psicodrama.

Difusão, falta de unidade

Tem surgido um grande número de derivados e desdobramentos do trabalho de Moreno, tais como: terapia corporal, terapia do contato, terapia da alegria, terapia do comportamento, treinamento da sensibilidade, grupos de encontro etc. Talvez seja importante, portanto, mostrar ao leitor alguns fatos históricos a respeito de suas origens.

Muitas dessas idéias originaram-se e disseminaram-se bem antes do nascimento da geração atual: o conceito de encontro e de grupos de encontro, em 1914; terapia de grupo e psicoterapia de grupo, com suas extensões naturais, tais como terapia de família, terapia em conjunto e psiquiatria comunitária, em 1913, 1931, 1932 e 1934; o diagrama interacional, em 1924; o sociograma, em 1933; o conceito de sensibilidade interpessoal e treinamento da sensibilidade, em 1937; os conceitos de atuação e de psicodrama, em 1937; a maratona psicodramática, nos anos 1950.

Uma carta enviada pelo dr. Abraham Maslow aos editores da revista *Life*, no dia 2 de agosto de 1968, permite inferir que os psicólogos não desconhecem totalmente essas raízes:

> Senhores. Excelente o artigo de Jane Howard sobre Esalen e sobre outros novos desenvolvimentos no campo da educação e da psicologia. Eu gostaria, entretanto, de acrescentar uma nota de rodapé, dando "crédito onde o crédito é devido". Muitas das técnicas mencionadas no artigo foram originalmente inventadas pelo dr. Jacob Moreno, que está ainda trabalhando com todo vigor e, provavelmente, ainda inventando novas técnicas e novas idéias.

Por trás de muitas rupturas em sociologia, psicologia, psiquiatria, educação e teatro paira a imagem críptica de Moreno. Pense na inspiração e na influência de Moreno sobre os conceitos de "encontro" e "eu e tu" de Buber (1941). Pense na influência e na inspiração da teoria de papéis sobre os escritos de T. Parsons e E. Goffman (1934). Pense na penetrante influência dos conceitos de papel e de espontaneidade-criatividade em toda a literatura da educação moderna; os primórdios da ludoterapia no trabalho inicial de Moreno, direta ou indiretamente influenciando Anna Freud e Melanie Klein (*Die Gottheit als Komediant*, 1919; *Das Stegreiftheater*, 1924). Pense nos conceitos de "jogo para adultos" e "jardim de infância para adultos", por ele postulado e atualmente empregados nas teorias do jogo e nos jogos – formais e informais – que as pessoas jogam.

O Living Theater e o Open Theater

Pense na influência de Moreno sobre os assim chamados Living Theater e Open Theater: a participação do público, a remoção das barreiras e diferenças entre os atores e os membros do público, a ênfase no aqui-e-agora, que não chega a ser nem aqui nem agora, nesses teatros. Pense nas freqüentes menções equivocadas a respeito de Shakespeare como um psicodramatista. Na verdade, Shakespeare descreveu técnicas de jogo de papéis como parte de um texto acabado para uma peça teatral; é algo muito diferente usar o jogo de papéis no aqui-e-agora com pessoas concretas.

O jogo de papéis de Hamlet ou Falstaff é um fenômeno diferente de um psicodrama "vivo". Moreno foi o poderoso expoente do Ad Libbing,* atualmente moda em rádio, televisão e cinema. Por volta de 1920, por exemplo, a improvisação e a espontaneidade eram tabus, e mesmo hoje muitos atores afirmam que a segurança reside em saber cada palavra do texto. Muitos grandes produtores de teatro e cinema abjuram a destruição do texto, pleiteiam a restauração da estrutura clássica e a completa submissão do ator a suas diretrizes. Tudo mais leva à morte do teatro, em sua opinião.

Não é tão importante que a escola de Moreno tenha feito primeiro essas coisas. Isso é meramente um dos aspectos do problema. O que desejamos é atingir a vaidade e as bravatas raivosas de nossos amigos e inimigos que, sob o largo manto da ciência, expropriaram e absorveram essas idéias e estão descaradamente tentando fugir com elas. O problema não é encher a cartola com mais truques; trata-se de algo mais sério. Os expropriadores minam um sistema de pensamento, uma visão, uma filosofia do mundo, uma síntese de métodos que formam um conjunto e cuja quebra produz confusão em vez de esclarecimento, convida à catástrofe em vez de produzir coesão.

O dilema de Freud era guardar para si suas idéias, daí sua rejeição a todos que não reconhecem sua supremacia e não aderem ao seu dogma: Jung, Adler, Rank, Stekel e Ferenczi, entre outros.

Moreno fez o contrário. Ele é tolerante e dedicado a seus alunos. Sua arma secreta é "despedir" suas idéias. Sua força reside em deixar as pessoas utilizarem

---

* Técnicas de improvisação em espetáculos de entretenimento. (N. T.)

suas idéias, encorajando-as a ir além, criando as suas próprias. Havia um risco considerável nisso. Perder a supremacia era o de menos. O conflito mais profundo decorre da separação entre os métodos e a filosofia. Teorias e filosofias substitutivas são falsas e enganadoras, na medida em que impedem ou abortam a execução completa dos métodos.

A posição de Moreno então era: peguem minhas idéias, meus conceitos, mas não os separem de seu genitor, a filosofia; não dividam meus filhos ao meio, como um julgamento salomônico. Ame-os *in toto*. Apóiem e respeitem a estrutura sobre a qual eles repousam. Transformem em idéias suas, assim como eu o fiz. Invertam papéis comigo e ponham-se inteiramente em meu lugar.

Muitos não fizeram isso. Eles dividiram os filhos e os separaram de seu verdadeiro pai, como tentou a falsa mãe diante de Salomão. Mas há uma crescente tomada de consciência e se estreita lentamente a lacuna do reconhecimento. Se Moreno continua a tornar seus alunos conscientes dessa lacuna, sua estratégia pode ainda provar-se vencedora.

Todos os conceitos e idéias anteriormente mencionados têm um propósito sério, levando à filosofia de um sistema mundial: o prospecto ético de uma "ordem mundial terapêutica", uma unidade da humanidade, como imaginado em 1934 na frase de abertura de *Quem sobreviverá?*: "Um procedimento terapêutico verdadeiro não pode ter como objetivo menos que toda a humanidade". Uma ordem terapêutica mundial é indispensável. É o imperativo cósmico se queremos que nosso mundo sobreviva.

Tendo em vista a crescente confusão de valores e idéias, é paradoxal que Moreno comece agora a ser homenageado em muitos lugares no mundo, contudo o mais surpreendente é que ele vem sendo homenageado de forma heterodoxa na Áustria, seu solo espiritual.

Moreno tem contato com muitos dos grandes homens de seu tempo, trocando idéias com eles: Trotsky, Freud, Adler, Buber, Stekel, John Dewey, William Alanson White, Gardner Murphy, Pitirim A. Sorokin, Henry A. Murray, entre outros. Mas a academia raramente aprovou homens do calibre de Freud e, nesse aspecto, a Universidade de Viena não foi exceção.

Entretanto, o mesmo já não se pode dizer a respeito de Moreno, que viu uma grande mudança de atitude ocorrer ao longo de sua vida. Primeiro, o Laboratório de Experimentação Sociométrica e Psicológica, na Sorbonne, em Paris, em 1951. Depois, o Comitê Internacional de Psicoterapia de Grupo, na mesma data e na mesma cidade. Mais: *Sociometry* passou a ser considerada a revista oficial da Associação Sociológica Americana em 1956. Em 1964, a Faculdade de Medicina da Universidade de Paris patrocinou o I Congresso Internacional de Psicodrama; o mesmo ocorreu em 1968, quando o IV Congresso Internacional de Psicoterapia de Grupo foi patrocinado pela Faculdade de Medicina da Universidade de Viena. Em 1968, a Faculdade de Medicina da Universidade de Barcelona concedeu-lhe o título de Doutor *Honoris Causa*. A Sociedade Médica do Estado de Nova York prestou-lhe, em 1967, uma homenagem por seus cinqüenta anos de atividade médica. Em 1969, a Faculdade de Medicina da Universidade de Buenos Aires considerou-o convidado de honra e patrocinou o IV Congresso Internacional de Psicodrama e Sociodrama. Em 1970, a Faculdade de Medicina da Universidade de São Paulo fez a mesma coisa em favor do V Congresso Internacional de Psicodrama.

Em maio de 1969, empreendemos uma peregrinação à Áustria que tinha como objetivo principal dois eventos: a cerimônia na Faculdade de Medicina da Universidade de Viena, em que Moreno receberia o diploma de cinqüenta anos de doutorado; e o recebimento de uma placa em homenagem a ele em cerimônia celebrada em Voslau. Embora modestas, tais homenagens podem ainda vir a ter grande importância histórica.[2]

ARTIGO 18

Aspectos práticos do psicodrama*

COMENTÁRIOS DE ZERKA

Paralelamente ao trabalho in situ, *a revista era o principal guia para o treinamento de diretores. A idéia desse artigo é mostrar exatamente o que diz o título. Eu o apresentei pela primeira vez no IV Congresso Internacional de Psicodrama e Sociodrama, realizado em Buenos Aires, Argentina, de 24 a 31 de agosto de 1969.*

A sociatria postula que o que precisa ser curado não é apenas o psiquismo individual, mas toda a sociedade. A palavra "sociatria" tem duas raízes: *socius*, do latim (companheiro) e *iatreia*, do grego (cura) (Moreno, J. L., 1953, p. 90). Seu foco é a interação entre psiquismos, entre membros de um grupo, sua vinculação com outros grupos e a natureza das interações entre grupos.

O que se segue é um conjunto de diretrizes para o diretor de psicodrama, a fim de que possa coordenar a sessão.

Regra I

O diretor (ou terapeuta principal) deve ser o membro mais espontâneo do grupo, ou seja, mais espontâneo do que os outros membros profissionais, os egos-auxiliares, e mesmo – e isso é muitas vezes o mais desafiador e difícil – mais espontâneo que os pacientes ou protagonistas. De acordo com Moreno,

---

*Artigo publicado originalmente em *Group Psychotherapy, a Quarterly Journal*, v. XXII, n. 3-4, 1969, p. 213-219.

a personalidade do terapeuta-diretor é sua maior habilidade (Moreno, J. L. e Moreno, Z. T., 1959, p. 236). Quanto mais espontânea e flexivelmente ele consiga lidar com os protagonistas e com os demais membros da equipe terapêutica, melhor vai orientar as interações grupais. A espontaneidade e a ansiedade estão interligadas, sendo uma função da outra. A ansiedade aumenta quando diminui a espontaneidade. Inversamente, a ansiedade diminui quando se permite que a espontaneidade se manifeste. A espontaneidade é definida como "uma resposta nova a uma situação antiga" ou "uma resposta adequada a uma nova situação" (Moreno, J. L., 1956b). Novo, nesse contexto, significa fresco, inédito, criativo, no aqui-e-agora, não pré-ordenado ou predeterminado, algo que surge da situação imediata que o grupo está enfrentando, que brota genuinamente e de maneira fluida, especificamente para a ocasião.

Nesse caso, se o protagonista se mostra rígido, repetindo compulsivamente no psicodrama seu velho padrão de comportamento, o diretor deve oferecer a ele a oportunidade de tentar um novo esquema, ou uma nova ordem de habilidades, aqui, agora, pontualmente, como um ensaio para a vida. O psicodrama é um laboratório vivo para a experimentação da vida, com todos os seus obstáculos, exceto a punição, onde se ensaiam novas maneiras de vivê-la. Entre as técnicas de efeito imediato temos: a inversão de papéis, o espelho, o protagonista como espectador de si mesmo, como seu próprio dublê, como seu próprio diretor, como seu próprio conselheiro, para mencionar apenas umas poucas. O protagonista pode, por exemplo, observar-se em inversão de papéis ou, ainda, em seu próprio papel, observar de fora como os egos-auxiliares repetem, à sua frente, a cena que ele acaba de fazer, sendo um dublê da essência de sua representação, tanto quando estava em seu próprio papel como quando estava em inversão de papéis, fazendo a outra pessoa (ou outras pessoas) envolvida na interação. O diretor pode colocá-lo no papel do terapeuta: "Que outros caminhos você recomendaria que Jack escolhesse? Dê a ele todas as sugestões para que ele mude de comportamento". Isso estimula o protagonista a vislumbrar novos canais de aquecimento para si mesmo. Ele dá forma à sua terapia.

Regra II

O diretor deve ter consciência de suas necessidades psicodramáticas, em contraposição às de seus protagonistas. Esteja seguro de não infiltrar nele suas necessidades e pontos de vista pessoais. É comum depararmos com diretores cujos imperativos religiosos e morais dificultam que lidem com protagonistas e membros de grupo que têm convicções diferentes. Os paralelos e similaridades não devem funcionar como armadilha para ele, nem tampouco as diferenças.

Um exemplo disso é o que ocorreu num seminário de treinamento, no qual um estudante estrangeiro foi percebido de forma distorcida e mal-interpretado pelo diretor-estudante. O comportamento do estrangeiro no grupo se caracterizava pelo desejo de ser um bom embaixador de seu país – uma região conturbada do Oriente Médio –, e ele trabalhava diligentemente nesse papel sociodramático para que não se rompesse a interação com os demais estudantes, que poderiam eventualmente rejeitá-lo. Estando fora de seu país, ele queria construir boa vontade para com ele. O diretor-estudante o acusou de hipocrisia, afirmando com convicção que o comportamento do protagonista era hipócrita, que nenhum ser humano deve se comportar de uma forma que não se baseie em sua "dinâmica individual".

Durante o compartilhamento, depois da dramatização, vários membros do grupo revelaram seus sentimentos de solidão e isolamento quando em grupos estranhos, com o conseqüente comprometimento da sensação de identidade. Um dos participantes, muito perceptivo, afirmou que para sentir isso nem era necessário viajar ao exterior. A pessoa pode sentir-se excluída e sofrer de anomia em seu próprio país, o que permite imaginar quanto de empatia é preciso quando se é impelido a substituir, por um conjunto completamente novo, o contexto, a linguagem e a cultura, os costumes e visões de mundo.

O diretor-estudante afirmou que ele nunca viajara para o exterior e que em função disso não conhecia experiências sociodramáticas tão sensíveis como essa. Paralelamente a isso, porém, ele negava ter vivido experiências similares em quaisquer dos grupos por onde costumava circular. Isso gerou muitos protestos dos companheiros, que assinalaram que ele claramente se afastava do grupo, permanecendo sem contato pessoal significativo com os demais. Na verdade, era ele quem aparecia como "o estrangeiro", o isolado sociométrico.

Um pouco de modéstia faz muito bem para um diretor de psicodrama. Nesse sentido, cabe citar Hamlet, de Shakespeare: "Há mais coisas entre o céu e a terra do que sonha nossa vã filosofia".

A propósito, esse fato nos leva diretamente a uma sugestão relativa aos nossos diplomatas: seria bom que fizessem um teste de papéis, um treinamento de papéis e um desenvolvimento da sensibilidade para papéis. Esses métodos produziriam bons frutos se fossem aplicados antes que os diplomatas fossem enviados ao exterior como representantes de nosso país.

Regra III

O diretor deve colocar-se numa relação, por assim dizer, subjetiva com o protagonista. Parafraseando termos da área esportiva, dar cobertura ao protagonista, como um companheiro de jogo, pelo menos nos momentos mais críticos.

A postura não é a de um analista, mas de um amante da humanidade. O diretor deve disponibilizar para o protagonista tanto seu equipamento emocional quanto seu intelecto, como um ser humano junto com outro ser humano. Uma vez que o protagonista sinta que o diretor está verdadeiramente "com ele", o diretor fica livre para se movimentar de novo até uma posição mais objetiva, de onde pode inventariar as necessidades do protagonista, assim como as dos outros membros do grupo. Esse equilíbrio delicado entre a relação subjetiva e a objetiva é uma das demandas mais cruciais em relação ao diretor para que lhe permita cumprir efetivamente sua tarefa. É a base do verdadeiro "contato télico" entre ele e o protagonista, entre ele e os membros do grupo. O fator tele deve sustentar o diretor mesmo quando o contato inicial com o protagonista for difícil.

Para exemplificar essa regra, falemos de uma experiência recente. Numa sessão aberta em Manhattan, à qual compareceram muitas pessoas, a maioria das quais profissionais da área que tinham vindo para uma sessão didática, a diretora de psicodrama, uma mulher, foi atacada em altos brados por um dos membros do grupo, uma terapeuta. Ela começou acusando violentamente a diretora, a quem não conhecia, de ser absolutamente intolerante. Ela rejeitava o rosto da terapeuta, sua roupa, seus sapatos, sua fala, seu jeito e, mesmo a uma considerável distância, seu odor corporal. A diretora, tomada de surpresa, pediu a ela, com toda calma, que subisse ao palco a fim de mostrar o que desejava fazer com ela, diretora.

A protagonista saltou agressivamente para o palco, parecendo querer tomar conta da sessão. A platéia ficou chocada, em silêncio, diante da violência e da magnitude do ataque. A irracionalidade da protagonista os deixou profundamente desorientados, começando a dividir-se em subgrupos – como sempre se verifica nos grupos: alguns a favor do protagonista, com quem se identificam, outros em favor do diretor, pela mesma razão. Um grande número de participantes assumiu uma posição cautelosa, de deixar como está para ver como fica, ansiosos diante dos perigos potenciais, querendo ver como seria manejada aquela rejeição forte e abjeta.

A diretora retomou seu equilíbrio e convidou a protagonista a utilizar uma cadeira vazia, no palco, para representar o diretor e fazer o que tivesse vontade de fazer. A mulher, que chamaremos de Nora, chutou as pernas da cadeira com perversidade. A cadeira caiu para fora do palco e se quebrou. Nora exclamou: "Sinto exatamente a mesma coisa em relação à minha mãe. Na verdade, você se parece com ela".

A diretora, então, levou a protagonista a fazer várias confrontações com sua mãe, cena por cena, do presente até o passado, chegando aos pontos mais cruciais do relacionamento, à medida que a própria protagonista ia indicando, passo a passo. Nora via a mãe como uma pessoa fria, controladora, crítica, superior, manipuladora, desonesta. Não conseguia ver nada de positivo nela. No papel da mãe, na inversão de papéis, ela mostrou um prazer imenso em empurrar a "ego-auxiliar Nora", exercendo sobre ela um terrível poder. Entretanto, nessa incorporação da mãe ela foi se tornando, pouco a pouco, uma estátua, uma mulher graciosa porém distante e impessoal. A diretora perguntou: "Agora que entendemos melhor você e seus sentimentos em relação à sua mãe, você poderia me dizer se você nunca teve uma mãe melhor ou substituta? Uma que, embora não fosse sua mãe biológica, estivesse emocionalmente perto de você e compreendesse melhor suas necessidades?" "Sim", respondeu Nora, aquecendo-se rapidamente para essa nova relação. A fim de encená-la, escolheu como ego-auxiliar a professora que a tinha trazido, juntamente com seus colegas, para aquela sessão.

O ponto alto da sessão se desenrolou rapidamente, com Nora cumprindo as etapas psicodramáticas. A mãe "real" era sua governanta. Eram todos judeus alemães; e Nora, uma refugiada da Alemanha nazista. A governanta – também judia – foi sua companhia constante na infância, protegendo-a amorosamente de todos os choques e dores do período pré-nazista. Quando tudo explodiu, Nora tinha 13 anos. A governanta ficou emocionalmente doente e foi hospitalizada, deixando Nora duplamente abandonada. Ela tentou tirá-la do hospital e fugir com ela para fora do país, de onde sua família queria partir. Seu plano quase deu certo, porém uma vez mais a "mãe" foi retirada dela para ser internada, completamente fora de contato com o mundo. Logo depois, os nazistas esvaziaram todas as instituições, em sua odiosa "limpeza".

Nora, depois de dramatizar todas essas cenas, desmoronou e chorou incontrolavelmente. Àquela altura, permitiu à diretora confortá-la, inclusive deixando que ela a abraçasse. Quando se acalmou suficientemente, a diretora lhe deu a oportunidade que a vida não dera: completar o resgate de sua boa mãe, sem cuja companhia sua vida não faria sentido. Nora novamente encontrou sua "Mutti" e deu, psicodramaticamente, um final feliz à sua arraigada fantasia de resgate. Nora é uma mulher atraente, na faixa dos 40 anos, casada, com dois filhos. Ela trabalha numa clínica psiquiátrica fazendo terapia não-verbal, corporal e de movimento. É possível avaliar seu papel profissional como uma tentativa de se autoterapeutizar, de reparar o fracasso do resgate na vida real, mas ele é também, pelo menos na aparência, indireta e difusamente, um jeito de remover as marcas que a acompanham nos últimos trinta anos. O psicodrama significa ajuda nesse processo de cura, acima e além do que ela poderia conseguir na vida real. Ele proporciona satisfação da necessidade emocional.

Quando a sessão terminou, Nora olhou para a diretora de psicodrama com carinho e a beijou ardentemente. Uma sensação de alívio tomou conta do público. O silêncio grupal estava cheio de emoção. Havia um sentimento de angústia existencial tão profundo que as palavras não podiam contemplar. A diretora encerrou a sessão. O que aconteceu, a despeito de todas as dificuldades com que essa sessão começou, foi um verdadeiro "encontro".

Regra IV

O psicodramatista deve priorizar o processo de aquecimento do protagonista, procurando estimulá-lo e orientá-lo para que se concentre na ação e na interação. A fim de evitar que o protagonista se "auto-interprete" – o que o levaria a ser um espectador de si mesmo, mais do que ator –, as instruções devem ser apresentadas claramente, em termos simples: "Aqui não falamos sobre o que sentimos, atuamos o que sentimos"; "Está acontecendo agora, aqui"; "Vamos vivenciar juntos"; "Não me fale, mostre-me".

Damos ao protagonista liberdade, autorização para agir, incorporando todas as dimensões de seu mundo imaterial: positivo, negativo, real, fantasiado. Ele deve ter a liberdade de se sentir em casa em seu próprio mundo.

Essa é um dos maiores obstáculos de muitos terapeutas, treinados em diferentes linhas de trabalho, que insistem em analisar e em ensinar os pacientes a parar e pensar. Eles temem que ensinar aos pacientes essa maneira de conseguir catarse possa transformá-los em delinqüentes ou criminosos: isso os ensinaria a se comportar irracionalmente na vida. Nossa posição é exatamente o oposto: entendemos que impedir que isso aconteça no contexto terapêutico, no qual o paciente pode aprender, é convidar à catástrofe no mundo externo, onde não existe controle.

O psicodrama se parece com uma vacina: uma pequena dose de insanidade administrada sob condições controladas.

Regra V

A consciência do diretor a respeito de sua realidade suplementar estimula-o a acompanhar sem medo o protagonista quando este adentra a realidade suplementar. A realidade suplementar é o âmbito além da realidade no qual o protagonista pode viver mais profundamente seu mundo de fantasia.

A seguir, um exemplo recente. O protagonista, um paciente que chamaremos de Neil, é professor, casado, dedicado à esposa e tem três filhos adolescentes. No momento, ele se dedica a uma pesquisa sobre processos educativos para concluir seu doutorado.

Suas queixas são fantasias sexuais sadomasoquistas que ele afirma estarem interferindo em seu casamento, embora a esposa não tenha conhecimento delas. Temendo que ela as descubra ou que ele próprio a obrigue a realizá-las, Neil decidiu se tratar por meio da encenação psicodramática. Ele tem permissão para escolher as pessoas do grupo que vão participar da dramatização, e escolhe também o diretor, do sexo masculino. A constituição do grupo antes da seção por meio de critérios sociométricos ajuda a fortalecer seus sentimentos de confiança. Ele escolhe um diretor do sexo masculino.

Suas fantasias bizarras, no estilo de Jean Genet, que ocorrem quando ele faz sexo com a esposa, são reproduzidas em cena com a ajuda de uma ego-auxiliar, uma pessoa do grupo escolhida pelo próprio protagonista. O diretor orienta o processo de forma sensível, sem estimular exibicionismo, mas explorando delicadamente, lado a lado, em ação, a duplicidade da situação: a situação concreta com a esposa e a fantasia ocorrendo simultaneamente na mente do protagonista. Fica evidenciado que o protagonista está mais envolvido com suas fantasias do que no ato de fazer amor com a esposa. A divisão que daí decorre se torna desastrosa para seu desempenho real. Quando ele é autorizado, no psicodrama, a levar a termo suas fantasias em vez de lutar contra elas, como ele tenta fazer na vida real, ele começa a conseguir controlá-las e integrá-las, intensificando seu estar no aqui-e-agora da situação com a esposa. Esse aquecimento intensificado na situação real aumenta a satisfação mútua dos dois, uma clássica "catarse de integração".

No compartilhamento feito após a dramatização, os membros do grupo se dão conta de que também tiveram algumas fantasias semelhantes, embora não tão intensas quanto as produzidas pelo protagonista. Este, entretanto, fica satisfeito e aliviado ao saber disso. O diretor, especialmente, assinalou que sua própria experiência nesse campo o ajudou a valorizar a natureza desses fenômenos do protagonista. Ele sentiu que essa foi uma das razões pelas quais não as considerou bizarras e não teve medo de entrar na exploração psicodramática. Ao contrário, ele até se sentiu grato por poder constatar que esse tipo de experiência fantástica serve tão bem ao processo psicodramático. A coisa mais importante era o fato de que ele não "saiu do papel de diretor", porém disponibilizou sua sensibilidade para o protagonista.

O psiquismo humano não é transparente. Os métodos de ação aqui descritos são o melhor instrumento para lidar com as múltiplas e invisíveis dimensões que todos nós vivenciamos cotidianamente, mas que só no psicodrama aprendemos a abrir e compartilhar.

Psiconautas de todo o mundo, uni-vos!

Para além de Aristóteles, Breuer e Freud: a contribuição de Moreno para o conceito de catarse*

COMENTÁRIOS DE ZERKA

Criei o mito de Barney para um trabalho apresentado na American Society of Group Psychotherapy and Psychodrama (ASGPP). As pessoas gostaram dele e foi muito bom poder introduzir um pouco de alegria num tema sério. Inseri uma citação de Pearl Buck porque gostei do que ela escreveu, especialmente pelo fato de ela mencionar outras culturas. Uma coisa que enfatizo a respeito da catarse é que ela não nos é devida por nossos protagonistas.

Os cientistas sociais sempre foram desdenhados pelos cientistas físicos e, em certo sentido, ainda o são hoje. As razões são inúmeras, sendo que a principal, de acordo com os detratores, é que as ciências sociais continuam a ser uma mistura de arte e ciência, ou seja, não constituem uma ciência "pura".

Para ilustrar a falácia desse tipo de pensamento, permitam-me compartilhar com vocês uma pequena fábula que escrevi *à la* Esopo ou Jonathan Swift, com o perdão, é lógico, desses ilustres poetas. Seu nome é "Barney, o mamangava sabido".

---

* Artigo publicado originalmente em *Group Psychotherapy and Psychodrama, a Quarterly Journal*, v. XXIV, n. 1-2, 1971, p. 34-43.

Era uma vez um mamangava chamado Barney, que ficava voando, leve e solto, todo o tempo em que permanecia acordado. Um dia, ele fez amizade com um matemático, que adorou ser seu amigo. Mas Barney começou a notar que o amigo andava cada vez mais melancólico e resolveu perguntar o que poderia ter feito para chateá-lo. "Sabe o que é?", meneou a cabeça o matemático, que a tinha cheia de sábios pensamentos, "para ser sincero, existe algo em você que me incomoda profundamente. Gosto de você e valorizo muito sua amizade, e não gostaria de fazer nada que o prejudicasse. Mas, veja, eu estudei cuidadosamente todas as leis da matemática e não existe nada que explique sua capacidade de voar. É contra todas as leis da aerodinâmica. A verdade pura e simples, Barney, é que você não deve ficar voando desse jeito. É perigoso. Como não existe nada que explique como você consegue voar, você não deve mais fazer isso. Seu corpo e suas asas simplesmente não são feitos para isso. Tenho tido pesadelos freqüentes com esse fato e acordo suando frio quando me dou conta de que você e todos os seus parentes e amigos estão literalmente colocando a vida nas asas cada vez que saem. Não posso tolerar a idéia de que um de meus amigos viva e voe em constante perigo". E meneou negativamente sua cabeça velha e sábia, caindo em desânimo de novo.

Barney ficou pasmo, para dizer o mínimo. Imagine! Ele e todos os seus parentes e amigos estavam colocando a vida em risco ao fazer justamente aquilo para o que tinham sido criados! Ele ficou profundamente chocado. "Tudo bem", disse ele ao Sr. Mathematicus, "então eu preciso avisá-los, vamos ter de reunir o conselho de família. Sei que você é um bom amigo e deseja salvar-nos todos de um destino que envolve a morte". Ele tentou voar – o que era, apesar de tudo, seu meio de transporte normal – e percebeu, espantado, que abrindo as asas do seu jeito não conseguiria levantar seu enorme corpo no ar, como vinha fazendo sempre, praticamente desde que nascera. Que sofrimento! Que aflição e que angústia envolvendo mente, coração e corpo se abateram sobre o pobre Barney! Ele não via nenhuma maneira de se salvar e de salvar os seus. Começou a perder peso e entrou em depressão, pensando até mesmo em suicídio, de tal forma que veio a precisar de tratamento psiquiátrico. Mas em nenhum lugar havia um psiquiatra em condições de tratar de um problema existencial dessa natureza.

Ele tentou de tudo, caminhando a pé ou no ombro de seu amigo Sr. Mathematicus, indo de um tipo de terapeuta a outro, a representantes das mais diferentes escolas – que não eram poucas –, contudo nenhuma nem ninguém foi capaz de tratar do pobre Barney.

O Sr. Mathematicus tinha agora uma boa razão para se preocupar com o bem-estar de seu amigo e, além disso, sentia-se cada vez mais culpado, responsável pela depressão dele. De tempos em tempos, ele se sentava novamente e tentava reexaminar as leis com as quais tinha grande familiaridade, porém todas as suas investidas não lhe permitiam encontrar uma base racional para estimular Barney a retomar aquela tarefa tão perigosa. Que dilema! Ele não podia nem mentir de maneira convincente ao seu amigo, pois não via saída. A verdade matemática era simplesmente que Barney não poderia ser capaz de voar e, portanto, aquilo era perigoso!

Partindo das profundezas de seu desespero mútuo, eles resolveram não deixar pedra sobre pedra e, após uma longa odisséia por todo o globo, levaram seu caso a um terapeuta psicodramatista. Afinal, eles não tinham nada a perder e tinham muito a ganhar.

Ao contrário dos outros especialistas consultados, o psicodramatista não ficou nem um pouco preocupado. Ele deparava com o problema de Barney praticamente todo dia, numa infinidade de formas. Ele ouve e observa solidária e atentamente a encenação que Barney faz de toda a história de sua triste decadência desde o momento em que descobriu sua "perigosa condição". "Barney", diz o psicodramatista, "quero que você fique em pé aqui, do meu lado, por alguns minutos e se concentre profundamente." O psicodramatista escurece o teatro, apagando as luzes e deixando apenas um azul muito tênue. "Concentre-se em seu sonho, meu amigo, dê tudo nele e, quando estiver pronto para representá-lo, pode começar. Nada mais de palavras, pensamentos ou raciocínios. Fique em silêncio, mergulhe em seu interior e então comece a encenar o sonho mais terrível que você já teve ou que pode vir a ter em toda sua vida."

Barney faz exatamente como recomendado e, vagarosamente, diante do olhar atônito do Sr. Mathematicus, abre as asas cada vez mais, tão abertas que seu corpo pesado aparece cada vez menos; tenta uns poucos passos, mas, estimulado pelo psicodramatista, levanta seu corpo mais pesado do que o ar, sobe ao espaço e VOA! Quanto mais ele voa, mais seu coração se levanta e quanto mais isso acontece, melhor e mais alto ele voa. "Barney", diz o psicodramatista enquanto lhe abre a porta do teatro, escancarada para o grande e belo mundo, "esqueça todos os dissabores passados. Eles não podem ser mudados. Viva do jeito que sentir que é melhor para você. E quando amigos bons e sábios o alertarem para sua loucura, lembre-se deste momento. Lembre-se de todos os seus sonhos e esperanças mais selvagens. Nunca se afaste deles. Coloque-os em prática com toda força."

E Barney voou tão rapidamente que até se esqueceu de dizer adeus ao seu bom amigo. E assim partiu rumo ao azul do céu. Foi assim que Barney se curou, para sempre, de sua paralisante descoberta.

Não somos defensores das ciências sociais. Pelo contrário, há evidências contundentes que nos convencem de que ninguém pode ser considerado cientista se não incorporar tanto a ciência quanto a arte, seja ele um cientista físico ou social. Aliás, a história das ciências físicas está repleta de erros humanos, cegueiras, mitologia e intuição. Relembrando Einstein: "A imaginação é mais importante do que o conhecimento". É o mesmo Einstein que ficou tão maravilhado quando ouviu pela primeira vez Yehudi Menuhin, quando este tinha apenas 14 anos, que o abraçou e disse: "Você me provou, mais uma vez, que Deus existe".

Em seu livro *The sleepwalkers* [*Os sonâmbulos*], Arthur Koestler afirma que se Galileu tivesse sido verdadeiramente "científico", ou seja, se baseasse suas opiniões nos conhecimentos de astronomia disponíveis em sua época, a história de sua vida, assim como a da ciência, teriam sido muito diferentes. Em primeiro lugar, ele talvez não fosse condenado por suas opiniões; em segundo, e mais importante, poderia ter acelerado enormemente o conhecimento do homem a respeito do universo físico se simplesmente conhecesse a obra de Johannes Kepler, um gênio visionário contemporâneo, e levasse em conta sua contribuição. Em vez disso, por conta de seu narcisismo, ele atraiu para si a desgraça, nas mãos dos inquisidores, e impediu o progresso na área das ciências físicas. De acordo com o mesmo autor, a contribuição científica real e imortal de Galileu está no seu trabalho sobre a dinâmica, não em seu conhecimento superficial a respeito da astronomia. No entanto, foi este último que lhe deu fama mundial. Foi sua "cruzada mal-sucedida que desacreditou o sistema heliocêntrico e precipitou o divórcio entre ciência e fé".

Ao que tudo indica, Kepler teve, por acaso, um devaneio em que a lua voava e aterrissava, sonho esse descrito em seu *Somnium*, publicado postumamente. Trata-se do primeiro livro de ficção científica sobre vôos interplanetários e influenciou autores que vieram depois. O *Somnium* foi publicado em 1634, embora o autor tenha começado a trabalhar nele em 1609 e enviado a Galileu sua descrição fantasiosa, de acordo com o relato de Lewis Mumford em *The myth of the machine* [*O mito da máquina*]. Koestler relata que Kepler trabalhou no *Somnium* até sua morte. E acrescenta: "Todo o trabalho de Kepler e todas as suas descobertas foram atos catárticos; somente com ajustes é que o último pôde culminar numa força fantástica".

Atualmente, só precisamos prestar atenção no nível de cuidado oferecido pela profissão médica que se especializa nas ciências físicas de ponta – medicina do corpo – para reconhecer a inadequação da abordagem friamente científica.

Tudo isso significa que um bom cientista é a síntese entre arte e ciência, dando peso igual a ambas. Elas não apenas têm uma raiz comum na religião como uma não pode sobreviver por muito tempo sem a outra.

O exemplo mais feliz do casamento entre as duas é um fato pouco conhecido: a origem da expressão "contagem regressiva", hoje familiar a todos os que participam da era espacial. Essa frase, a despeito de todas as suposições, não foi cunhada por ninguém que tivesse a mínima vinculação com a engenharia astronáutica ou com a matemática. Seu autor foi Fritz Lang, famoso diretor e produtor de cinema alemão. Aconteceu em 1929, quando fazia tomadas de cenas da lua para um filme chamado *Die Frau im Mond* [*A mulher na lua*], história de ficção científica sobre a viagem de dois astronautas à lua, junto com uma linda loira também astronauta – uma nova versão para o eterno triângulo. O filme foi orientado tecnicamente por Willie Ley, especialista em foguetes.

Lang concebeu a idéia enquanto a cena era levada para uma enorme tensão, com a nave espacial sendo preparada para o lançamento na base, momento no qual ia ser iniciada a contagem de um a dez. Lang interrompe o ator que encenava os dez segundos finais e diz: "Esse jeito de contar é bobo, previsível e anticlímax. Vamos fazer de trás para frente, vamos fazer uma contagem regressiva, de dez até zero!" Desde então se tornou um termo padrão, assim como um procedimento utilizado na preparação de viagens espaciais. A propósito, eu tinha apenas 12 anos quando vi o filme e, acreditem, ele faz as recentes aterrissagens na lua parecerem ficção científica. Foi uma criação maravilhosa, pioneira, da arte cinematográfica.

Nenhum outro cientista social encarna, em nossa época, os requisitos anteriores de forma tão sucinta como o faz Moreno, cujas ousadias pioneiras em ambos os ramos das ciências, assim como na religião, foram frutos de inspiração. Os efeitos de seu trabalho sobre a humanidade estão longe de ser previsíveis. A história e a posteridade terão com certeza mais condições de avaliá-lo do que nós, seus contemporâneos. É uma peculiaridade da natureza humana ajoelhar-se respeitosamente diante de gênios do passado e minimizar, negar, destratar, desdenhar e até ridicularizar o gênio que está em nosso meio. Se nós, aqui, tivermos de ser considerados verdadeiros cientistas sociais, que o sejamos muito consciente, sistemática, objetiva e intuitivamente.

Uma das contribuições fundamentais de Moreno para o conhecimento da vida emocional do homem é o conceito de catarse mental baseada na ação. Para resgatarmos o termo catarse e sua descrição, devemos retroceder a Aristóteles, que, em seu *De poetica* [*Sobre a poética*] descreve o efeito da tragédia sobre os espectadores no teatro de sua época. Aristóteles detalha a estrutura da comédia e da tragédia. Sua referência era, sem dúvida, o teatro em sua forma *conservada*, embora ele afirme claramente: "Ela (a comédia e a tragédia) começa com improvisações". Entretanto, ele não se refere mais a esse começo. Concentra sua atenção no que acontece com a platéia durante o desenrolar da peça e define a tragédia como: "a imitação de uma ação em forma dramática, não narrativa; os incidentes mobilizam piedade e medo, o que provoca uma 'catarse' dessas emoções". A catarse é, então, uma purgação, um esvaziamento, uma limpeza. Muitos de nós nos lembramos do remédio horrível tomado durante a infância, o purgante, popularmente chamado de "catártico".

Aristóteles descreveu o fenômeno do ponto de vista do espectador. Essa perspectiva é importante e deve ser lembrada, uma vez que remete a uma interpretação particular dada por Moreno, assim como à sua singular contribuição que nos leva para além de Aristóteles, de Breuer e de Freud. A ela dedicaremos agora nossa atenção.

Tanto Breuer quanto Freud começaram utilizando a hipnose com seus pacientes. Como sabemos, mais tarde eles se separaram e Freud desenvolveu a técnica de associações livres, dispensando a hipnose. Não é objetivo deste trabalho discutir as razões que levaram a esses diferentes direcionamentos. Vamos focalizar nosso tema central, a catarse.

Breuer e Freud observaram que quando seus pacientes, sob hipnose, descreviam cenas particularmente dolorosas da vida, eles freqüentemente choravam, mostravam raiva, até mesmo ódio, ou sucumbiam ao estresse dessas cenas de maneira bastante vivível. Breuer chamava esse fenômeno de "catarse" e atribuía a essa utilização da hipnose o rótulo de "método catártico". Entretanto, como os pacientes *relatavam* as cenas, ou seja, lembravam-se delas verbalmente, eles continuavam sendo *observadores* de "fatos que mobilizam piedade e medo, na medida em que provocam uma catarse dessas emoções", no sentido proposto por Aristóteles. É verdade que o texto não tinha sido escrito por um dramaturgo e que o fato de que se tratava de cenas de sua vida tornava os sentimentos genuínos e mais explosivos, contudo, do ponto de vista do *método,* Breuer e Freud nada avançaram em relação a Aristóteles. Como ele, não faziam a pessoa sair de sua cadeira de observador.

Todavia, Aristóteles fazia uma distinção entre poesia e tragédia, atribuindo a esta última uma "forma dramática, não narrativa". A forma narrativa, ele subentende, é uma forma de *poesia.* Aristóteles não nega que a catarse possa ser evocada na pessoa que ouve uma narrativa, mas assinala *a qualidade do drama* como especialmente provocativa. Portanto, em termos aristotélicos, os sujeitos de hipnose de Breuer e Freud eram, pelo menos metodologicamente, na melhor das hipóteses, poetas ou cancioneiros, narradores de sua vida. Faltando a dimensão do ator, pode-se duvidar se o uso que Breuer faz dos termos catarse e método catártico não confunde mais do que esclarece o processo subjacente.

Além de sua referência a respeito do início da tragédia como sendo uma improvisação, o próprio Aristóteles não aborda, com mais detalhes e com profundidade, a função do ator. Suas observações não incluem a dimensão da contribuição do ator para o processo. Ao contrário, ele nunca vislumbrou com clareza a diferença entre ator e espectador, e isso também não aparece nos pensamento de Breuer ou de Freud. Suas considerações simplesmente não alcançam esse âmbito; o ator não é parte de seu sistema.

Assim, sempre que usamos os termos "catarse do espectador", "catarse do ator" ou "catarse de ação", é sempre no sentido de Moreno. Devemos totalmente a ele essa visão multidimensional, por sua descoberta dos processos dramáticos, conservados ou espontâneos, o que eles têm que ver com a função do ator ou do espectador.

Se Moreno tivesse ficado satisfeito com *palavras*, não conseguiria avançar, indo além do espectador. Ele alcançou a nova dimensão da catarse, a "catarse do ator *in situ*", pois estava absorto nos conceitos de espontaneidade e criatividade, com o momento, o aqui-e-agora, com a idéia de criação imediata. Sua preocupação não era com o passado, mas com o presente vivo, o encontro, o momento, como uma categoria dinâmica, pulsante e construtiva nunca antes experimentada.

Metodologicamente, isso fez que Moreno se afastasse dos momentos de criatividade já ocorridos, congelados, cujos produtos ele chamou de "conservas culturais", das formas ensaiadas de teatro, do relembrar o passado por mais que este estivesse registrado, percebido e experienciado. O primeiro passo era tirar o texto das mãos do ator. Ele arrancou sua máscara e o forçou a se revelar, colocando no centro do palco sua pessoa privada. Essa "liberação" do ator em relação ao texto aconteceu primeiro no teatro clássico, proporcionando o desenvolvimento de uma nova forma de teatro, o teatro da espontaneidade pura – espontaneidade como forma estética, como a arte do momento.

Quando essa arte do momento se estabeleceu, a catarse do ator *in situ* se tornou uma realidade visível. O ator deixou de ser o escravo a serviço da criatividade alheia; ele pôde ser dono de si. O desvelamento das diversas camadas do eu, de suas máscaras pessoais, deixou-o desamparado, vulnerável, fraco, dependente, o que o obrigou a recorrer à sua espontaneidade e criatividade. Todas as muletas antigas foram abandonadas, num processo muito doloroso.

No lugar delas, Moreno pediu a ele que confiasse em seus co-atores, para depender não só de seus próprios recursos de espontaneidade e criatividade, mas também dos de seus co-produtores, os demais atores da cena em andamento. Ele teve então de lidar com a "contra-espontaneidade" que surgiu na interação com seus parceiros. Foi uma experiência de humildade, que envolveu não somente as palavras como os movimentos, todo o equipamento mnemotécnico do ator. Sempre que um ator começava a cristalizar seus melhores movimentos, linhas e expressões faciais à custa de sua criatividade permanente, Moreno o submetia a exercícios de "desconservação", forçando-o a novas maneiras de entrar em contato com sua espontaneidade para mantê-la em forma pronta, líquida. Foi essa difícil tarefa que levou muitos atores, desiludidos com a própria espontaneidade, a retornar à forma clássica de teatro conservado.

Não obstante, foi, e continua sendo até hoje, uma das mais profundas revoluções no mundo do teatro. Ela permitiu que se avançasse para além de Stanislavski, na direção de novos formatos teatrais, tais como o Second City, o Premise, o Happening, o assim chamado Living Theater, o Open Theater, o Guerilla Theater, o Teatro de Rua etc. Entretanto, nenhum desses subprodutos chegou a uma forma tão pura ou essencial de teatro espontâneo-criativo como foi o Teatro da Espontaneidade. Todos acabaram desistindo de uma parte ou minimizando tanto a espontaneidade quanto a criatividade dos atores.

Além de fazer o ator recuperar sua espontaneidade-criatividade, Moreno o ajudou a se focalizar no papel. Liberando-o do *script*, Moreno deu-lhe a possibilidade de experimentar uma variedade de versões do mesmo papel. O papel de pai, por exemplo, não estava mais sujeito a uma interpretação única. O ator poderia tentar quantas versões quisesse, a seu critério. Assim, o pai tirânico, o pai gentil, o forte porém paciente, o fraco, o dependente, o frio, o distante e crítico, o carinhoso, o presente, o companheiro, todos entraram no rol das possibilidades de ação. O repertório de seus co-atores também cresceu muito, na medida em que as variações mencionadas requeriam o papel complementar de filho para ser concretizadas.

Cada ator passou a contar, então, com possibilidades praticamente ilimitadas. Moreno concebeu a idéia de "expansão do espectro de papéis" ao observar, por exemplo, que uma das atrizes do Teatro da Espontaneidade tinha desenvolvido uma "neurose histriônica" – outra de suas categorias diagnósticas. Tratava-se de um transtorno neurótico caracterizado pela canalização da espontaneidade, no caso dessa atriz, somente para papéis que traduzissem um jeito puro e virginal de ser mulher, que a condicionava na vida privada, nas palavras do marido, a um comportamento extremamente dominador.

Então, Moreno a levou a desempenhar, no Teatro da Espontaneidade, papéis de mulheres vulgares. Ela não somente os desempenhou bem como o processo possibilitou que conseguisse uma integração mais completa, internamente, de ambos os tipos de mulher. Esse foi, assim, o ponto de inflexão consciente do Teatro da Espontaneidade como forma artística para o teatro da catarse, o teatro terapêutico. O passo número um, *a catarse do ator*, dado com sucesso.

Moreno descobrira logo cedo, em seu trabalho com as crianças nas praças de Viena, que mesmo um papel conservado pode ser catártico para o ator, desde que a dinâmica paralela à do ator, que seria o "fazer direito", não impedisse a função espontâneo-criativa, e sim o ajudasse a expandir e intensificar essa função.

Um exemplo interessante desse tipo de catarse do ator – ainda que seja uma mera observação e uma feliz coincidência, e não o tema central do livro – pode ser encontrado na autobiografia de Pearl Buck, *My several worlds* [*Meus vários mundos*], de onde extraio o trecho a seguir.

> Naquela primavera, um pequeno grupo teatral de estrangeiros apresentou uma peça para a comunidade de língua inglesa. Era *The Barretts of Wimpole Street*. Não me lembro quem eram os outros atores, apenas de uma pequena criatura frágil, cujo nome não me recordo, que desempenhou o papel de Elizabeth Barrett. Disseram-me que ela era missionária, uma mulher pudica e envergonhada, nem jovem nem velha, que ninguém conhecia. Tinha enormes olhos negros, tristes, um rosto pequeno com a pele meio esverdeada, uma cabeleira negra pesada e um jeito de caminhar suave e descoordenado. No palco, ela se transformava na própria Elizabeth, a amada de um poeta, e diante de nossos olhos surpresos ela tinha um desempenho tão apaixonado, tão verdadeiro, praticamente atingindo a perfeição em sua compreensão sensível de um amor poético, que eu nunca a esqueci. Inclusive, quando vi mais tarde nossa grande Katherine Cornell fazer o mesmo papel numa reapresentação de peças antigas, tive a sensação de que até mesmo seu desempenho foi mais baixo que

o da pequena missionária. No entanto, quando a peça terminou, aquela criatura pequena desapareceu novamente e, quando foi escolhida para outra peça, pelo que me disseram, teve um desempenho medíocre. Creio que algo naquela peça e naquela personagem se encaixou na necessidade emocional de sua vida naquele momento.

O que acontece com a catarse do espectador no momento em que se desenrola a catarse do ator? Agradeço a Santo Agostinho por sua exposição verdadeiramente magnificente da catarse do espectador quando ele descreve, em suas *Confissões*, sua pecaminosa juventude em Cartagena:

> Também me impulsionaram peças teatrais plenas de representações de minha infelicidade e de combustível para o meu fogo. Por que o homem gosta de se entristecer quando vê cenas trágicas e infelizes que ele entretanto jamais enfrentaria? No entanto ele deseja, como espectador, vivenciar delas o mesmo luto, e seu prazer está exatamente nesse luto. O que é essa desditosa insanidade? Porque um homem é tanto mais afetado por essas ações quanto menos livre ele é dessas afecções. Entretanto, quando ele mesmo está sofrendo, costuma-se dizer que se trata de "infelicidade", mas quando ele se solidariza com outros se diz que é "misericórdia". Mas que misericórdia é essa mobilizada por paixões cênicas e fictícias? Não se espera do ouvinte que fique aliviado, mas que sofra: e quanto mais ele sofre, mais ele aplaude o ator dessas ficções. E, se as desgraças dos personagens (dos velhos tempos ou meramente imaginárias) forem representadas de modo que não toquem os sentimentos do espectador, ele sai aborrecido e crítico; mas se seus sentimentos são atingidos ele assiste com muita atenção e verte lágrimas de alegria.

Como sintetiza tão maravilhosamente Santo Agostinho: você não faz nada como espectador, apenas fica sentado e observa tudo acontecer.

As crianças são facilmente cativadas pela mágica dramática, especialmente se ainda não estabeleceram interiormente a ruptura entre fantasia e realidade. Mas para o adulto é uma experiência muito diferente e chocante passar da consciência de que a peça é um faz-de-conta, uma ficção, e que os atores são meramente atores, que portam máscaras, para a consciência de que os atores, neste outro teatro, são pessoas reais, sem máscaras, experimentando verdadeiramente o que elas estão vivendo agora, diante de seus olhos. Aqui, tanto o sofrimento quanto a alegria deles é real: suas lágrimas são o que são. Seu riso é um artigo genuíno.

Moreno distinguia três formas de catarse: 1. a catarse estética, ou seja, a experiência do belo; 2. a catarse do espectador, já comentada; 3. a catarse do ator, ou catarse de integração. É a catarse do ator, a catarse de integração, sua particular contribuição. Ela nasceu quando Moreno fez do protagonista o ator de si mesmo, mais do que um narrador-espectador. O fato de o ator ultrapassar o nível do "como se" e transformar-se em fonte primária da própria catarse muda o espectador do nível do "como se" para o nível do "é", do reconhecimento do "ele é" para o "eu sou". Esse choque de consciência dos outros reais cria um choque paralelo de auto-reconhecimento no espectador e o intensifica em proporções astronômicas. Mas Moreno não se contentou em deixar o espectador lá, em sua cadeira, como mero receptáculo da espontaneidade-criatividade de outras pessoas. Ele buscou também impulsioná-lo para fora de sua poltrona, pedindo a ele que se torne ator, aqui, agora, como o fizeram os outros diante dele. Assim se completava a catarse do ator, que era anteriormente espectador e subia tempestivamente ao palco central. Dessa forma, o espectador representava não meramente o mundo que observava e julgava como opinião pública, mas o mundo maior, abrangente, da criatividade e do envolvimento totais. A platéia, na condição de atores e inter-atores, poderia então fechar o círculo: o dos atores terapêuticos.

Sabemos que, por meio do psicodrama, a maior profundidade de catarse não vem apenas do reencenar o passado, por mais traumático ou instrutivo que seja, mas da incorporação de dimensões, papéis, cenas e interações que a vida não permitiu, não pode permitir e provavelmente nunca permitirá. É no âmbito da realidade suplementar que se obtém, em sua forma mais pura, a catarse de ação tanto do indivíduo quanto do grupo.

E quem é capaz de prever com absoluta certeza e conhecimento prévios quais sonhos e visões da pessoa podem se realizar? Segundo o conceito freudiano, o sonho é um desejo e uma realização do desejo. Entretanto, o sonho de Kepler se tornou realidade quatrocentos anos depois.

Na obra de Freud, o encontro é um fenômeno intelectual. Na de Moreno, o encontro entre o Eu e o Tu resulta numa catarse mútua, direta. Citando Ramon Sarró, em seu prefácio ao livro de Ann Schutzenberger, *Introducción al psicodrama*, recentemente publicado na Espanha: "A essência do ato, seu significado último, é provocar um encontro, não apenas uma catarse".

O trabalho de Freud baseou-se no ateísmo. Não existe uma relação significativa, fundamental, entre ateísmo e catarse. A posição ateísta não tem promessa nem esperança. Já o trabalho de Moreno se baseia na religião, o que propicia à catarse uma ancoragem religiosa.

Concluindo, essa é a lição que aprendemos com Moreno: "Jogue fora o velho texto. Refaça-o, aqui, agora. Aja como se você nunca tivesse sido, de tal forma que possa começar a ser o que gostaria de ser. Faça acontecer. Seja sua própria inspiração, seu próprio dramaturgo, seu próprio ator, seu próprio terapeuta e, finalmente, seu próprio criador".

Notas sobre psicodrama, sociometria, psicoterapia individual e a busca do "amor incondicional"*

COMENTÁRIOS DE ZERKA

Esse texto foi escrito numa época em que se constatou que alguns psicoterapeutas estavam dormindo com pacientes. Fiquei chocada e achei aquilo totalmente antiético. Esse texto foi minha réplica. Nos anos 1960, Beacon não era tão disponível quanto outros lugares, mas era muito estimulante porque estávamos recebendo estudantes do mundo inteiro. Talvez isso tenha servido para refrear, de alguma forma, a permissividade ou a atitude de "vale tudo" que parecia caracterizar aquele período.

Há muito tempo, os psicoterapeutas vêm dizendo que o paciente vem para a psicoterapia por causa de uma necessidade de amor que não foi preenchida ou que o foi apenas parcialmente. O psicoterapeuta consciente deve, em algum momento, perguntar-se se essa necessidade não estaria, na verdade, em seu papel de terapeuta. Todos nós sabemos que sociometricamente temos nossos pacientes preferidos: seria desonesto não dizer isso a nós mesmos, ainda que não abramos isso para o paciente. Uma das soluções para esse problema vem sendo defendida pelos profissionais da escola do "amor incondicional", que fazem de tudo com seu paciente – até o ponto de se tornar seus amantes.

---

* Artigo publicado originalmente em *Group Psychotherapy and Psychodrama, a Quarterly Journal*, v. XXV, n. 4, 1972, p. 155-157.

O que pensa o psicodramatista a respeito dessa abordagem? Um dos problemas que enfrentamos é que, sendo psicoterapeutas para os outros, estamos também vicariamente sendo terapeutas para nós mesmos. Como seria possível, então, saber quando passamos do papel profissional para o pessoal? Esse problema se torna cada vez mais agudo à medida que se permite uma crescente liberdade de contato corporal.

Descobrimos, na prática, que a dor existencial para a grande maioria das pessoas que nos procuram com alguma necessidade é não ter tido um "amor incondicional" quando criança. Esse amor é um direito natural de nascimento da criança, mas poucos de nós o recebemos. Quantos de nossos pacientes vêm, então, em busca desse amor incondicional, que não pede a eles senão que sejam eles mesmos, o que quer que sejam? Nossa tarefa é a de "curar a criança ferida" interiormente. Crianças feridas desejam contato sexual com adultos? Dificilmente. Ao contrário, essa é para elas uma das áreas mais doloridas. Elas tiveram relacionamentos, sexuais ou de outra natureza, para os quais não estavam preparadas e nos quais não entraram como "adultos autorizadores", empurradas para eles por seus pais. Não se trata de um problema meramente legal ou ético. É uma rotina para o psicoterapeuta. Mas então por que concluímos que essa criança ferida precisa de um bom parceiro sexual? Por que desconsideramos sua necessidade de ser, antes de mais nada, incondicionalmente aceita, amada e acariciada – não num relacionamento terapêutico frio, mas como dois seres humanos enfrentando uma dor comum?

De que forma e onde podemos atingir esse objetivo saudável? Em qual contexto é mais produtivo atingi-lo? E quem e quais são as forças que melhor propiciam esse contexto?

A criança ferida que vem até nós está procurando um meio de corrigir as desgraças passadas e presentes, pelo fato de não contar com pais adequados, um lar amoroso, irmãos compatíveis, amantes carinhosos etc. Tudo isso pode ser encontrado num grupo: esse é um fato conhecido por todos desde que Moreno começou a se basear na premissa de que os problemas da vida são interpessoais e intergrupais e estabeleceu a forma de organizar grupos sociometricamente, ou seja, na base de escolhas mútuas. Todos os que participam do grupo estão ali porque assim o decidiram, não porque foram tolerados ou forçados a participar. Esse grupo, e outros aos quais ele escolhe pertencer na base do critério estruturante, torna-se sua "família sociométrica". Atualmente, os grupos de encontro falam do grupo como "segunda família". Mas se eles não organizam esses grupos sociometricamente, não se trata ainda do que o sociometrista tem em mente, e está longe de maximizar o envolvimento e a responsabilidade mútua. O encaminhamento para determinado grupo não se faz na base de escolhas mútuas, para serem parceiros de um grupo, e sim na base do acaso, de quem se inscreve para participar. O pressuposto é de que o que quer que aconteça no grupo é produtivo. Moreno vem denunciando, há tempos, a falácia desse tipo de pensamento. Esse grupo tem pouco mais a oferecer do que o grupo familial natural pode fazê-lo agora, ou do que o cosmo nos oferece ao acaso, o que pode ou não ser para nós um encaminhamento sociométrico.

Apesar disso, o psicoterapeuta de grupo, mesmo sem sociometria, leva uma grande vantagem sobre o terapeuta individual, exatamente porque ele funciona dentro de um grupo. No contexto grupal, o comportamento do terapeuta está sendo constantemente aferido, e na medida em que ele é um parceiro e não meramente um superior no grupo, seus membros logo vão lhe dizer se ele não está se traindo, sendo sedutor ou hostil em relação a um ou outro membro do grupo. O psicodramatista tem a vantagem adicional de poder ser protagonista tanto quanto de estar no papel de diretor, guia ou facilitador. Quando confrontado pelo grupo a respeito de seu comportamento, é um direito do diretor reivindicar a sessão como protagonista para tratar desse problema recorrente.

Um aspecto interessante desse processo de aferição me foi apontado por uma paciente que não gosta de grupos. Ela era a filha mais velha de uma grande família, em que havia muita negligência e sofrimento em razão dos relacionamentos incompletos com os pais, especialmente com a mãe. Ela veio para a terapia psicodramática depois de trinta anos de terapia individual, que lhe permitiu evitar internações psiquiátricas, porém deixando seus sentimentos ainda irrealizados. Depois de ficar rodeando por muitos meses, ela decidiu integrar um de meus grupos de terapia psicodramática. Ela me explicou, então, que, embora não fosse uma "pessoa grupal", decidiu fazer parte do grupo "pelo seu jeito, porque se eu vejo que você é sincera com os outros, posso confiar em sua sinceridade comigo. Sem poder avaliar isso, não posso confiar em você".

Creio que esta seja uma das melhores recomendações para o tratamento grupal, embora eu me dê conta de que muitos terapeutas questionam a validade das avaliações de pacientes. Entretanto, eles devem utilizá-las para si: de que outra forma poderiam imaginar o efeito de seu trabalho? Especialmente na terapia individual, tais avaliações são altamente subjetivas. No grupo, os outros membros ajudam a manter olhos e ouvidos abertos para o processo em curso.

Não é o caso, então, de dizer que o terapeuta deveria questionar a si mesmo antes de entrar no que ele escolhe interpretar como uma "relação amorosa"? Em que medida ele não estaria se baseando nas próprias necessidades? Estamos sendo sinceros quando empreendemos isso sem levar em conta a "criança ferida"? Não estaríamos acrescentando mais feridas ao propor uma relação como essa? Não seria uma repetição? Não deveríamos ser exigentes conosco mesmos como a criança foi com os pais originais?

Creio que o psicodrama vai mais longe na solução dessas questões. Ele torna possível um nível de envolvimento acima e além do sexual, da parte de todos os participantes da sessão, o que põe a criança que está buscando um amor incondicional num cenário mais favorável. No compartilhamento que se faz após a dramatização, os membros do grupo revelam sua criança ferida e, ao fazer isso, novamente conseguem obter uma pequena parte daquele amor incondicional dentro de um grupo familiar carinhoso do qual todo ser humano tem fome.

É por isso que esse fenômeno explica o número crescente de profissionais e de adeptos do psicodrama.

Psicodrama com mães jovens[*]

COMENTÁRIOS DE ZERKA

Tínhamos grupos de treinamento de papéis para mães jovens duas vezes por semana, tanto em Beacon quanto em outros lugares na cidade de Nova York. Sempre achei que a gente deveria treinar os pais, assim como os futuros pais, para o uso desses métodos. Nossos filhos vêm ao mundo trazendo como presente muitas descobertas, desde que, em vez de querermos que eles primeiro se enquadrem em nosso mundo, nós nos tornemos egos-auxiliares dentro do mundo deles. As mães aqui mencionadas já lutavam bastante com os próprios problemas antes de trazerem ao mundo uma nova vida. Ao separar esses problemas das questões relacionadas com o nascimento dos filhos, foi possível eliminar uma das barreiras potenciais à formação do vínculo primal entre mãe e filho.

O psicodrama oferece um treinamento sistemático, por meio da ação, para o papel mais importante do mundo: o de mãe. O treinamento do papel de mãe tem como objetivo ajudar a mãe novata a se encontrar nessa delicada, complicada e muitas vezes assustadora relação com o novo ser humano esperado, um ser de cuja criação ela faz parte.

O método psicodramático também pode ser utilizado no treinamento de adolescentes, antes de elas partirem para experiências reais de casamento, gravidez,

---

[*] Artigo publicado originalmente em *Group Psychotyherapy and Psychodrama, a Quarterly Journal*, v. XXVII, n. 1-4, 1974, p. 191-203.

parto e maternagem, a fim de fortalecer o relacionamento mãe-bebê. Os bebês psicológicos constituem para elas considerável preocupação. As técnicas psicodramáticas podem ajudá-las a se liberar e a corrigir percepções distorcidas. Se essas percepções, as falsas antecipações e os pressentimentos mórbidos permanecerem sem resolução, podem vir a constituir posteriormente o germe de conflitos mãe–filho, conflitos esses profundamente arraigados. De modo geral, o psicodrama com mulheres grávidas é contra-indicado, a menos que o sujeito tenha um problema especial a ser trabalhado e se apresente voluntariamente para isso. Mesmo assim, deve-se tomar o máximo cuidado para não traumatizá-lo.

Algumas das áreas problemáticas abordadas pelo psicodrama se caracterizam pela *antecipação* de alguns fatos, tais como: a) morte do feto; b) nascimento prematuro; c) bebê aleijado; d) bebê cianótico; e) gêmeos; f) um sexo específico, menino ou menina; g) semelhança com protótipos culturais, tipo Moisés ou Menino Jesus; h) semelhança com o pai ou a mãe, quando eram crianças; i) semelhança com um fantasma, monstro, animal ou pássaro; j) rejeição do filho por parte do pai; l) rejeição do filho pela mãe; m) rejeição dela pelo marido durante a gravidez, com fantasias a respeito de seu comportamento sexual e medo de perdê-lo; n) medo do marido de que o filho não seja seu.

São trabalhadas também algumas *autopercepções*: 1) aparência grotesca durante a gravidez; 2) medo de lesão durante o parto; 3) medo de morrer durante o parto; 4) medo de sangramento depois do parto, levando à morte; 5) medo de o trabalho de parto começar em algum lugar onde não possa ser assistida; 6) medo de ser abandonada pelo marido e ter de cuidar sozinha da criança.

É difícil resolver esses conflitos no nível verbal, uma vez que eles são profundamente enraizados na referência psíquica de ação. O aspecto motor do psiquismo exige que seja atuado.

Terapia psicodramática e treinamento

Embora os programas mais avançados de "parto natural" incluam palestras e orientações em grupo a respeito dos cuidados com o recém-nascido, eles não conseguem transpor o abismo que o psicodrama é capaz de superar no campo do treinamento multidimensional do papel de mãe.

Em geral, começamos o treinamento das mães com um grupo selecionado de grávidas, que se apresentam voluntariamente. O motivo mais comum para a busca de treinamento é a falta de familiaridade com recém-nascidos, a insegurança de lidar com eles. As futuras mães dizem que não querem usar os filhos para fazer o treinamento prático, ou seja, querem ter a segurança de saber com antecedência o que fazer. Uma delas declarou que era muito impaciente e que, desde o momento em que o marido fora para a Marinha, ela tinha muito pouco que fazer nesse período de espera. Ela gostaria de "curtir" mais sua gravidez em vez de gastar seu tempo em conversa fiada com as vizinhas.

Para possibilitar às nossas mães começarem a sentir a realidade do bebê, decidimos fazer um "ensaio do futuro", uma cena em que cada membro do grupo se projeta no tempo, até um ano depois, e se aquece para o seu bebê como se ele já tivesse nascido. Como aquecimento, a diretora pediu a cada participante que visualizasse o sexo do seu bebê.

"Vocês estão aqui, um ano depois, e o seu nenê tem 6 meses de idade. Mary (dirigindo-se a uma das participantes, nome fictício), você gostaria de vir até o palco?" Mary sobe.

Diretora: Quantos anos você tem?

Mary: 24, não, 25, estamos no ano que vem, eu esqueci.

Diretora: E seu marido, quantos anos tem?

Mary: 27.

Diretora: O que ele faz?

Mary: É professor de matemática num colégio de meninos.

Diretora: E você, o que faz?

Mary: Antes de casar e ter o bebê, eu dava aulas de inglês para estrangeiros.

Diretora: Você disse que tem um filho?

Mary: Sim.

Diretora: Menino ou menina?

Mary (saindo da situação futura, em razão de sua preocupação com o presente): Fico feliz de estar aqui porque estou muito preocupada hoje. Antes de vir, de manhã, meu marido me disse ter certeza de que o nenê vai ser menino.

Diretora: E por que você está preocupada? Agora que a criança está aqui, qual é o problema?

Mary: Eu também quero um menino. Mas e se não for?

Diretora: Mas o bebê já está aqui! Você está saindo do papel!

Mary: Eu sei. É porque eu não consigo visualizar claramente agora.

Diretora: Hoje de manhã, antes de seu marido conversar com você, o que você visualizava?

Mary: Um menino.

Diretora: Está bem. Então você tem um menino.

Mary (tentando se aquecer para a projeção futura novamente): Sim. Ele é um garotão robusto.

Diretora: Como se chama?

Mary: Carl, em homenagem ao meu irmão.

Diretora: Mais velho?

Mary: Sim. Ele morreu no início da minha gravidez, num acidente de esqui horrível, e então eu quis que meu filho tivesse o nome dele.

Diretora: Foi horrível o que aconteceu com seu irmão. Legal que você dê um homônimo para ele. Posso ver o bebê?

Mary: Claro. Ele está no cercadinho, tentando engatinhar. Ele está aqui.

Diretora: Vou dizer o que eu gostaria que você fizesse. Vamos fazer uma inversão de papéis. Você, Mary, vai ser o Carl agora e deitar no cercado. Assim todos poderemos conhecê-lo melhor e ver que ele é um garoto legal. E eu vou chamar nosso ego-auxiliar e pedir a ela que seja a Mary (caminha na direção do ego-auxiliar, que sobe no palco).

(Mary deita no chão e engatinha, como se estivesse no cercado.)

Auxiliar, como Mary: Oi, cara! Que tal engatinhar (se debruça sobre Mary, que faz agora o bebê Carl, engatinhando e rindo para a mãe)?

Carl: Grrh (sorri e agarra o cabelo da mãe).

Mary: Sabe, Carlinhos? Acho que seus dentes estão nascendo. Larga do meu cabelo e deixa-me pegar você que eu quero ver (faz o movimento de pegar o bebê). Abra a boquinha, me deixa ver (Carl arreganha os dentes e se pendura no cabelo da mãe, novamente).

Mary: Queridinho, deixa-me ver, tem uns branquinhos aparecendo. Vem cá agora (tenta mantê-lo com a boca aberta e fazê-lo largar do cabelo). Diga "oooo" ou então "aaaaa", alguma coisa.

Carl: Grrr, da, da, da (continua a brincar com o cabelo da mãe).

Mary (acariciando o bebê)**:** Tudo bem, mamãe está pedindo demais para você. Mas o papai e a mamãe estão muito orgulhosos, eles gostam muito de você. Eu pensei que você ia fazer uma surpresa para o papai com a novidade, quando ele chegasse à noite (acaricia o cabelo do bebê).

Diretora: Tudo bem. Agora, Mary, levante-se e seja a Mary novamente, e você (para a ego-auxiliar) vai ser a enfermeira. Vocês estão aqui e vão fazer uma coisa um pouco diferente. Agora, Mary, vamos voltar ao presente. Para quando é o seu bebê?

Mary: Para daqui a cinco meses, mais ou menos.

Diretora: Tudo bem, estamos aí, é junho, junho que dia?

Mary: Dia 20, mais ou menos.

Diretora: 20 de junho. Você está no hospital, o bebê acabou de nascer e a enfermeira está com você e a criança. Você ainda não viu seu bebê (diz para a ego-auxiliar cochichando, de modo que Mary não ouve, que o bebê é uma menina). Você está na cama, a enfermeira chega com a criança.

Enfermeira: Seu bebê está muito bem, pesa três quilos. Está contente?

Mary: Claro que sim. Quero ver ele.

Enfermeira: Ele? É menina! Uma menina linda, esperta, gordinha!

Mary: Menina? Tem certeza (olha interrogativamente para a diretora, que acena com a cabeça, confirmando)?

Enfermeira (indignada)**:** Claro que tenho certeza. Tudo bem com você?

Mary: Deixa ela comigo. Eu quero ver e carregar (a enfermeira entrega o bebê).

Diretora (para a ego-auxiliar)**:** Agora você vai ser a criança. Veja, Mary, apesar de o bebê não poder falar ainda, é obvio que você está colocando na situação muitas coisas que o bebê pode estar sentindo e pensando. A ego-auxiliar vai representar o reflexo dessas coisas em seu relacionamento com a criança. Prossiga.

Bebê (gritando)**:** Mamãe, eu espero que você goste de mim!

Mary: Claro que eu gosto. É que foi tão de repente.

Bebê: Como assim? Você não estava me esperando?

Mary: Para dizer a verdade, a gente pensava que você seria um menino.

Diretora: Agora invertam os papéis. Mary, você vai ser a criança e a criança passa a ser Mary.

Auxiliar, como Mary (repete a última frase de Mary para ajudá-la a se aquecer)**:** Para dizer a verdade, a gente pensava que você seria um menino.

Mary, como o bebê: Ah! E eu sou menina. Desculpe, mas não tenho como mudar isso.

Auxiliar, como Mary: É claro que não. Eu não queria ser chata, mas queria um menino para poder dar o nome de Carl, meu irmãozinho querido.

Bebê: Tio Carl?

Auxiliar, como Mary: Sim, mas ele morreu, você sabe. E eu gostava muito dele. Eu sempre quis ser como ele. Na verdade, houve uma época em que eu queria ser um menino (essa informação não tinha sido fornecida pelo sujeito, mas produzida a partir da situação e confirmada posteriormente).

Bebê: Sinto muito, mamãe, mas você poderia me chamar de Carolyn. Não é um nome bonito?

Auxiliar, como Mary: Sim, querida. Eu nunca pensei nisso. Uma menina? Ai, querida, ainda bem que hoje em dia meninos e meninas vestem o mesmo tipo de roupa quando são pequenos, ou você ficaria parecida com um irmão seu, com todas as coisas azuis que comprei para você.

Bebê: Talvez um dia eu possa ter um irmão, e você pode chamá-lo de Carl. Eu vou ajudar você a tê-lo.

Auxiliar, como Mary: Sim, querida, é uma boa idéia.

Bebê: E você me ama, não?

Auxiliar, como Mary: Amo sim. Você é minha menininha.

Bebê: E o papai, você acha que ele vai entender?

Auxiliar, como Mary: Acho que ele vai ficar feliz, deu tudo certo e nós duas estamos bem. Agora ele terá duas meninas em vez de uma.

Diretora: Obrigada, mamãe e filhinha. Vamos sentar e conversar sobre o que aconteceu.

Os outros membros do grupo, mesmo sem um incidente traumático como esse para contar, compartilharam a rigidez com que imaginavam o futuro, presos à imagem tanto de um filho homem quanto de uma filha mulher, incapazes de se livrar da obsessão quanto ao sexo do bebê. Desnecessário dizer que essa projeção futura é uma abordagem dinâmica desse problema tão comum. Mary conseguiu, por meio da inversão de papéis, sentir o que significa ser um mero recém-nascido mais ou menos rejeitado por ser do sexo "errado". Na medida em que esse problema afetava um número tão grande de participantes do grupo, decidimos continuar a parte produtiva da sessão, construindo algumas outras situações de teste-treino.

A segunda mãe é a filha mais velha de cinco mulheres. Ela admitiu que sempre desejou ter um filho homem. Mas, segundo ela, seu marido preferia uma menina. Foi montada uma cena de hospital, com Diana no leito e o marido chegando para vê-la e ao bebê, uma menina. Nessa cena, o marido (representado por um ego-auxiliar) fala de sua alegria por ter uma filha e justifica essa preferência pelo medo de não ser um bom pai para um menino tanto quanto ele poderia ser para uma menina, dado que: a) ele nunca se deu bem com os pais, ao passo que sua irmã tinha com eles uma relação muito melhor; b) tinha medo da competição pelo afeto da esposa, o que ele achava que aconteceria se o filho fosse um menino.

Uma terceira mãe, que chamaremos de Patrícia, precisava lidar com uma vizinha linguaruda que a agredia por causa de seu filho, porque "os meninos são barulhentos e sujos e muito mais difíceis de criar" (um medo que ela havia expressado e que declarara como motivo para querer ter uma menina). Patrícia se via, agora, forçada a defender seu filho homem.

As cenas foram novamente discutidas por todos os membros do grupo, que refletiram seus próprios sentimentos em relação aos problemas levantados por elas.

Existem, obviamente, fatores sociais envolvidos nessas obsessões, valores culturais colocados sobre o ter um filho homem etc. Mas o modo como as configurações privadas afetaram os membros do grupo trouxe áreas de conflito intensas e significativas, que permitem uma exploração profunda por meio das técnicas psicodramáticas de projeção futura e inversão de papéis.

O fato em si de terem de enfrentar-se, *in situ*, no papel da mãe que gostariam de ser em geral é suficientemente revelador, a ponto de tornar irrelevante qualquer análise posterior. A aprendizagem pela ação é abrangente e as prepara para o próximo passo da aprendizagem, sem necessidade de que o terapeuta proporcione algum tipo de *insight*.

Duas outras possibilidades de utilização do psicodrama vêm sendo postas em prática no caso de mães jovens traumatizadas ou por ocasião do trabalho de parto ou em razão de aborto espontâneo. Lamentavelmente, nossos hospitais não estão preparados para atender às necessidades emocionais dos pacientes. Essa observação vale para os hospitais em todo o país. A equipe de enfermagem e mesmo os médicos não são treinados para lidar com incidentes emocionais que ocorrem nos casos de cirurgia, diagnóstico de enfermidades, doença terminal, perda de bebês ou o que quer que seja, e temem permitir que as pacientes expressem suas emoções. Esperam que seja uma "boa" paciente, o que simplesmente significa submeter-se à pesada rotina do hospital sem fazer onda, não importa o que lhes aconteça ou lhes espere *en route*.

Um fato como esse aconteceu com uma jovem mãe que nos procurou com seu filho de 3 meses. Ela guardava lembranças terríveis do parto. Pedira que o marido ficasse com ela, mas o hospital em que o médico trabalhava não tinha recursos para isso. Ela queria ter parto natural; já tivera quatro anteriores dessa forma sem nenhum problema. Novamente isso lhe foi negado. Seus filhos mais velhos haviam nascido na Inglaterra, porque ela fora para lá quando estava grávida; ela e o marido tinham imigrado seis meses antes.

Ela encenou primeiro a experiência com todos os seus horrores: o isolamento, o tratamento brutal – como dar medicamentos sem explicação, fazer sedação pesada sem seu consentimento e vários outros insultos. Quando a paciente apresentava suas demandas, era aconselhada a deixar de ser "neurótica". Ela acabou ficando tão histérica que foram necessárias várias enfermeiras para contê-la e sedá-la com uma injeção. Demos a essa mãe a oportunidade de extravasar a raiva que sentia em relação a todos esses torturadores. Em seguida, pôde refazer todo o processo como ela gostaria que tivesse acontecido, com o marido presente e com pouca interferência, como ela almejava durante o parto, sendo tratada como o adulto normal e sensível cujas necessidades eram respeitadas e atendidas de acordo com suas escolhas. Não nos demos a prerrogativa de saber mais do que ela a respeito do que ela necessitava.

Os egos-auxiliares foram muito eficientes, especialmente o rapaz que ela escolheu para fazer o papel de marido. Seu marido também estava traumatizado por ter sido impedido de participar. O pessoal do hospital usou de força física para mantê-lo fora da sala de parto. Esperávamos que ela pudesse ter uma catarse e conseguisse deixar para trás todos esses acontecimentos desagradáveis, em vez de permanecer ruminando obsessivamente a respeito deles como vinha fazendo até então. Isso aconteceu. Mas aconteceram também outras coisas mais importantes.

A privação emocional experimentada foi uma experiência tão preponderante que ela não conseguiu se aquecer adequadamente para o papel de nova mãe. Esse aspecto não fora detectado antes da sessão de psicodrama. Ao contrário: como ela estava amamentando normalmente o bebê, supusemos que não haveria nenhum problema mais profundo na relação simbiótica. A protagonista nos surpreendeu, entretanto, quando nos relatou, no dia seguinte, que pela primeira vez desde que tivera o bebê ela o sentira como "real". Ela se dera conta de que ele tinha um corpo, uma presença, uma personalidade. Enquanto antes ela não o experimentara, ela agora tinha uma percepção completa dele. Houve uma total reorganização da percepção depois do psicodrama. Ela se sentiu novamente confiante em sua capacidade de ser a mãe que ela sabia que podia ser. Todo o necessário para a cura era apenas uma sessão.

Outro tipo de trauma – ou, quem sabe, uma série de traumas – que conseguimos trabalhar com sucesso foi o de uma jovem que perdera quatro bebês. A última gravidez havia durado mais tempo que as anteriores, e por isso a perda foi maior. Como ela era esposa de um médico, esperava-se que seu desempenho fosse de uma paciente exemplar no hospital. Toda vez que ela chorava a perda, as enfermeiras a censuravam e faziam observações insensíveis que a denegriam, tais como "Não vamos chorar agora, não é mesmo?", "Você sabe que isso não é o fim do mundo, você sempre pode ter outro", "Você não está se fazendo de coitadinha?" Ela ficou extremamente deprimida e, quando veio pela primeira vez, duvidava de sua capacidade de levar uma gravidez até o fim. Fizemos a cena de sua última e mais dolorosa perda e, ao terminar, permitimos a ela todas as lamentações que quisesse, a qualquer momento. Não veio nenhuma enfermeira para repreendê-la; pelo contrário, seu médico, seu marido e todos os amigos e familiares que ela queria ter por perto apareceram, consolaram-na, choraram e fizeram o luto junto com ela. Todos foram representados por egos-auxiliares por ela escolhidos entre os membros do grupo que estavam presentes. O resultado final dessa sessão, novamente uma única, foi que em menos de um mês ela engravidou e deu à luz, a termo, uma criança saudável.

Conclusão

O psicodrama ensina as mães, de forma simples e direta, a aceitar a vida como ela é em qualquer circunstância, a se tornarem mais relaxadas em relação aos filhos, a ajudar-se e aos filhos tornando-se mães-egos-auxiliares eficientes e a conseguir uma interação mais harmoniosa.

Para J. L. M., depois de ouvir a gravação de
As palavras do pai pela primeira vez após tua partida.

23 de maio de 1974

Que posso eu dizer
sobre a morte
quando a humana tecnologia
traz de volta tua voz?

Em choque profundo
eu a escuto, não posso crer
e com muita dor
te sinto presente.

Eu choro
choro muito
É enorme minha perda
ela está aqui
concreta
agora
sozinha.

Tua voz é essa mesmo
mas já se foi.
A imortalidade do teu espírito
veicula uma dolorosa novidade.
Não consigo suportar.
Lágrimas não bastam.
Eu quero ficar
e quero fugir.

Toca o telefone
quebra o encanto
atendo chorando
não escondo mais.

Na escuridão
Dee e eu
comungamos nossa dor.
Do outro lado da linha,
outra invenção do homem.
ela sabe tudo
e fica comigo.

De novo em agonia
enquanto escrevo
eu me aflijo
soluço
lamento
como nunca antes
com animal intensidade
que me arrebata
e me arrebenta.

Minha voz é assim?
Ela soa estranha
embora universal.

Me dou conta
esta é a manhã do meu luto
o viver da minha perda
e de todas as perdas do mundo
do adeus ainda não dito
por falar.

Os anos se passam
minha ligação contigo continua,
preservada.
Preciso do conforto das minhas
lágrimas.

Tu que me deste
a vida de novo
tantas vezes.
Oh, Deus, quantas vezes?
E que também com dor
dilaceraste
minhas entranhas.

A noite passada
meus alunos
amorosamente
compartilharam.
Eles não tinham medo,

ficaram por ali,
sentiram tua presença,
muito de perto.

Ann me tomou
num abraço terno
chorou comigo
como todos fizeram.
Alguém me enxugou o rosto.
Meinolf me trouxe um lenço
novinho em folha
para aliviar meu nariz
e absorver as lágrimas.
E Jannika me contou a sós
que aquela noite
tinha visto uma neblina
à margem do Lago Hessian.
Por ali tínhamos caminhado
juntos, eu e o grupo.

Essa neblina continha uma
sombra
que pairava
ao meu lado.
Ela achou que podia ser tu.
Eu não te vi ali nem te senti.

Eu precisava disso,
de tua voz,

que estivesses bem perto,
para relembrar de novo
nossa primeira viagem
em 1941.

Tua voz dinâmica,
jovem e vibrante,
no carro Pullman,
apresentando exatamente essas
Palavras,
um presente, só para mim.

O ruído do trem
mesclando-se
com o prazer de meus ouvidos,
as provas do teu livro
espalhadas nas poltronas,
tuas mãos gigantescas,
teus olhos, tua presença,
lendo só para mim,
alto e bom som,
com estentória voz.

Como traduzir
o cântico de minha alma
quando se juntou à tua?
Simplesmente impossível.

Antes de tua morte
eu te prometi

que nunca me perderias.
"Vou te encontrar de novo",
disse eu.
Tu ouviste, aquiesceste, deste
sinal
de que estavas de acordo.
Mas não há tempo limite
para tudo isso.
Agora eu tenho de viver
enquanto estás tão afastado.
Minha vida ainda segue,
plena de amor.

Quem sabe que oceanos
eu tenho de cruzar,
que vidas tocar,
que amigos encontrar
e acariciar
ainda
antes de uma vez mais
estar contigo?

O cosmo é o nosso lar
e ninguém permanecerá
ali
sozinho.

De *Cantos de amor à vida*
Zerka T. Moreno

O significado da dublagem e da inversão de papéis para o homem cósmico*

COMENTÁRIOS DE ZERKA

Esse artigo nasceu pronto. A morte de Moreno me estimulou a pensar cosmicamente. Passei a repensar suas idéias, separando cuidadosamente o que eu aprendera e o que era meu desejo focalizar. Merlyn Pitzele entrou em minha vida em julho de 1974. Foi totalmente inesperado. Embora ele tivesse declarado até para Moreno que estava apaixonado por mim, nunca me ocorreu que fosse acontecer tão rapidamente. Ele se mudou para Beacon no final de 1974. O contexto de Merlyn era muito diferente do meu. Ele pertencia à elite conservadora da cidade de Nova York e questionava e examinava os problemas de forma agressiva e apaixonada. Suas ponderações me levaram a reformular nossas idéias. Ele era psicanalisado, e ao ouvi-lo fui desafiada a deixar mais claro o lugar de Moreno. Isso me fez mais forte e mais independente naquilo que eu sabia e no que eu tinha vivenciado. Naturalmente, Merlyn foi compreendendo e se tornou meu parceiro em meu trabalho.

Marx postulou o homem econômico. Freud, o psicológico. Moreno, o cósmico. A natureza cósmica do homem se evidencia em seu nascimento. A mater-

---

* Artigo publicado originalmente em *Group Psychotherapy and Psychodrama, a Quarterly Journal*, v. XXVIII, 1975, p. 55-59

nidade é um indicador disso. Uma das experiências mais potentes da mãe (e do pai, quando troca de papel com sua companheira), no momento em que ela vê e pega no colo seu recém-nascido pela primeira vez, é uma grande admiração e reverência, um sentimento de que esse filho é uma dádiva, uma herança, algo que ela não poderia ter produzido, que há forças em operação que o levaram a existir, forças essas que se situam acima e além do biológico. É como se essa criança fosse entregue aos pais pelo cosmo a título de empréstimo, por certo prazo, devendo ser devolvido ao se tornar adulto. É um mistério irresistível, raramente compreendido completamente.

Um grande número de especialistas observou e descreveu o comportamento do recém-nascido e da criança pequena, caracterizado pelo envolvimento total dos movimentos corporais. Moreno chamou esse fenômeno de "síndrome da fome de atos". Ele chegou à conclusão de que o organismo da criança é movido pela necessidade de agir. À medida que a criança se desenvolve, seus movimentos se tornam mais refinados, mais bem controlados e focalizados, mas ela continua a exibir o que às vezes, ao olhar dos adultos, parece ser um comportamento irracional, movimentando-se no espaço, correndo, olhando, ouvindo, tocando, cheirando, degustando, procurando. A criança tem fome de saber o que acontece à sua volta, quem e o que está fora dela. Ao mesmo tempo, quer definir sua posição no espaço e se afirmar como entidade. Os múltiplos estímulos com os quais se defronta a mobilizam e a desafiam, bombardeando-a de tal forma que exigem dela muita atenção e energia. Para um adulto, esse comportamento pode parecer exagerado, sem propósito e irritante. Para a criança, é uma necessidade imperiosa. É possível, entretanto, que haja uma razão mais profunda para toda essa atividade, uma necessidade de se reintegrar ao cosmo, de se unir novamente a ele.

Se, como sugere a idéia do ser cósmico, a criança saiu do universo, assumiu uma corporeidade (ou, em termos místicos orientais, se ela escolheu esse corpo por razões cármicas) e foi emprestada aos pais, pode-se pensar que essa ruptura constitui de alguma forma um choque e que o comportamento anteriormente descrito seria conseqüência dessa separação. O choque não seria a mera separação do corpo da mãe, descrita em termos psicanalíticos como "trauma de nascimento", mas a separação da totalidade do universo. Moreno via o nascimento como a primeira de todas as vitórias. Ele considerava que os traumas vêm depois, no decorrer da vida. O que propomos é uma espécie de ponte entre os dois conceitos, o do trauma de nascimento e o da vitória do nascimento, desde que a trajetória de vida seja adequadamente orientada. Essa é a tese do presente trabalho.

Existe entre nós uma crescente tomada de consciência a respeito do "trauma da morte", e uma parte significativa de nossa prática psicológica vem buscando lidar com a morte e o morrer de maneira integradora e saudável, no outro extremo do espectro da vida. A abordagem da morte e do morrer pode ser bastante enriquecida com a introdução, nessa sensível arena, de técnicas psicodramáticas. Moreno descreveu o primeiro universo da criança como a "matriz de identidade total", a fase em que ela se experimenta como o universo total, sem nenhuma separação em relação a ele. Na fase seguinte, a da identidade total diferenciada, as pessoas e objetos são percebidos como separados uns dos outros, mas não existe ainda a consciência de que não é possível controlá-los. A terceira fase é a da ruptura entre fantasia e realidade, quando a criança sofre um dos choques existenciais mais profundos: ela se dá conta de que não é o universo total, de que não tem controle sobre as outras coisas e objetos, de que eles se movem no espaço e não estão sob seu comando. É também a fase em que, para superar o choque, a fantasia pode substituir a realidade, fantasia essa voltada para a retomada do poder. Se essas preocupações levam a uma ruptura completa entre percepção da realidade e fantasia, pode-se desenvolver uma profunda patologia. Como essa experiência da centralidade do organismo humano nunca o abandona, o homem sofre de uma "megalomania normal", que leva toda uma vida para avaliar e administrar. Para a criança, é um remédio mágico. Com ele, ela recupera o lugar a que tem direito no centro do universo.

Quando a criança descobre sua capacidade de se mover no espaço de forma independente, começa a experimentar o mundo como amigável ou ameaçador, interessante ou aborrecido, doloroso ou divertido, de acordo com os encontros que vão acontecendo ao longo do caminho. Uma das tarefas mais relevantes dos adultos importantes em sua vida é ajudá-la a viver experiências mais integrativas do que traumáticas. Antes que a criança possa se integrar ao mundo, então, ela precisa ter certeza de que ser ela mesma é uma coisa positiva. Precisa, acima de tudo, de auto-afirmação. Isso é essencial, pois do contrário ela não vai conseguir inverter papéis adequadamente ou, mais tarde, dublar, quando necessário, as pessoas importantes em sua vida. É preciso que a espontaneidade-criatividade se estabeleça em primeiro lugar. Para isso, descobrimos que é essencial que os pais, inicialmente, e mais tarde também outras pessoas – como irmãos, parentes mais distantes e amigos –, aprendam a essência da dublagem afirmativa e, em um momento posterior, da inversão de papéis não danosa.

Se nossa hipótese de que a criança se originou do cosmo, recebeu um corpo e foi emprestada está correta, é responsabilidade dos pais fazer a transição da criança do cosmo para o mundo terreno de forma tão integrativa quanto possível. Até que os próprios pais sejam devolvidos ao cosmo e o filho possa preparar-se, a si e aos seus filhos, para o retorno dos mais velhos ao cosmo. Para esse desenvolvimento circular, a dublagem e a inversão de papéis são essenciais.

Constatamos que, para que os pais façam dublê do filho o mais cedo possível, devem começar quando a criança começa a fazer sons; nesse momento, eles podem reproduzir a linguagem do bebê ou a linguagem pré-verbal. Desvestindo sua identidade, a mãe assume a posição corporal e faz os mesmos sons que o bebê. Quando essa dublagem se inicia a tempo, o bebê se diverte com ela, corresponde a ela e enriquece seu vocabulário básico. Fiz isso com nosso filho e nunca, antes ou depois disso, nós contamos contos de fadas tão bonitos. Quanto riso e quanta alegria vivemos juntos!

Mais tarde, os pais podem dublar a criança como um procedimento cotidiano, a fim de compreender as necessidades do filho e atendê-las melhor, ajudar o rebento nas emergências ou meramente fortalecer o contato diuturno com ele. As crianças que são assim reafirmadas conseguem atingir mais cedo e com maior profundidade o nível seguinte, a inversão de papéis com os outros-significativos. A criança não consegue inverter papéis com os outros enquanto ela não se reconhece como uma pessoa distinta. Ela não pode dar o que não tem. A falta de capacidade para inverter papéis indica uma profunda deficiência de auto-afirmação inicial.

O genitor vem ao mundo antes de seu filho. Infelizmente, ele não pode repassar ao filho sua experiência. É a tragédia da raça humana: cada criança e cada geração precisam explorar a vida desde o começo. Pode-se transmitir muito pouco de experiência ou sabedoria. Mas por meio da dublagem, inicialmente, e da inversão de papéis, depois, alguns desses abismos podem ser transpostos.

Consideramos essencial – e um bom indicador de crescimento emocional – essa capacidade da criança de inicialmente aceitar a dublagem, mais tarde inverter papéis com o genitor e, numa etapa final, dublar o genitor. Na perspectiva psicodramática do desenvolvimento, essa capacidade passou a ser vista como uma necessidade fundamental.

Foi pensando nisso que passei a compreender as sete etapas do desenvolvimento humano. Na primeira fase, é o genitor que faz o papel de ego-auxiliar e que dubla a criança; na segunda, os pais invertem papéis com ela, e assim a criança começa a assumir o papel deles na relação com ela. Na terceira etapa, ela consegue assumir o papel dos pais na relação com os irmãos e com outras pessoas significativas. Tudo isso pode ainda acontecer, até esse ponto, no nível psicodramático, dentro do contexto familiar. Ao mesmo tempo, a criança começa a desempenhar de forma mais consistente o papel de seu genitor. Na vida real, nesse meio tempo, a criança foi aprendendo a inverter papel com seus companheiros e começou a se testar nessa forma de relacionamento. Na quarta etapa, por volta do final da adolescência, ela deseja ser vista pelos pais como sua companheira.

Se as etapas anteriores tiverem sido bem administradas por ambas as partes, não será difícil para o genitor começar a ver a criança cada vez mais como sua parceira. Mas é bastante comum que, nessa etapa, o genitor falhe na relação com o filho ao continuar a fazer o papel de pai de uma forma que tem mais que ver com as etapas anteriores. Na quinta etapa, o filho é totalmente independente do genitor e recomeça o ciclo, agora em relação aos próprios filhos. Na sexta fase, ele pode inverter papéis e dublar o genitor, adivinhando suas necessidades da mesma forma que o genitor fez em relação a ele quando ele não sabia falar. E, na última etapa, ele consegue assumir completamente a responsabilidade por seu genitor e por si mesmo, lidando com o fim da vida do genitor, devolvendo o pai ao cosmo e começando a lidar também com seu eventual retorno a ele. Se o filho aprendeu bem a lição, seu filho vai agora trilhar os mesmos passos e por sua vez se tornar seu ego-auxiliar, invertendo papéis e dublando com ele quando necessário.

Tanto a dublagem quanto a inversão de papéis, quando incompletas, ensejam um grande número de conflitos intra e interpessoais. Com a crescente longevidade, estamos vendo em nossa prática clínica um número cada vez maior de problemas cujas raízes não têm um desenvolvimento ordenado. Quando o filho não foi suficientemente afirmado nas etapas anteriores, os problemas aumentam muito no momento em que o genitor se torna dependente dele. Se o pai precisa de uma dublagem ou de uma inversão de papéis da parte de um filho que está sendo forçado prematuramente a assumir a posição de genitor, antes de ter uma boa paternidade, podem vir a ocorrer depressão, culpa e ressentimento, até mesmo ódio, rejeição ou negligência. A auto-recriminação e o desequilíbrio emocional são vistos freqüentemente nesses adultos que sofreram privação, trazendo grandes tormentos para todas as pessoas envolvidas.

O adulto normalmente precede o filho na eternidade. Se no decorrer de sua vida juntos a inversão de papéis e a dublagem aconteceram satisfatoriamente, numa seqüência correta, o filho terá condições de devolver o genitor ao cosmo sem experienciar ansiedade, culpa ou remorso na separação. Ele vai querer dublar seu genitor e dar a ele *status*, apoio e ajuda. O filho deve tornar-se seu próprio genitor completamente antes que possa ser o genitor de seu genitor.

Muita de nossa atenção clínica psicodramática dedica-se atualmente a trazer de volta os mortos, a fim de permitir ao protagonista complementar o relacionamento que não tinha sido completado durante a vida. O psicodrama pode proporcionar, por intermédio do ego-auxiliar, aquilo que lhe fora negado, configurando-se assim como o tratamento de escolha para esse tipo de necessidade. Mas sua aplicação mais produtiva se dá na vida real, com os pais participando ativamente, com seus filhos, desse processo circular.

Moreno assinalou que a morte acontece à nossa volta, em nosso átomo social, muito antes que ocorra em nosso organismo. Mesmo os filhos deparam com a morte na infância e na adolescência, quando perdem um cão, um amigo querido, um parente ou algum relacionamento, ainda que a pessoa envolvida siga viva. Eles já são, portanto, sensibilizados de alguma forma para a idéia da morte. Os adultos, porém, sabem muito bem do medo enorme que as crianças sentem diante da mera idéia da morte de seu genitor. Creio que não se trata de simples dependência em relação a eles. Elas intuem que o relacionamento ficará incompleto, não realizado totalmente, e por isso ainda não podem abrir mão de seus pais. Não podem permitir a eles que retornem ao cosmo de onde todos viemos.

Os estudos a respeito da morte e do morrer não têm levado em suficiente consideração os aspectos sociométricos e psicodramáticos da vida, muito em decorrência da falta de consciência do significado da dublagem e da inversão de papéis, assim como da contribuição que as abordagens sociométricas tem a oferecer nesse campo.

Em vista do "choque cósmico" implícito no nascimento, vale revisar também nossa atitude em relação ao suicídio. Ele pode ser uma espécie de *contradictio in adjecto*, mas temos visto "suicídios terapêuticos", ou seja, suicídios cujo eventual efeito não foi destrutivo para os sobreviventes ou mesmo terem sido saudáveis. Diante do choque cósmico, podemos conjecturar que o suicídio é uma forma de retornar ao cosmo sem esperar que se complete totalmente o ciclo da vida. Vista desse ângulo, pode ser uma medida saneadora para restabelecer a unidade com o cosmo.

O psicodramatista contribui para o desenvolvimento da criança, de um lado, e para a gerontologia, de outro, ao ensinar tanto aos jovens quanto aos velhos o processo de dublagem e inversão de papéis. Ao mesmo tempo, tem a oportunidade de tornar mais satisfatório o trajeto do homem cósmico aqui na terra.[1]

A função do ego-auxiliar no psicodrama, com especial referência a pacientes psicóticos[*]

Comentários de Zerka

Moreno identificou originalmente três funções do ego-auxiliar. Eu, com base em minha experiência no desempenho desse papel, acrescentei mais duas. Moreno nunca saiu do papel de diretor, embora mostrasse, enquanto dirigia, ter noção do que o protagonista poderia estar sentido. O refinamento do papel do ego-auxiliar era minha área de expertise. Observe-se que a quarta e a quinta funções, que se referem ao trabalho com pacientes psicóticos, são um pouco diferentes quando se trabalha com aqueles que chamamos de "normóticos" (ou seja, neuróticos normais). Enquanto o objetivo da quarta função com psicóticos era, como digo aqui, "levar a uma maior integração as diferentes partes do protagonista", no caso de normóticos queremos sentir nosso caminho sob a superfície do papel de coadjuvante e, em seguida, oferecer uma interpretação: "Eu nunca lhe disse isso, mas..." Algumas vezes, isso se faz no compartilhamento, depois, e não durante a encenação. A quinta função com psicóticos buscava especificamente ajudá-los a retornar ao grupo e ao mundo. Com normóticos, a quinta função consiste em proporcionar orientação para o diretor a respeito do que é necessário, ou de como o protagonista pode lidar melhor com o tema em questão.

---

[*] Artigo publicado originalmente em *Group Psychotherapy, Psychodrama and Sociometry*, v. XXXI, 1978, p. 163-166.

Introdução

Uma das razões pelas quais poucos psicoterapeutas gostam de trabalhar com psicóticos é porque isso requer como características pessoais versatilidade e criatividade para acompanhar o mundo fantástico do paciente. O profissional é muitas vezes varrido pela magnificência e pelo horror da produção do paciente, fascinado porém imobilizado. Considerando o fato de o psicodrama poder lidar com esse mundo fantástico de maneira mais satisfatória e mais completa, não se sabe muito bem que dificuldades fazem que mesmo seus profissionais evitem essa área de aplicação. Isso é lamentável. Desde que Moreno introduziu a abordagem psicodramática no tratamento das principais psicoses, nenhum novo relato apareceu vindo de outros autores, nem tampouco novos profissionais se estabeleceram nesse campo. Com a morte de Moreno, em 1974, criou-se uma defasagem que ninguém parece conseguir ou desejar transpor.

Alguém poderia lembrar as tentativas de John N. Rosen de aplicar os métodos de ação dramática, mas elas não se utilizam da multiplicidade de técnicas e recursos que Moreno empregou de forma pioneira. Um dos maiores problemas de Rosen é que ele mesmo fazia o papel de ego-auxiliar nesse processo, destarte provocando uma confusão de papéis. Rosen ainda funcionava dentro do referencial psicanalítico, pelo menos para suas interpretações. Com isso, ele não era apenas o analista; ele misturava os papéis e se enredava no drama psicótico. Pode-se dizer que ele acabava, dessa forma, agravando o processo transferencial, ou pelo menos contribuindo para a confusão do paciente, na medida em que seu papel não só deixava de ser externo ao paciente como não era claramente definido.

Moreno se colocava fora da cena do psicótico para poder identificar melhor as necessidades do paciente e conseguir determinar as intervenções terapêuticas indicadas. Isso também lhe permitia permanecer livre de alguns dos aspectos mais deletérios da transferência. A transferência era fragmentada em muitas partes e dirigida aos egos-auxiliares engajados ativamente no processo de tratamento, com ele e com o paciente. Em outro aspecto de sua inventividade, Moreno introduziu o ego-auxiliar terapeuta, o que fazia de seu tratamento uma operação de equipe mais do que de uma única mente privilegiada.

Tendo tido a honra de trabalhar lado a lado com Moreno por mais de trinta anos, devo muito ao seu gênio por ter inventado o psicodrama, que, particularmente com pacientes psicóticos, ensinou-me mais sobre o labirinto da mente humana do que eu esperaria aprender de outra maneira. Um dos aprendizados mais profundos que ele produziu foi minha capacidade de lidar com a loucura – tanto a minha quanto a dos outros – com uma equanimidade consideravelmente maior. Os alunos de Moreno aprendiam a não temer o que cada um de nós tem de loucura pela maneira como ele lidava com os medos – tanto os seus quanto os de seus sujeitos. Na verdade, ele sentia que essas áreas de seu psiquismo eram uma de suas principais fontes de criatividade. Ele acreditava ser uma prova viva de que o homem pode ser às vezes considerado insano, em razão de todos os seus intentos e propósitos, e no entanto conseguir ser produtivo, criativo e controlado. Percebe-se de imediato que não se trata de uma tarefa fácil. O ator humano não faz monólogos, mas interage com outros atores cuja contra-espontaneidade o desafia. Essa luta pode feri-lo e ele pode ferir os outros em conseqüência disso.

Era sempre um privilégio para mim quando pacientes muito comprometidos me permitiam entrar em seu mundo. Era como se eles estendessem a mão, dizendo: "Este é meu mundo. Confio em você. Venha e fique comigo dentro dele. Viva minha dor, minha tristeza e minha alegria; assim você pode me conhecer melhor". Isso leva a tornar-se um genuíno ego-auxiliar, capaz de estender a mão para aquela pessoa, sinalizando: "Agora que pude estar com você em seu mundo, deixe-me trazer você para o meu". Nessa altura, a tarefa final do ego-auxiliar passa a ser reintegrar o paciente no mundo da assim chamada realidade.

As cinco funções do ego-auxiliar

Vamos rever as diversas funções do ego-auxiliar porque é precisamente nesse âmbito que Moreno criou um novo *modus operandi*.

A primeira função consiste em assumir um papel requerido pelo protagonista para completar a cena, seja um outro-significativo ausente, real ou imaginário, vivo ou morto, passado, presente ou futuro, ou uma alucinação ou delírio. Algumas vezes pode ser apenas uma parte do corpo ou um objeto, um aspecto do eu, um medo ou uma emoção contra a qual o protagonista está lutando. Obviamente, quanto mais perto está o ego-auxiliar do *ethos* do paciente, mais fácil é sua tarefa. Mas como os pacientes são únicos em sua produção psicótica, os desafios são inúmeros.

A segunda função é aproximar a percepção que o protagonista tem de si mesmo, encarná-la, uma vez que sem isso o protagonista "sai do papel e da situação" e não consegue se envolver.

No decorrer da representação do outro ausente, a terceira função é explorar e alcançar a percepção que o protagonista tem da relação com esse outro ausente no contexto do desempenho de papéis.

A quarta consiste em interpretar esse outro ausente, assim como seu relacionamento com o protagonista, acima e além da capacidade do protagonista de fazê-lo. Assim, determinadas distorções podem ser esclarecidas e corrigidas dentro do contexto de desempenho de papéis.

A quinta, que decorre das anteriores, é agir como um guia terapêutico para o protagonista, a fim de aumentar a harmonia intra e interpessoal ou, se for o caso, a separação do relacionamento com o outro.

O termo "auxiliar" é o mais adequado porque descreve o instrumento. O ego-auxiliar é uma extensão do protagonista, que está incompleto sem o(s) outro(s)-significativo(s), uma extensão do diretor que não entra em cena, dos outros ausentes que precisam ser interpretados e do grupo de co-participantes, que precisam compreender a interação dinâmica. Particularmente com o psicótico, o ego-auxiliar funciona como uma ponte para ajudar o protagonista a retornar ao mundo como um todo. A função do ego-auxiliar como dublê de pacientes psicóticos nunca será superestimada; quanto mais bizarro o paciente, mais o dublê será eficaz nesse processo. Freqüentemente, o protagonista é incapaz de comunicar o que está acontecendo dentro e ao redor dele, mas o dublê pode e faz isso. Finalmente, os membros da família devem ser trazidos para a terapia sempre que possível. Eles podem, por seu turno, tornar-se egos-auxiliares durante algum tempo, ou ser tratados na condição de co-protagonistas, ganhando consciência de sua possível participação nas dificuldades do paciente.

Há outra maneira extremamente eficaz de o ego-auxiliar funcionar: como dublê ou como espelho. Nesse caso, requer-se uma especial sensibilidade para que seja aceito como quem representa o paciente de forma por este reconhecível, uma vez que se trata de funções intrapessoais e não interpessoais. A primeira função é representar dimensões invisíveis do paciente que está presente, ou representá-lo em vários momentos cronológicos ou históricos de seu desenvolvimento, ou ainda representar partes de seu corpo. Para que isso ocorra, o paciente serve como guia e o dublê se torna, em todos os aspectos, um verdadeiro dublê, emulando movimentos físicos, linguagem corporal, postura, expressão, tom de voz etc. Em segundo lugar, a função é sentir o interior do paciente como ele sente a si mesmo, e explicitar. Em terceiro, interpretar o protagonista para ele mesmo. Em quarto, agir como catalisador para trazer as várias partes do protagonista a uma maior integração. Por último, ajudá-lo a retornar ao grupo e ao mundo, depois de ter alcançado um nível mais profundo de auto-revelação e auto-afirmação.

O ego espelho difere do dublê somente pelo fato de que, como regra, o protagonista fica sentado no meio dos demais membros do grupo, observando-se "como se estivesse diante de um espelho". Algo desse espelhar e refletir também acontece no trabalho do dublê, contudo, na técnica do espelho, o protagonista se observa sendo representado. Por isso, ele pode examinar o eu a partir de uma posição não engajada, não atoral. Essa função vem sendo substituída em larga escala pelos vídeos, que suprimem a necessidade de se ter um ator fazendo espelho e, com isso, eliminam uma possível distorção na forma como o paciente se vê. Em conseqüência disso, o protagonista não tem como se esconder atrás de nenhuma desculpa para o seu desempenho, já que consegue verdadeiramente se ver como outros o vêem, revelado por um agente não julgador e não humano, o vídeo.

Inicialmente, quando Moreno começou a lidar com o ego-auxiliar e a descrever suas operações, algumas vezes ele utilizou o termo "alter ego". Mais tarde, ele o descartou por considerá-lo um termo fenomenológico que descreve um fenômeno intrapsíquico, o fenômeno do outro, a voz interior. Como tal, é comum que ele seja confundido com a função do ego-auxiliar como dublê. Moreno tentou esclarecer que o ego-auxiliar é um instrumento objetivo nas mãos do diretor psicodramatista, e não uma entidade subjetiva. Mesmo na função de dublê, o melhor desempenho do ego-auxiliar engloba mais do que aquela voz interior. A operação pode envolver oposição, encorajamento, desafio, negação, exageração, investigação, suporte, exposição, defesa, ataque etc., tudo dentro do contexto da autoconfrontação. À medida que o ego-auxiliar foi se tornando um novo instrumento operacional e uma nova identidade profissional, deixamos totalmente de utilizar o termo "alter ego".

Falando subjetivamente, meu aprendizado pessoal foi bastante incentivado pelas diversas atuações como dublê que tive ao longo dos anos. É inspirador e enriquecedor conseguir transcender os limites do corpo e do psiquismo humanos e juntar-se a outro ser humano no âmbito do *una cum uno*, ainda que momentaneamente.[1]

As oito etapas dos seres cósmicos no se que refere a capacidade e necessidade de dublagem e inversão de papéis*

COMENTÁRIOS DE ZERKA

Uma de minhas alunas estava lendo a respeito dos estágios de desenvolvimento, de acordo com a idéia de Erik Erikson, e comentou que a considerava incompleta em função do que ela conhecia de psicodrama. Escrevi esse artigo para mostrar os estágios do ponto de vista psicodramático.

ETAPA	CRIANÇA	ADULTO
1. Primeiros seis meses, aproximadamente	O neonato está na matriz de identidade total; não diferencia entre o eu e o outro, humano ou objeto. Começa a balbuciar por volta de 5 meses. Sustenta a cabeça.	O genitor ou cuidador, como ego-auxiliar, dubla a criança para conhecer suas necessidades, capacitando-se para atendê-las; fala na linguagem da criança.
2. De 6 meses a 1 ano, aproximadamente	A criança está num estado de identidade diferenciada, tem consciência de seu corpo, explorando as extremidades; começa a se movimentar no espaço; tenta os primeiros sons e, em seguida, palavras. Engatinha, tenta ficar em pé.	O genitor ou cuidador, como ego-auxiliar, dubla a criança para apoiar sua identidade e sua crescente separação; continua a falar na linguagem da criança e começa a ensinar a linguagem do adulto.

* Este artigo, inédito, foi escrito em 1980.

ETAPA	CRIANÇA	ADULTO
3. De 1 ano a 18 meses, aproximadamente	A criança pode sentir angústia de separação se ocorre ausência prolongada dos outros-significativos; continua explorando o espaço, consegue se movimentar independentemente; comunica necessidades apontando e, mais tarde, verbalizando.	O genitor ou cuidador, como ego-auxiliar, continua dublando a criança; apóia sua crescente independência e consciência, ajuda a expandir e fortalecer a identidade da criança.
4. De 18 meses a 2 anos e meio, aproximadamente	A criança começa a ter consciência de possuir uma identidade própria; consegue uma primeira exploração da identidade dos outros-significativos e pode dublá-los.	O genitor ou cuidador dubla a criança para facilitar a exploração dos outros-significativos e ajuda a estabelecer relação com eles.
5. De 2 anos e meio a 5 anos, aproximadamente	A criança consegue inverter papéis com os outros-significativos, adultos, animais, companheiros e objetos.	O genitor ou cuidador inverte papéis com a criança, continua a apoiar sua crescente independência e capacidade de assumir responsabilidades por si mesma e aceitar a autoridade, assim como sua compreensão e relacionamento com os companheiros.
6. De 5 a 18 anos, aproximadamente	A inversão de papéis com adultos leva a uma aceitação gradual de maior responsabilidade pelo eu; pode agir no final da etapa como figura de autoridade para si e para os parceiros, assim como para outros mais jovens.	O genitor ou cuidador dubla e inverte papéis com o filho para aprender a aceitá-lo cada vez mais como parceiro e para facilitar sua entrada na idade adulta; prepara o eu para se separar da criança.
7. De 18 a 30 anos, aproximadamente	Dublagem e inversão de papéis com o genitor, preparando-se para devolvê-los ao cosmo; começa o ciclo como adulto pleno e como genitor dos próprios filhos.	O genitor se prepara para a maturidade e para eventual retorno ao cosmo; permite ao filho dublar e inverter papéis consigo, para ser apoiado como parceiro.
8. De 30 anos em diante	Encerra as questões em aberto com o genitor e inverte papéis com ele visando fechar o ciclo, em estado de prontidão para devolvê-lo ao cosmo.	O genitor permite ao filho assumir responsabilidades por ele na medida do necessário; prepara-se para retornar ao cosmo.

ARTIGO 25

As muitas faces do teatro[*]

COMENTÁRIOS DE ZERKA

Fui questionada a respeito de minha afirmação, feita nessa palestra, de que os seres humanos não são meros animais. Digo aqui que o teatro surgiu de nossa capacidade expandida, enquanto animais humanos, de construir relacionamentos por meio da comunicação em linguagem seqüencial, o que inclui o acesso a associações do passado, presente e futuro, assim como a emoções como raiva, medo e mágoa.

Um antigo professor meu ensinou que um discurso pós-prandial deveria ser como um biquíni, ou seja, breve, cobrindo apenas os pontos essenciais e deixando espaço aberto para explorações adicionais. Espero, sinceramente, que esta minha fala cumpra esses requisitos.

Tendo em vista que nos encontramos aqui para celebrar nosso envolvimento nas várias formas de teatro como categorias curadoras, é um prazer especial que isso aconteça na Universidade de Nova York, pois foi justamente neste local que J. L. Moreno ensinou psicodrama, dinâmica de grupo e sociometria, na Graduate School of Arts and Sciences, como professor adjunto, de 1949 até 1966, quando ele se aposentou por idade. Como ele tinha, na ocasião, 77 anos, era provavelmente o exato momento em que deveria encerrar aquela parte de sua carreira. Ele fora recomendado pelo dr. Wellman Warner, chefe do supramencionado

---

[*] Palestra apresentada à National Association of Drama Therapists, New York University, Nova York, em 15 de novembro de 1997.

departamento, e sua permanência aqui mostrou-se muito produtiva. Um dos alunos mais importantes foi Lewis Yablonsky, que apresentou o dr. Landy ao psicodrama na Universidade da Califórnia, em Northridge. Em suma, dr. Landy, eu me sinto em casa. Lembro especialmente, com imenso prazer, que J. L. me pediu que coordenasse duas das sessões abertas do semestre de 1958, uma vez que ele estava na ocasião dando conferências e fazendo demonstrações na região do Mediterrâneo, começando seu giro de seis semanas pela Espanha e seguindo para a Itália, Iugoslávia, Grécia, Turquia e Israel. Um dos mais destacados alunos daquela turma era Robert Siroka.

Uma das questões freqüentemente levantadas pelos psicodramatistas é: "Qual a relação entre o psicodrama e o teatro legítimo e a dramaterapia? Em que se assemelham e em que diferem? As diferenças são fundamentais ou se trata apenas de uma diferença de perspectiva?"

Gostaria de dizer que vejo um traço vermelho ligando todos eles e que esse traço representa seus vínculos. A Grécia Antiga foi a cidadela da civilização ocidental que também nos trouxe o teatro. Curiosamente, nem todos se entusiasmaram com ele.

Platão, por exemplo, declarou sua radical oposição, explicando, em "Íon", que os poetas são "transportados" quando estão escrevendo suas peças e, portanto, ficam temporariamente insanos, o que significa que não são totalmente responsáveis por aquilo que criam. Ele temia que essas peças incitassem os cidadãos a ser desordeiros e destruidores do Estado. Talvez Platão temesse também a idéia dos festivais dionisíacos e o envolvimento selvagem da cidadania nesses atos. Na outra ponta do espectro, aprendemos de Aristóteles que os cidadãos que assistem às tragédias são particularmente afetados por duas emoções, piedade e medo, ou mesmo terror, em favor do protagonista, e em conseqüência disso são purificados ou, como ele diz, experimentam uma catarse dessas emoções. Na "Poética", ele afirma também que tanto a comédia quanto a tragédia começam com improvisações.

A tragédia clássica constituía um desdobramento dos festivais dionisíacos, o que é testemunhado pelo fato de que tragédia significa "canto de cabra"*e Dio-

---

* O original inglês *goat* tanto significa animal caprino quanto farra, luxúria. (N. T.)

nísio é no mais das vezes caracterizado como sendo meio-cabra, meio-homem, representando tanto a fertilidade quanto a morte. Embora Platão e Aristóteles tivessem pontos de vista divergentes, está claro que o de Aristóteles acabou prevalecendo e dando ao teatro uma base respeitável.

Nós somos hoje os herdeiros dessa tradição. Mas o teatro não emerge diretamente dos festivais. "Os festivais dionisíacos originais", de acordo com Daniel Boorstin, em *The creators, a history of heroes of the imagination* [*Os criadores – Uma história dos heróis da imaginação*], "eram uma atividade da comunidade toda, que perambulava sem necessidade de um local permanente [...] No início, parece, todos os presentes participavam do festival. Como não existia uma plataforma para o coro, todos ficavam no mesmo nível" (Boorstin, 1992, p. 207).

Por falar nisso, Boorstin assinala que o coro era circular, com certeza uma forma que influenciou Moreno no desenho de seu teatro. Próximo à orquestra, que era uma pista de dança ao centro, ficava o templo do deus, para que ele pudesse assistir à celebração:

> Com exceção do deus, não havia "espectadores". Na dança e na canção festivas, qualquer separação dos cidadãos era odiosa. Uma vez que toda a comunidade usufruía dos benefícios dos rituais para garantir a primavera, todos deveriam estar juntos. Mas quando o ritual se tornou teatro, uma nova separação marcou a comunidade, assim como se acrescentou uma nova dimensão à experiência. Agora alguns "atuavam" enquanto outros observavam. Os cidadãos se tornaram testemunhas, com um novo conjunto de sentimentos. (Boorstin, 1992, p. 207-208)

Qualquer que tenha sido a contribuição de outros dramaturgos – de todas as escolas –, a tarefa de Moreno constituiu especialmente no retorno do teatro aos cidadãos. Sua criatividade e sua espontaneidade tinham sido suprimidas nas formas clássicas do teatro. Ele devolveu o papel do ator ao seu lugar de origem, ou seja, ao próprio ator. Ele descartou o *script*, ao mesmo tempo que permitiu que a espontaneidade e a criatividade do ator fossem o fator motivador central. Representou uma revolução no teatro.

Voltando agora para a linha vermelha mencionada anteriormente, todos os aspectos de nosso trabalho estão vinculados por sermos herdeiros daquela forma de teatro, de um jeito ou de outro. Mas há algo mais que me impressiona: o fato de que todos compartilhamos o que podemos chamar de filosofia não-linear. Deixem-me explicar. Há pouco tempo, ao me aproximar da física mais recente, chamou minha atenção que todas as formas de teatro se desviam, nesse aspecto, de Freud. De acordo com esse ponto de vista, Freud pertence à escola de Newton, a velha versão da física. Ele é determinista, assumindo que, dados determinados fatos que sejam os mesmos para dois ou mais indivíduos, o tratamento deve seguir as mesmas linhas e que o procedimento, se corretamente copiado, pode ser repetido por outros com resultados semelhantes, senão os mesmos. Pelo que sei de Moreno, ele se situa na categoria da nova física, a mecânica quântica, na qual só podemos estar seguros de probabilidades e possibilidades, mas não de certezas.

Se estivermos de acordo com a idéia de que todas as formas de terapia teatral lidam com a espontaneidade e a criatividade, então somos não-lineares e não deterministas, enquadrando-nos na categoria da mecânica quântica. Um salto quântico, por exemplo, constitui uma passagem de grande magnitude numa escala subatômica e um pulo metafórico do que é para o que poderia ser, sem passos intermediários. Essa é uma representação de nossa prática no mundo da terapia. Moreno descreveu a espontaneidade como forma de energia não-conservável e que deve ser utilizada à medida que emerge; seu resultado é sempre imprevisível e é mais valiosa quando associada à criatividade, produzindo algo não preexistente e muitas vezes totalmente desvinculado de acontecimentos anteriores.

Isso contrasta com Descartes, que tinha especial preferência pela matemática por causa da certeza e da auto-evidência de suas provas (Descartes, 1960, p. 7). Pode-se depreender que ele não estaria à vontade nesse domínio. Nem mesmo Einstein, embora ele tenha sido o grande responsável pelo advento da nova física. Ele é lembrado, com freqüência, por ter dito que "Deus não joga dados com o universo". Os físicos quânticos descobriram que, quando as partículas são lançadas contra o que eles consideram uma barreira impenetrável, algumas partículas atravessam-na, enquanto outras não, e eles não têm como prever como elas vão se comportar. Eles só sabem que estão lidando com a probabilidade de que um determinado número de partículas atravesse a barreira e outras, não.

Fico aborrecida quando leio relatos de pesquisas em ciências sociais que se baseiam no velho modelo matemático e no princípio da previsibilidade, porque a verdade é que esses pesquisadores utilizam um modelo equivocado. Os homens não são estrelas, pedras, plantas, líquidos ou animais. Muitos pesquisadores em medicina frustram-se quando aplicam algumas substâncias em animais com resultados positivos somente para descobrir que não dão certo no tratamento de humanos. Tais pesquisas se baseiam na idéia de John Stuart Mill de que "existem na natureza eventos paralelos, ou seja, o que acontece uma vez deve, em circunstâncias suficientemente semelhantes, acontecer novamente" (Mill, 1843).

Uma das dificuldades, penso eu, reside exatamente em determinar o grau de semelhança e o quão paralelos são os eventos. Esse modelo torna difícil para os psicodramatistas, especialmente, mas talvez também para todos aqueles que praticam as terapias artístico-expressivas, definir os níveis de progresso a respeito dos quais se poderia estar de acordo. Uma das idéias de Moreno afirmava que o pesquisador é parte da própria pesquisa e que se deveria atribuir aos assim chamados sujeitos o papel de co-pesquisadores, como parceiros na pesquisa e no processo avaliativo. Ele apresentou esse modelo para a sociometria, mas ele está ainda por ser utilizado por terapeutas, uma vez que é difícil de aplicar.

Por isso mesmo, para mim foi muito agradável ler em uma edição recente da *Technology Review*, do Massachussets Institute of Technology (MIT), um artigo intitulado "Subsumed by science" [Enquadrado pela ciência], de autoria de Samuel C. Florman. Ele escreveu: "Mesmo hoje, os engenheiros concordam que a intuição, a experiência prática e a sensibilidade artística são pelo menos tão importantes em seu trabalho quanto a aplicação da teoria científica" (Florman, 1997, p. 39). Ou, em uma edição de *Parabola* que discute a geometria do labirinto: "Há um caminho definido e um método que deve ser seguido até o fim, mas algumas vezes para entendê-lo plenamente precisamos investigar a validade de um caminho complementar ou do mesmo caminho apresentado de forma diferente" (Conty, 1992, p. 14).

Estamos lidando com a relação entre dois observáveis, não apenas com o indivíduo. Na mecânica quântica, por exemplo, "uma partícula elementar não é uma entidade que existe independentemente, não-analisável. Ela é, em essência, um conjunto de relações que se conecta com outras coisas" (Conty, 1992, p. 94). Ou, mencionando um amigo de Jung, o físico Wolfgang Pauli, ganhador do Prêmio Nobel: "Parece que o psiquismo se movimenta do centro para fora, no sentido da extroversão, na direção do mundo físico" (Zukav, 1979, p. 31).

Será que tudo isso indicaria que a física e a psicologia estão chegando a um lugar de encontro. Se sim, como?

Em um artigo escrito em 1943, "Sociometry and the cultural order" [A sociometria e a ordem cultural], Moreno postula o conceito de que o psiquismo não estaria no interior do corpo humano, e sim fora dele, sendo o corpo envolvido pelo psiquismo. É esse conceito de psiquismo fora do corpo que torna possível nosso "encontro de mentes", e é onde o encontro humano tem lugar.

Mas que significado têm essas preliminares para a relação, se é que existe, entre todas as formas de terapia teatral, incluindo o psicodrama? Admito que me senti perdida quando dei uma olhada na grande variedade de apresentações fascinantes que constam do programa deste congresso, sem ter uma idéia clara do que nos separa ou dos pontos em que coincidimos. Por isso, prefiro sintetizar nossos pontos comuns.

Em primeiro lugar, penso que podemos concordar que nós todos representamos um conjunto não-linear de idéias e que trabalhamos de forma semelhante à física quântica, no sentido de que damos saltos de imaginação.

Em segundo, uma noção central que todos acariciamos é que todos desempenhamos papéis e nos submetemos ao que eu chamo de disciplina do papel. O papel e a interação de papéis abrangem o contato com o corpo uns dos outros, da mesma forma que a mente, em vários níveis, e que a interação de papéis nos exige algumas coisas.

Terceiro, consideramo-nos herdeiros do teatro clássico, que fomos além daquele âmbito e o adaptamos às necessidades de nosso público.

Quarto, geralmente trabalhamos em grupos, grandes ou pequenos, e nossa preocupação é maior com os que atuam do que com os que não atuam.

Quinto, nossa intenção é produzir algum tipo de alívio das pressões e dificuldades provocadas pela própria vida e das quais precisamos nos livrar.

Sexto, ao adentrar o universo do encontro de mentes, nós interagimos.

Sétimo, vemo-nos como uma combinação de artista e cientista, e essa combinação gera para nós desafios sutis e muitas vezes difíceis.

Oitavo, se começamos a pensar a mente como algo que não está aprisionado dentro do corpo, mas que se estende para fora, a partir dele, podemos compreender como fazemos contato com os outros num nível não-verbal e de uma forma que influencia nossa interação, positiva ou negativamente. Podemos então aceitar que há entre nós uma nova forma de energia que pertence a todos os que estão interagindo e que produz algo novo que não seríamos capazes de produzir sozinhos, e representa mais do que a soma das partes. Estamos, por assim dizer, no fluxo. Esse fluxo é algo especial para que todos nós contribuímos e que Moreno chamava de efeito tele, que por sua vez estabelece estados co-conscientes e co-inconscientes.

Nono, todos podemos atingir o centro de cura autônomo de nossos clientes, independentemente da abordagem particular por nós utilizada.

Uma vez que represento o psicodrama, não é claro para mim quanto as outras terapias teatrais repousam naquilo que penso ser o motor que impulsiona o psicodrama – a inversão de papéis – ou quanto a disciplina do papel é compreendida. O papel abre canais de expressão, mas muitas vezes não se leva em conta que ele também cria seus limites. É de certo modo infeliz a idéia de que a catarse associada ao psicodrama se tornou um resquício do passado, pois, na verdade, avançamos para além dele e começamos a ser muito mais apoiadores do processo de integração tanto intra quanto interpessoal, ou seja, sociometricamente. Quando se pensa no átomo social do protagonista, que vai sendo revelado aos poucos, no decorrer da cena, isso ajuda o diretor a favorecer uma integração que é mais fundamental do que a catarse de ab-reação. Esta foi, de certa forma, uma herança da psicanálise e se tornou um obstáculo até o momento em que se identificou a catarse de integração como portadora de uma aprendizagem mais completa.

Permitam-me explicar utilizando um caso recente no qual um salto da imaginação trouxe cura para o protagonista. Este, que chamarei de Paul, 58 anos, professor de alunos com problemas de aprendizagem, montou uma cena vivenciada por ele no colegial. Nessa cena, ele, filho único, cujo pai morrera em combate na Segunda Guerra Mundial, evidencia sentimentos de enorme inferioridade. Ele vem de uma família pobre. Sua mãe vive com ele e os avós maternos. O avô é o único homem além dele e, embora um bom modelo de papel masculino, não é seu pai. Ele observa silenciosamente um grupo de quatro colegas que têm boas roupas, um ar sofisticado, falando de seu fim-de-semana no clube de campo, cheio de atividades esportivas. Um deles tem carro. O protagonista se sente um verme, totalmente desfavorecido, diante desse grupo de colegas. Sentado no chão, cabisbaixo, enquanto os outros permanecem em pé, aparentando ser todo-poderosos e despreocupados, ele faz um solilóquio a respeito de seu estado desolador.

O diretor percebe que esses outros representam um mundo à parte para Paul, não apenas em decorrência de sua condição socioeconômica mais elevada, mas porque eles têm proteção, eles têm pais. Quando Paul termina sua fala o diretor comenta: "Eles têm pais". "É verdade", responde ele imediatamente. Esse é o salto sociométrico da parte do diretor. Logo em seguida, Paul inverte papéis com seu pai morto, escolhendo um ego-auxiliar para representá-lo. O ego-auxiliar se ajoelha na posição de uma figura totêmica, um homem baixinho, que representaria Paul, enquanto este, no papel de pai, fica em pé sobre uma cadeira que representa o céu e o observa em sua tristeza.

O pai desce, levanta Paul do chão, dá-lhe um abraço e o apóia, afirmando que ele é um jovem legal e não tem nenhum motivo para se sentir abaixo de ninguém, por mais rico que esse outro possa ser. O pai sabe que ele vai orientar outros jovens desprotegidos e será um sábio mentor. Os dois choram juntos e, depois de certo tempo, o diretor pede a eles que reinvertam os papéis. Então, Paul ouve a declaração de apoio de seu pai. Seria isso uma catarse de ab-reação? De jeito nenhum, ela é integrativa. Paul é fortalecido pela presença do pai num corpo, não somente em sua imaginação, nem tampouco como uma figura sombria do passado.

Isso também pode ser descrito como o psiquismo do protagonista levado para fora, encontrando o psiquismo do diretor de tal forma que os dois se conectam, inicialmente sem palavras, o que permite emergir a necessidade.

Traz-se o drama interior para o espaço aberto. É aí que todos nós tentamos chegar, cada um à sua maneira e com habilidades próprias.

Permitam-me concluir com uma declaração do que a humanidade significa, nas palavras de uma conhecida terapeuta, Virginia Satir. A mensagem estava impressa num cartão de felicitações que me foi enviado por um amigo.

O que eu quero é
amar você sem aprisionar
conhecer você sem julgar
juntar-me a você sem invadir
convidar você sem demandar
afastar-me de você sem culpa
criticar você sem magoar
ajudar você sem humilhar.
Se eu puder receber o mesmo de você
poderemos ter um verdadeiro encontro
enriquecendo-nos mutuamente.

Essa é a linha vermelha que nos une. Obrigada.

PARTE V

O novo milênio e além: de 2000 até o presente

O que é maturidade?
Sabedoria cultivada
nos limites da vida?
Entendimentos alcançados
em cantos escuros
da mente?
Felicidade e satisfação
com pequenas coisas?
A capacidade de
andar
com passos medidos
onde uma vez
alguém voou,
nenhum espaço
grande demais
ou cheio de perigos?

A força
de olhar
para os outros
sem medo
ou rancor
amargura ou ódio?
Consciência palpável de sua dor?
Compaixão
por sua angústia
alegria
por sua alegria?
Paz ao saber
das próprias limitações?
Ou se trata,
simplesmente,
de rir por dentro.

De *Cantos de amor à vida*
Zerka T. Moreno

ARTIGO 26

No espírito de 2000*

COMENTÁRIOS DE ZERKA

Aproveitei essa oportunidade, no alvorecer do novo milênio, para deixar que meus pensamentos, preocupações, sonhos e desejos voassem na direção da minha família psicodramática.

Prezados amigos e colegas.

É uma honra ser convidada a abrir este encontro especial de nossa Sociedade, assinalando o primeiro ano do milênio. Eu poderia dizer, como Mark Twain: "Se eu soubesse que viveria tanto, teria cuidado mais de mim", mas me parece que a natureza se mostrou mais generosa comigo e perdoou minhas transgressões – ou então elas foram superadas por alguns genes bastante especiais. Algo para ser grata, porque na minha idade há muitos bons amigos que já não estão entre nós.

É uma boa ocasião para que eu reveja um pouco do passado, antes de ver quais são meus sonhos para o futuro. O que me leva a fazer isso é que, tendo acompanhado Moreno durante trinta e três anos, sei que há muitas preciosidades de sabedoria que ele produziu mas nunca escreveu, ou então redigiu uma nota momentânea, sem integrá-la posteriormente ao seu referencial teórico.

Assim, ocorreu-me destacar um aspecto de nosso trabalho que é comumente ignorado ou desconsiderado. Refiro-me à idéia de Moreno do processo de aque-

---

* Mensagem à sessão plenária da American Society of Group Psychotherapy and Psychodrama (ASGPP), Nova York, 21 de março de 2000.

cimento. Vi que Bill Wysong fez uma oficina pré-congresso a respeito desse tema, e isso é muito bom. Mas é comum que não reconheçamos a importância desse processo na vida diária ou em nosso trabalho com grupos. Por exemplo, com que freqüência paramos para perguntar a nós ou a nossos protagonistas: "Como você se aqueceu para esta sessão hoje? O que você traz consigo que precisa de atenção? Como seu aquecimento vai influenciar o processo do qual estamos tratando? Como podemos mudar se ele não for saudável ou produtivo?"

Defino da seguinte forma o que tenho aprendido do processo de aquecimento ao longo dos anos: um superaquecimento pode levar a uma interação inadequada; um subaquecimento nos deixa sem espontaneidade ou criatividade. A propósito, isso se aplica igualmente a nós no papel de terapeutas. O processo de aquecimento é um fenômeno complexo. Moreno mencionou algumas vezes os diversos iniciadores – por exemplo, café, álcool, drogas e cigarros são iniciadores químicos. Algumas pessoas dependem deles e precisam que estejam disponíveis para o contato social com os demais. Constituem iniciadores físicos o espreguiçar, saltar no mesmo lugar, respirar profundamente antes de uma entrada desafiadora, dar palmadas no corpo para aquecê-lo ou correr para um compromisso. A imaginação e a meditação são iniciadores mentais.

Não é das mais conhecidas a idéia de Moreno a respeito das três dimensões da personalidade: o diretor, o ator e o observador. O diretor envia ordens ao organismo, o ator as cumpre e o observador acompanha, toma notas e comenta o desempenho do ator. Esse observador, um pequeno Grilo Falante, pode estar sentado no ombro da pessoa, por vezes cochichando em seu ouvido. Com que freqüência ouvimos essa pequena voz capaz de dizer: "Você sabe que está fazendo isso malfeito". Ou, quem sabe, com menor freqüência, pode dar uma opinião positiva: "Belo trabalho, ficou muito bem-feito".

Com base nessa perspectiva, é claro que tanto o conflito intra como interpessoal podem resultar no mínimo em desconforto, e, na pior das hipóteses, em ansiedade, quando não existe uma boa articulação entre as três funções. Observemos que conseqüências esse equilíbrio inadequado pode produzir.

Vejamos a falta do observador em situações familiares. Estudando como as pessoas agem no cotidiano, como em seu aquecimento para se levantar de manhã ou preparar-se para ir para a cama à noite, fiquei abismada com a pouca atenção que damos ao que e como estamos fazendo. Parecemos, com o tempo, ter produzido um sulco profundo ao percorrer o terreno sempre da mesma maneira, como numa correnteza que nos leva. Esses rituais matutinos e vespertinos podem ser de tal forma rotinizados que não precisamos mais despender nenhuma energia ou pensar a seu respeito. A pessoa apenas faz os movimentos. O diretor dá o primeiro impulso, o ator executa as demandas e cumpre a tarefa, o observador parece estar ou ausente ou dormindo. Um exemplo disso, a maioria de nós pode constatar, é dirigir o carro por um caminho familiar. De repente, flagramo-nos num ponto do trajeto sem nos darmos conta de como chegamos ali – e talvez tenham se passado dez minutos. Onde estávamos? Talvez no piloto automático e, nesse caso, como isso aconteceu? O que significa essa ausência do observador? Existe perigo no fato de sermos levados, sem participação ativa, pelo canal que criamos?

Vejamos, agora, o inverso: o observador exagerado. Dado que o observador nem sempre é apoiador, ele pode produzir ansiedade. Pessoas que sofrem de crises de ansiedade às vezes exibem esse tipo de desequilíbrio no qual o observador é não apenas hipertrofiado, como também demasiado crítico. Lembrando que a ansiedade e a espontaneidade são funções uma da outra: quando aumenta a ansiedade, diminui a espontaneidade; quando a espontaneidade cresce, diminui a ansiedade. A tarefa real é inundar o cotidiano com ambas, para tornar a vida mais significativa. Então, o caminho do tratamento consiste, muitas vezes, no treinamento da espontaneidade, o que pode parecer uma contradição, se não um oximoro.

Outro problema com o sulco ou canal que cansa profundamente é o fato de ele não permitir que se interrompa ou se mude de direção com facilidade. Quando o ator está nesse canal, que tem sua dinâmica própria, qualquer barreira interveniente sobrecarrega a espontaneidade com uma demanda pesada. Sair da trilha significa criar uma nova, o que implica focalizar no aqui-e-agora e encontrar um caminho diferente.

Lembro quando Merlyn, meu companheiro por 25 anos, e eu tivemos um aquecimento muito louco em determinada manhã. Quando nos encontramos, não havia calor entre nós. Decidimos então nos livrar daquele aquecimento, retornar ao nosso espaço anterior e voltar a nos encontrar novamente – como se estivéssemos nos vendo pela primeira vez. Aí, cumprimentamo-nos novamente de maneira prazerosa. Precisamos superar a barreira antes de conseguir mudar o canal.

A profundidade do sulco que a pessoa cavou para si mesma, caso vá se aprofundando com o passar do tempo, pode tornar o desvio impossível. Isso explica a rigidez de comportamento e de atitude que se observa em algumas pessoas mais velhas. Esse efeito pode ser superado quando se consegue manter um mínimo de novidade de experiência. É o universo da espontaneidade e da criatividade. A rotina equivocada de aquecimento matinal, na verdade, às vezes compromete o restante do dia, enquanto uma rotina falsa de aquecimento à noite geralmente compromete o sono ou torna a vida onírica desprazerosa. Aqui, as técnicas de meditação e de relaxamento podem ser úteis para mudar o caminho do aquecimento.

Serei eternamente grata a meu treinamento com pacientes psicóticos, porque ele me ensinou muito. Ao saírem de sua crise mais ativa, esses pacientes eram levados a rever sua situação e focalizar suas necessidades atuais de terapia. Sempre soubemos que, nessa condição, não conseguiriam responder por seus atos. Eles não se lembravam de como haviam se comportado. Quando, recorrendo à técnica do espelho, reconstruíamos algumas de suas interações conosco enquanto nos observavam, eles alegavam nunca ter feito aquilo. Nessa fase, não estavam ainda suficientemente seguros para receber alta, mas também não tão frágeis para que esse trabalho não pudesse ser feito. Quando se confrontavam com a verdade por meio de pessoas com quem tinham um bom contato sociométrico, numa interação télica suficientemente positiva, eles podiam começar a ver o que haviam produzido no passado recente. Era uma modalidade de forte resistência? Concluímos que não, que essa era uma explicação demasiado simplista. Ademais, eles confiavam suficientemente em nós para nos permitir mergulhá-los novamente em alguns dos aspectos mais temidos de sua experiência. Deveria existir uma outra resposta.

A mesma constatação de que os pacientes não conseguem lembrar de seu comportamento é descrita atualmente nos textos psiquiátricos sobre a fase maníaca excitada, especialmente no distúrbio bipolar. Tendem a negar bravamente seu comportamento e em geral se aceita que eles não têm mesmo memória para isso. Perguntamo-nos como isso era possível. Nosso entendimento do processo de aquecimento, com base nas três funções da personalidade, deu pistas para uma explicação.

Quando o protagonista está no ponto máximo de aquecimento da síndrome de fome de atos, na função do ator, as outras duas funções, de diretor e observador, são minimizadas. A função atoral superaquecida domina completamente. Por isso mesmo, não seria correto dizer que os pacientes estão negando, resistindo ou reprimindo, porque a pessoa só pode reprimir o que é observado e registrado. Neste estado de hiper-aquecimento não há registro; portanto, não pode haver recordação. A função de observador foi obliterada. Assim, não observar e não registrar significa não lembrar. Não se trata de negação, repressão, mentira ou trapaça. É um espaço em branco.

Moreno considerava perigoso, para o adulto, simplesmente apagar da memória meses de vida, como se estivesse num vácuo. Tornamos parte do programa de tratamento reconstruir esses meses com egos-auxiliares, na função de espelho, representando o comportamento do paciente, que ficava observando. De vez em quando ocorria uma pequena lembrança, um fragmento luminoso, mas raramente se formava uma Gestalt completa. No mais das vezes, simplesmente não havia memória. Quando se completava o espelhamento, o paciente podia desempenhar seu próprio papel e era estimulado a restaurar a situação como achasse melhor. Era parte fundamental do tratamento não deixar o paciente numa terra de ninguém. Tratava-se também de uma experiência corretiva, uma oportunidade de agir.

O paciente psicótico nos mostra o aspecto extremo da síndrome de fome de atos. Nós mesmos, porém, já nos envolvemos muitas vezes em situações nas quais não nos vemos. A idéia antiga, expressa na psicanálise clássica, de que teríamos de tornar consciente o inconsciente é uma quimera, um monstro mitológico que respira fogo. Não conseguimos ter tal consciência mesmo não sendo psicóticos. Por outro lado, a memória é sempre falível. As cenas mais fascinantes e confusas com as quais trabalham os diretores de psicodrama são aquelas com famílias, nas quais cada pessoa da interação tem uma lembrança totalmente diferente de um mesmo acontecimento. Talvez só seja possível estar 100% consciente se abrirmos mão de diretor e ator e deixarmos o observador dominar – o que significaria, com certeza, que permaneceríamos totalmente inativos. Mas até os contemplativos têm consciência plena, ou meramente observam o mundo interno?

Assim, o processo de aquecimento nos envolve nessas três funções com outras pessoas, cujo diretor, ator e observador também estão em ação. Essa maneira de encarar a interação não tem sido suficientemente levada em conta, tanto na literatura quanto na prática. O grande desafio da vida é conseguir o equilíbrio dessas três funções em interação com essas mesmas funções no interator, ou atores. A pesquisa nessa área seria muito produtiva e fascinante. O problema é como construir tal pesquisa sem ferir o ator.

A respeito do processo do aquecimento é isso que tenho a dizer.

Há outra idéia que vem sendo muito pouco abordada: o fenômeno do "bebê psicodramático" ou do "filho fantasia". No trabalho com casais, encontramos esse fenômeno associado ao papel de genitores. Tanto os homens quanto as mulheres podem carregar em sua fantasia a imagem do filho perfeito. Não se trata apenas de seu ego ideal ou de uma versão melhorada deles mesmos, e sim de uma projeção de "como deve ser seu filho", uma espécie de transferência em relação a um rebento ideal não nascido. Em famílias nas quais esse fenômeno predomina, ouvem-se queixas dos pais que soam desta forma: "Não entendo você", "Por que você não pode ser assim ou assado?", "Você não me ouve" ou coisas do tipo. Acontece de fato que os pais em questão colocam uma máscara no rosto do filho real, a máscara do tipo preferido de filho, ou filho fantasia. Na verdade, é o genitor que não está vendo, ouvindo ou escutando o filho que tem diante de si, mas relacionando-se com alguma realidade que não é bem essa. Esse tipo de interação leva inevitavelmente a um maior distanciamento e a dificuldades entre os parceiros, ocasionando perturbações nos membros da família. Lamentavelmente, isso ocorre com muita freqüência.

Nossa maneira de lidar com esse tipo de agravo intrapessoal, que se manifesta no plano interpessoal, tem sido tratar o genitor sem a presença do filho, permitindo que ele dê à luz, emocionalmente, o filho ideal. Talvez o genitor precise vivenciar essa relação em diversos momentos seqüenciais, na linha do desenvolvimento daquilo que seria a evolução normal de uma criança, nas fases cruciais do ciclo de vida. Quando o genitor encontra satisfação por intermédio desse recurso, ele pode começar a ver o filho real de maneira mais clara, encontrando até mesmo alguma correspondência entre esse filho e o da fantasia, o que amplia a disponibilidade para interagir com o real. Lembro-me de um adágio de George Bernard Shaw: "Há somente uma tragédia maior do que não conseguir o que você quer: conseguir o que você quer". Não é o caso de que você não queira mais, uma vez que você já tem? Não seria esse um dos problemas que temos com a monogamia?

Isso me leva a outro tema favorito, que me preocupa muito e me faz pensar. Alguns de vocês já me ouviram falar disso, contudo permitam-me ampliar a discussão. Observando o número de divórcios, de pais solteiros e de crianças abandonadas, tanto dentro quanto fora das famílias, cheguei à conclusão de que a monogamia não é para as massas, mas apenas para uma pequena aristocracia. Os parceiros que conseguem permanecer casados por muitos anos e manter um relacionamento amoroso devem ser homenageados e ganhar medalhas por sua conquista. As massas, por outro lado, sofrem do que chamamos de condição sociometricamente contra-indicada, conhecida entre nós como monogamia. Por que me atrevo a fazer esse diagnóstico? Olhem em volta. Quantos amigos ou parentes estão infelizes no casamento ou se separaram, alguns mais de uma vez, e quantos estão separados em comparação com aqueles que ainda são felizes por estarem juntos? Quantos de vocês já se divorciaram? Quantos vivem separados de seus parceiros anteriores? Quantos são pais solteiros ou tiveram pais solteiros no passado? É com isso que acreditamos estar prontos para lidar quando nos casamos? As estatísticas de divórcio não superam as de casamento?

Sei que muitas pessoas vivem juntas e têm filhos sem estar legalmente casadas. Porém, tanto quanto posso perceber, elas estão de alguma maneira verdadeiramente casadas. O que temos é uma espécie de monogamia serial ou seqüencial, que não é, com certeza, o que está implícito na palavra monogamia – que o dicionário define como a prática de permanecer casado uma vez em toda a vida, ou de ter apenas um parceiro.

Mesmo muitos que parecem ser monogâmicos mantêm relações extraconjugais. Várias amigas me contaram que suas relações extraconjugais viabilizaram seu casamento. Ouvi de uma francesa: "Fico sempre mais feliz quando meu marido tem uma amante, porque ele se torna muito mais amoroso comigo". É isso que significa monogamia? Ou é mais um tipo de doença social?

Por que vemos essas coisas acontecerem tão generalizadamente? Talvez encontremos a resposta analisando o sistema de repertório de papéis. Verificamos que potencialmente dispomos de um repertório de papéis maior do que a vida requer. Os papéis se desenvolvem, se modificam, morrem e se projetam na vida sem que tenhamos controle sobre esse processo. Assumindo que consigamos desempenhar 10% do nosso potencial de papéis, pode-se imaginar que estamos descartando os outros 90%.

O que acontece quando um novo papel se apresenta repentinamente na consciência? Os papéis necessitam de contrapapéis. Observem o conjunto de papéis reais desempenhados por um casal e investiguem até que ponto eles se relacionam com os dos respectivos parceiros. Mas verifiquem também suas funções de diretor e observador e vejam como eles se equilibram nos planos intra e interpessoal. O que acontece quando um dos parceiros tem um papel central muito importante para ele – por exemplo, o de pai – e o parceiro rejeita totalmente esse papel, tanto para si quanto para o companheiro? Conheço muitas pessoas cujo casamento terminou em função dessas questões. Ou, num outro olhar, quando ambos desejam ser pais, porém cada um tem uma percepção diferente de como deveriam desempenhar esse papel. Não seria essa uma situação que demanda intervenções? Ou permitiremos que venha o filho e a casa se transforme em campo de batalha? Em outras palavras, mesmo quando o parceiro tem o papel, o companheiro pode ter objeções à maneira como ele deseja concretizá-lo. Ou imaginem, como é freqüentemente o caso, que nenhum novo papel apareça nessa interação e que um ou ambos os parceiros experimentem fadiga ou tédio com o papel. Não é esse o momento em que a arena sexual fica cercada de perigos? Ou, então, olhemos para o fato de que um papel que era mutuamente produtivo se extingue para um deles, ou surge um papel inteiramente novo com base no repertório antes estável e o parceiro não tem contrapapel para si. Vocês conseguem ver o precipício em cuja borda esses parceiros se equilibram?

Exemplo clássico de um novo papel se imiscuindo na família é o de Gauguin, descrito de forma ficcional por Somerset Maugham em *The moon and sixpence* [*A lua e os sessenta centavos*]. Gauguin era um respeitável membro da Bolsa de Paris. Não se sabe de onde, surgiu para ele o papel de artista criativo. Com certeza, as pessoas de Taiti não tinham idéia do que aquele papel significava, mas pelo menos permitiram a ele exercê-lo, o que provavelmente não aconteceria na Paris de sua vida anterior. Essa temperatura do artista criativo era tão elevada que chegou a queimar tudo o que existia lá. Agora imaginem o que aconteceu em casa. Sua esposa perdeu sua condição de classe média, perdeu o marido, que era seu provedor e dos dois filhos, perdeu seu outrora amante, o pai de seus filhos e seu parceiro físico e emocional, para mencionar apenas algumas das interações de papéis. É como se ela e seu átomo social anterior considerassem que ele ficou louco – e, na verdade, esse tipo de mudança de personalidade acontece no psicótico. Deixada sem seu protetor e o de seus filhos, ela foi forçada a voltar com eles a seu país natal, a Suécia, para ser cuidada pela família de origem.

Os artistas quase sempre não precisam de parceiro no casamento; eles requerem inspiração e apoio para suas idéias. Vejam Picasso: ele era bruto com suas mulheres mesmo quando elas o agradavam. Existe muito pouca reciprocidade nessa estrutura de papéis. Isso já basta para ter uma idéia de como é a interação de papéis no casamento.

Nossas famílias precisam de ajuda. Voltarei a esse tema mais tarde nesta apresentação.

Há um aspecto misterioso das relações humanas conhecido como tele. Esse fenômeno foi definido de várias formas: como o amálgama que possibilita e dá sentido ao contato humano, o cimento que une as pessoas. É a projeção de uma unidade de sentimento sobre um ou mais parceiros, permitindo que a realidade do outro seja vista e apreciada e essa visão, confirmada. Ao mesmo tempo, o parceiro pode ver a primeira pessoa de forma semelhante.

Recentemente, voltei-me para uma dentre as muitas contribuições significativas de Moreno, um texto intitulado "Sociometria e a ordem cultural", em que se encontra o seguinte: "O retrato biológico de um indivíduo localiza o psiquismo dentro do corpo (como um epifenômeno). No retrato sociométrico do indivíduo (pessoa), o psiquismo aparece como exterior ao corpo; o corpo é envolvido pela psique e a psique envolvida por e inter-relacionada com o átomo social e cultural" (Moreno, J. L., 1943, p. 319).

Outra versão ainda mais antiga da definição de tele encontramos em *O teatro da espontaneidade*, escrito em alemão e publicado em 1924. O trecho a seguir é extraído da versão inglesa:

> Compreensão "entre".* No palco legítimo, nossos cinco sentidos parecem ser su-
> ficientes; no jogo espontâneo, desenvolve-se um sexto sentido para os sentimentos
> do parceiro. Há atores que se conectam entre si por intermédio de uma correspon-
> dência invisível de sentimentos, que têm uma espécie de sensibilidade aumentada
> para os seus processos interiores mútuos. Um gesto é suficiente, e muitas vezes eles
> nem sequer precisam olhar um para o outro, eles são telepáticos entre si. Eles se
> comunicam através de um novo sentido, como se fosse uma espécie de compreensão
> "entre". Quanto mais esse sentido se desenvolve, maior é o talento para a espontanei-
> dade, sendo iguais todas as demais condições. (Moreno, J. L., 1947, p. 68)

A existência de tele tem sido validada experimentalmente. O mesmo não pode ser dito da transferência, que permanece no âmbito subjetivo e observacional do terapeuta. No livro *Quem sobreviverá?*, o capítulo "Sociometric measurement of social configurations based on deviations from chance" [Medida sociométrica das configurações baseadas no desvio padrão] afirma: "A principal hipótese a ser testada é a existência e o grau em que um fator hipotético, tele, opera na formação dos grupos". Esse artigo relata um estudo feito com 26 meninas que moravam num mesmo pavilhão na Training School for Girls, em Hudson, Nova York. O resultado das escolhas sociométricas que elas fizeram foi comparado com o resultado de "escolhas" feitas por sorteio. Aplicando-se critérios estatísti-cos, inclusive o teste de x^2, constatou-se que o número de escolhas mútuas reais

---

* Na versão brasileira do livro citado (Summus, 1984), a tradutora optou por "compreensão dos meios" como solução para a expressão original *medial understanding*. A tradução literal não seria esclarecedora e não temos equivalente em português que contemple a idéia de que o fenômeno se localiza "entre" os sujeitos, e não no interior de cada um deles. (N. T.)

foi superior ao número de mutualidades que ocorreriam caso fossem meramente casuais. Ao fator responsável por essa diferença deu-se o nome de tele.

Avaliem, agora, até onde a idéia de tele pode chegar. Acredito que muitos sábios da Índia devem ter um enorme campo de tele. Um exemplo: um aluno meu na Finlândia fora à Índia para encontrar Sri Baba, depois que muitos de seus amigos tinham ido lá com esse fim e voltado entusiasmados com a magnificência de sua experiência. Como ele era terapeuta, não podia ir imediatamente e precisou de seis meses para poder empreender a viagem. Chegando ao *ashram* e sendo convidado a encontrar Sri Baba, este homem iluminado disse-lhe: "Quando você chegou? Eu o estava esperando há seis meses." Onde está o tele? Outra pessoa, de outro país, discípulo do mesmo guru e que fora à Índia várias vezes para se aquecer na presença desse homem contou-me a seguinte história: uma noite, afastando-se do *ashram*, ele subiu a uma pequena colina para contemplar o templo. Qual não foi sua surpresa ao ver um enorme halo branco circundando-o. Aparentemente, a energia e o talento télico de Sri Baba transformam o espaço físico em volta dele e nele inserem essa luz.

Uma questão que vale tanto para nós, como terapeutas, quanto para nossos protagonistas e participantes dos grupos e que me preocupa ultimamente é: "Onde está seu tele, como ele está afetando você e aqueles em seu átomo social e cultural?" Precisamos trabalhar nossas conexões télicas e limpá-las da transferência, porque nosso tele está externalizado em algum lugar, criando efeitos de toda sorte, impactando todos aqueles que alcança.

Outra de minhas preocupações é o problema da percepção subjetiva. Como podemos ter certeza, como protagonista ou como terapeuta, de que a percepção apresentada é correta? A resposta é, claro, que ninguém pode estar certo. Lembro, por exemplo, de ter feito, no começo de minha formação, um psicodrama a respeito de minha relação com minha mãe. Enquanto eu estava como atriz, meu observador interno falou por um instante, dizendo-me: "É assim mesmo que ela é? Você faz que ela pareça quase monstruosa". Meu lado ator respondeu: "Mas nessa situação foi assim que eu a experienciei". Devo dizer que todo esse trabalho que fiz alterou profundamente nosso relacionamento para melhor. Contudo, foi preciso muito trabalho árduo.

Quando discuti a chamada percepção correta com Moreno, ele respondeu: "Mas isso é tudo que você tem. Você só pode apresentar o que é verdade para você. E é assim que eu abordo o paciente psicótico", prosseguiu. "Quando um paciente se me apresenta com sua percepção da vida, é aí que começo, não importa até que ponto essa percepção possa ser bizarra ou distorcida. Aceitando-a e trabalhando-a, talvez a mudança possa ser facilitada e a correção se dê". Ele estava me ensinando que a percepção é sujeita à mudança. Isso nos dá esperança.

Ao longo dos anos, tenho ensinado a muitos alunos: "Nenhum ser humano tem uma percepção total do outro. Ela não nos é dada. Percebemos partes, mas não a totalidade do ser do outro. No máximo, podemos ter uma percepção parcial, mas freqüentemente ela é distorcida, tênue ou perturbada, precisando portanto de esclarecimento".

É muito importante para nós quando alguém que pensamos conhecer bem se revela numa forma totalmente inusitada. Nesse momento, vemos aspectos da pessoa que antes nos eram invisíveis. Isso não significa que eles não estavam ali, apenas que estávamos cegos para eles. Quantos de vocês já não viveram essa experiência? Isso também significa, inevitavelmente, que nossa relação com a pessoa também muda, ou pelo menos deveria mudar, desde que tenhamos espontaneidade para encontrar aquela nova percepção.

Lembremos da clássica história do filho pródigo que retorna ao lar depois de sete anos e fica surpreso ao ver quanto seu pai aprendera naquele período. Ou, como muitos já vivenciamos, saímos de casa e vamos acampar ou estudar e, ao voltarmos, achamos que a casa encolheu. O respeito com que Moreno abordava os pacientes psicóticos tinha que ver com o fato de que ele podia aceitar suas percepções subjetivas, embora assimétricas, naquele momento. É provável que essa seja uma área dentro da qual a mediação funcione. O psicodrama muitas vezes revela aspectos do protagonista que simplesmente não eram visíveis até então. Embora eles nem sempre sejam atraentes, mesmo assim precisamos lidar com eles. Dos atraentes, Moreno disse que o psicodrama é um "cosmético para o psiquismo".

O respeito por nossas percepções subjetivas é, portanto, o ponto de partida para nossa mudança; aceitá-las, não importando até que ponto pareçam absurdas ou insanas, é uma maneira de liberá-las. Outra possibilidade de mudança perceptual é, obviamente, a inversão de papéis com o outro-significativo.

Agora, gostaria de falar sobre o que aconteceu com a questão da catarse. Sinto que algo infeliz ocorreu nessa área, por causa da freqüente referência que se faz ao psicodrama como uma forma de conseguir alívio de várias tensões emocionais. Preocupa-me em relação a isso que, caracterizando o processo dessa maneira, a idéia de catarse fica restrita ao que podemos definir como "catarse de ab-reação", enquanto na minha experiência esse tipo de catarse não é realmente o objetivo de nosso trabalho. A catarse de integração intra e interpessoal, embora menos aberta, é o fim real que buscamos alcançar. Ela desaponta aqueles que lutam por um efeito imediato e óbvio, tal como gritar, chorar, atirar objetos etc. – reações que, conquanto possam ser mobilizadas sob certas circunstâncias, não são tudo nem o final de tudo em nossa busca.

Em minha opinião, talvez incompleta, grande parte dessa confusão decorre do fato de que Moreno era muito teatral e histriônico. Seu isolamento parecia impulsioná-lo a provar eficácia à comunidade psiquiátrica. Os psiquiatras não eram treinados para ver mudança imediata em um paciente, e, quando isso acontecia tão dramaticamente nas demonstrações de Moreno, tendiam a atribuí-las à sua particular personalidade – ou seja, ninguém mais poderia produzir aqueles efeitos. Para desgosto de Moreno, que, naturalmente, tentava provar que esse método poderia ser ensinado a terceiros, e não sujeito ao poder mágico de um único indivíduo, especialmente ele próprio.

De alguma maneira, porém, a idéia foi plantada. Está na hora de desencantar os novatos, de adverti-los de que o caminho real para a espontaneidade e criatividade é um pouco diferente. É por isso que minha insistência com os alunos tem sido tão grande: "Seu protagonista não lhe deve nenhuma catarse. O processo funciona a seu modo e a seu tempo". O método funciona porque a mente humana é basicamente psicodramática. O psicodrama pode muito bem ser considerado um remédio homeopático.

Nosso trabalho não é linear. Isso é desconcertante para muitos terapeutas treinados numa filosofia diferente. Como os físicos quânticos, os psicodramatistas e sociometristas lidam com incertezas e probabilidades. Se você pode usar sua criatividade para levar a si, a seus protagonistas e aos egos-auxiliares para uma realidade suplementar – aquela que está além da realidade e mesmo da imaginação –, você não se sentirá deslocado nesse universo.

Hoje, os terapeutas estão se perguntando por que com toda essa terapia acontecendo o nível de vida da coletividade segue tão incerto, para dizer o mínimo. Se questionamos por que ocorrem as crises no plano macrossociológico, a despeito dos maiores *insights* psicológicos e de décadas de psicoterapia, talvez possamos encontrar uma explicação no campo da física. Os físicos, por exemplo, descobriram que as regras que governam o mundo macrofísico, tais como o campo magnético, não se aplicam ao nível microfísico, subatômico. As bactérias e os vírus invadem os humanos de maneira invisível no plano macrossociológico, na forma de pestilências e epidemias. Não seria pertinente, nesse caso, a hipótese de Moreno de que as crises macrossociológicas constituiriam, na verdade, evidências dos problemas que ocorrem no plano microssociológico ou interpessoal? Teríamos, assim, uma ligação entre as duas áreas, o que significa que, como futuros trabalhadores do mundo, temos enormes necessidades. Isso significa, além disso, que precisamos trabalhar nosso próprio tele, não o de nossos clientes. A idéia de autotele, o tele do eu da pessoa, não é muito aceita. Precisa existir equilíbrio entre diretor, ator e observador.

O psicodrama não pretende recriar uma experiência perturbadora. Isso implica fazer, desfazer, refazer e reintegrar, produzindo fechamento. As percepções subjetivas às vezes são distorcidas de tal forma que somente os outros podem mostrá-las, permitindo que nessa interação corretiva aceitemos e integremos as correções. Processamos a vida continuamente: precisamos corrigir ativamente o passado em nós e ajudar os outros a fazer o mesmo. A inversão de papéis é um corretivo profundo e, se utilizado com tele positivo, uma verdadeira reorientação.

Quando as pessoas me perguntam que mudanças eu fiz no método, as mudanças que tenho ensinado, respondo que elas se deram especialmente em quatro áreas.

A primeira, na história psicológica do protagonista. Talvez pelo fato de Moreno ter desejado diferenciar-se claramente de Freud, ele muitas vezes iniciava o protagonista com o presente e o movia para o futuro. Minha experiência vem mostrando de que o protagonista traz seu passado com ele, se nem sempre como um trauma significativo, como afirmava Freud, certamente com uma boa quantidade de resíduos. Esse mesmo resíduo se fez chegar até a dificuldade presente a ser superada. Assim, comecei a tentar ajudar os protagonistas a limparem o passado. Isso permitiu que o movimento na direção do presente e do futuro se tornasse mais fácil.

A outra mudança está na forma como uso os dublês. Como Moreno trabalhava com pacientes bastante comprometidos, cuja ideação era muitas vezes extremamente bizarra, ele utilizava dublês para ajudá-lo a compreender o paciente, mas também porque os dublês conseguiam interpretar o paciente para ele. O treinamento que recebi baseou-se na premissa de que o paciente não consegue explicar o que está acontecendo, freqüentemente não fala, cabendo ao dublê falar por ele e ajudá-lo a esclarecer os conteúdos interiores. Quando, porém, começamos a treinar outras pessoas para esse trabalho, ficou claro para mim que é do protagonista a tarefa de entrar nas camadas mais profundas, tarefa que se transforma num exercício muito mais intelectual do que emocional quando a responsabilidade por ela repousa no dublê. Na realidade, a idéia veio de um jovem protagonista que, numa cena com a namorada, irritou-se tanto com ela que deu um pulo, dizendo: "E agora eu mesmo vou ser meu dublê, porque ninguém aqui pode imaginar o tamanho da minha frustração e da minha raiva". Ele ficou em pé atrás de sua cadeira, como um dublê de verdade, e mostrou tudo a ela. Desde então, passei a fazer dessa maneira. Minhas instruções para o dublê são: "O protagonista na verdade sabe o que sente, daí que será seu próprio dublê. Você representa a parte exterior". Sempre fico feliz por aprender com o próprio processo que há novas maneiras de fazer as coisas.

A terceira área é provavelmente minha utilização da inversão de papéis, deixando o protagonista no papel do outro-significativo por bastante tempo. Houve uma sessão que dirigi praticamente inteira, à exceção apenas da cena final, com a protagonista sabendo que essa era sua tarefa. Ela representou várias cenas, começando no papel do pai, que contracenava com ela. Em nenhum momento ela saiu do papel nem corrigiu a auxiliar que a fazia, apenas indicando, quando perguntada, que a interação estava essencialmente correta.

Também uso a inversão mantendo o protagonista no papel invertido e entrevistando aquela pessoa, explicando a posição do protagonista e muitas vezes desafiando-o naquela posição invertida. Talvez o protagonista precise estar mais bem integrado para que isso funcione. É freqüente que eles partilhem da raiva ética que eu expresso em seu favor. Essa forma desafiadora deve ser manejada com muito cuidado para não confundir o protagonista.

A quarta mudança tem que ver com o uso do compartilhamento. Quando Moreno introduziu o compartilhamento, inicialmente ele estava preocupado com o fato de o protagonista ter-se desnudado por meio da cena; ele afirmava que se tratava de uma forma de amor e categoricamente defendia que o amor precisava ser retribuído com amor. Na verdade, ele não gostava do termo *feedback*, que, conforme ele nos fazia recordar, origina-se de dois dispositivos elétricos em conflito, que produzem um ruído muito desagradável. Ele acreditava que deveríamos chamar de retorno amoroso. O compartilhamento era encarado como a forma de reintegrar o protagonista ao grupo, mas também como uma forma de psicoterapia de grupo para as pessoas presentes. Ele dizia que esse era o aspecto de psicoterapia de grupo do psicodrama, contudo o compartilhamento é mais focado do que a terapia verbal, pois todos vivenciamos uma experiência comum que nos tocou de maneira original.

A mudança que introduzi consistiu em ter os egos-auxiliares, que mergulharam na cena, compartilhando primeiro com base em dois aspectos: o papel que desempenharam e o reflexo do psicodrama em sua história pessoal. A profundidade com que os auxiliares conseguem interpretar o papel do ausente, quase sempre tão correto que dificilmente o protagonista consegue acreditar que eles são estranhos, é uma experiência sempre surpreendente. Ela agrega os membros do grupo numa coesão maior e facilita o compartilhamento. Outra vantagem desse compartilhamento dos egos-auxiliares é o fato de que ele lhes permite deixar claro quem são; ajuda a desvesti-los do papel. Quando esse processo de desvestir está terminado, pede-se que o protagonista observe os egos-auxiliares e confirme que eles não representam mais o outro ou os outros-ausentes; isso é especialmente importante no caso de algum outroausente representar uma figura ameaçadora ou opressiva para o protagonista. Vencida essa fase, o restante do grupo é convidado a compartilhar.

A idéia de desvestir o papel surgiu durante as sessões de treinamento, e não quando Moreno ainda estava entre nós. Não me recordo de me terem perguntado, durante minha formação, se eu precisava limpar um papel. Era ponto pacífico que você faria isso espontaneamente e por si mesmo; consciente de que esse papel lhe foi imposto por outrem, talvez nem mesmo fazendo parte de seu repertório de papéis. Na medida em que ele seja, entretanto, um resíduo de um papel da pessoa ou então um papel rejeitado, pode continuar a incomodar depois de utilizado. Quando se trabalha com pacientes psicóticos ou severamente perturbados, espera-se que sejamos capazes de entrar e sair dos papéis, mantendo a consciência de que se trata da realidade do paciente, e não de nossa realidade pessoal. É possível que minha formação tenha sido útil para me distanciar do protagonista depois do trabalho, e assim conservar intacto meu *status*. Ao trabalhar com nossos pares, que criam conosco um tipo diferente de contato, em que acontecem encontros fora do teatro, desvestir o papel e reidentificar-se consigo mesmo se torna mais urgente.

No que se refere ao passado, é suficiente o que vimos até aqui. Está na hora de nos voltarmos para o que espero ser o futuro desse maravilhoso método. Talvez alguns de vocês se inspirem para colocar em prática essas idéias. Na verdade, espero isso, mas também penso que pode ser economicamente interessante. Eis o que considero necessário que aconteça no futuro:

1. Clínicas psicodramáticas com plantão 24 horas em todas as comunidades, nas quais as pessoas possam trabalhar suas dificuldades diante da violência ou de idéias suicidas. Devem estar onde as pessoas vivem.

2. Um teste pré-matrimonial e um centro de aconselhamento, em que jovens e velhos possam experimentar ativamente sua estrutura atual de papéis e suas expectativas futuras, no que concerne a seus papéis e aos papéis de seus parceiros. Um centro de previsão que utilize o teste de papéis para o casamento ou para a união estável oferece condições aos parceiros para que se testem e possam tanto ficar juntos quanto separados.

3. Considerando os problemas que vemos na família, há espaço para algum trabalho profilático e preventivo. Em alguns momentos, isso pode significar separar os casais antes que eles o façam, quando se torna claro que a relação não é viável no futuro. Creio que aqueles que empreenderem uma clínica dessa natureza terão aí uma boa forma de ganhar dinheiro.

4. Uma escola para futuros pais antes que o casal decida ter filhos; um lugar onde possam antes de mais nada se desvencilhar do contexto familiar, disfuncional, para não reproduzirem a trajetória dos pais. Quantas vezes não prometemos a nós mesmos, quando jovens, não cometer os mesmos erros de nossos pais, somente para nos pilharmos, horrorizados, falando com nosso filho de tal maneira que acabamos constatando: "Oh, meu Deus, ajo exatamente como minha mãe ou meu pai". Vamos dar aos protagonistas uma chance de se livrar desse bagulho. Talvez, talvez mesmo, possamos reduzir a infelicidade e a carga dos juizados da família, onde se julgam os divórcios. Preparados, serão capazes de assumir testes de papéis para si mesmos e para seus parceiros, a fim de verificar até que ponto estão prontos para se tornar pais e quanto eles conseguem se complementar mutuamente como pais e parceiros nessa interação de papéis mais sensível e desafiadora.

5. Em conseqüência disso, deveria haver uma escola para aqueles que já são pais e estão enfrentando problemas tanto com os parceiros quanto com os filhos. Pode ser que requeiram um período similar de treinamento ao daquele para pais em potencial. Um dos aspectos essenciais para ambas essas populações é a aprendizagem da dublagem e da inversão de papéis com os genitores e com os filhos.

6. Um psicodramatista em cada unidade escolar, habilitado também para intervenções sociométricas, profissional capaz de identificar os isolados e desencantados, os potenciais criadores de problemas e os violentos. Eles precisam de um lugar para conseguir fazer aconselhamento ativo, mas também para intervir no próprio sistema escolar. Neste exato momento há pais com medo de mandar os filhos para a escola; essa é a comunidade que queremos perpetuar?

7. Um psicodramatista em cada hospital geral, para ajudar os médicos, enfermeiros e administradores a inverter papéis com alguns de seus pacientes. Posso contar a vocês algumas histórias de terror, por experiência própria, a respeito do abuso emocional e da negligência emocional de pacientes, e vocês provavelmente também devem ter histórias assim. Conseguiremos não apenas humanizar o hospital, mas também acelerar os índices de recuperação.

8. Que tal algum de nós chegar ao Congresso Nacional? Não creio que isso se tornará realidade enquanto eu estiver viva, porém essa pessoa poderia levar aos assim chamados representantes do povo algum senso de preocupação real com seus constituintes. Essa tarefa talvez pareça sobre-humana, mas tratar psicóticos já foi considerado impossível, da mesma forma como houve ocasiões em que precisamos nos perguntar se o Congresso não seria um hospício.

9. E que tal se um de nós chegasse à Casa Branca? Poderíamos ajudar os presidentes ninfomaníacos ou egomaníacos ou mesmo criminosos? Essa solução nunca foi tentada, mas vale a pena pensar nela.

Winston Churchill disse: "Os impérios do futuro são os impérios da mente". Vejamos como vocês podem exercer esse tipo de império.

Para finalizar, permitam-se repassar os temas que abordei:

a. Como utilizar o processo de aquecimento na vida e no trabalho.

b. O significado de tele e como verificar que opera em todas as interações.

c. As três dimensões da personalidade – o diretor, o ator e o observador – e como lidar com elas; o efeito que o modo de fazê-lo tem sobre os demais.

d. O bebê ou filho psicodramático: o seu próprio ou como encontrá-lo em seu protagonista e nas outras pessoas de sua vida.

e. A estrutura de papéis no casamento, sua importância e efeito; novos papéis que surgem e perturbam o casamento; velhos papéis que se recusam a morrer.

f. O problema da percepção subjetiva e como lidar com ela.

g. O futuro de nosso trabalho na clínica e em outras áreas da vida.

Prevenção do suicídio pela intervenção sociométrica perceptual*

COMENTÁRIOS DE ZERKA

A questão do suicídio é sempre delicada e difícil de abordar. Um dia ela me assaltou novamente: não podemos fazer um diagnóstico decente sem saber o meio sociométrico de nossos clientes. Sem isso, como podem eles se sentir compreendidos e como podemos tratá-los adequadamente? Escrevi esse texto para falar a respeito disso.

O suicídio é definido no dicionário como "a intenção de tirar a própria vida". Ou ainda: "a destruição dos próprios interesses". O que essas duas definições têm em comum é o fato de que o *status quo* deixa de existir. Em termos sociométricos, podemos também dizer que o tele, que conecta o indivíduo com os demais, foi eliminado.

Tele é um conceito introduzido por J. L. Moreno que transcende as idéias de empatia e de transferência por englobar a ambos e acrescentar outra dimensão, que envolve mutualidade. Tele sempre tem que ver com a conexão entre pelo menos duas pessoas. Implica a capacidade de se colocar no lugar do outro, de representar as perspectivas do outro e incluir essas perspectivas em relação a si mesmo. Em menor escala, relembra um dos "diálogos consigo mesmo" de Platão. A inversão de papéis é um conceito criado dentro do contexto psicodramático e se relaciona com a capacidade de tele.

---

* Texto inédito redigido em 2004.

A exploração do átomo social do paciente suicida, cujas interações mostram uma interrupção do tele, lança luz sobre essas idéias. O átomo social é um retrato dos relacionamentos significativos do paciente, sempre analisados do ponto de vista da mutualidade. Essa mutualidade pode comportar as dimensões positiva, negativa ou neutra. Um átomo social equilibrado descreve um indivíduo emocionalmente saudável. Desequilibrado, indica o oposto. A restauração do equilíbrio é um dos propósitos do tratamento psicodramático e sociométrico. As sessões psicoterápicas a seguir descrevem o uso da investigação sociométrica e da atuação psicodramática, especificamente a inversão de papéis.

No decorrer do trabalho com protagonistas pós-suicidas e potencialmente suicidas, descobri que eles levam consigo dois sociogramas distintos, denominados "sociograma da vida" e "sociograma da morte". Por meio da exploração psicodramática desses dois sociogramas, as resoluções se oferecem na forma indicada pelo sociograma da vida. Segundo minha teoria, o sociograma da morte deve ser fortemente confrontado, tornando o psicodrama da vida mais significativo que a pressão exercida sobre o cliente pelo sociograma da morte.

Eis alguns exemplos.

Penny, uma garota de 18 anos, recém-egressa de um hospital público, vem para uma sessão psicodramática. A primeira coisa que faço é colocá-la no papel do psiquiatra que lhe deu alta. Com Penny nesse papel, pergunto: "Ela ainda está deprimida?" "Sim, está." "Por que você deu alta para ela?" Em minha mente em estado de choque, surgiu a lembrança da famosa afirmação de Carol Burnett: "Meu pai, que era médico, partia do princípio de que os mortos não contam histórias". Aparentemente, o psiquiatra não queria fazer nada mais com ela. Tive o bom senso de não avançar no significado dessa resposta, afirmando simplesmente: "Sei!" Então, pedi a Penny que retornasse ao seu papel e perguntei: "Por que você quer pôr fim à sua vida?" "Como você se sentiria se seis de seus melhores amigos tivessem morrido em um ano?", ela pergunta em tom de desafio. "Suicida", respondi. Penny pareceu relaxar um pouco. Pedi a ela que pegasse seis cadeiras e as dispusesse em círculo no palco, colocando um papel com o nome de cada um em cada cadeira, para que ambas não nos esquecêssemos.

À medida que Penny foi invertendo papéis com cada amigo, ficou evidente que ela era uma garota especialmente brilhante, uma aluna nota dez. Seus amigos morreram de causas diversas – doenças, acidentes, overdose e assim por diante. Notadamente, na inversão de papéis, nenhum deles, sem exceção, deu a ela permissão para se juntar a eles. Ao contrário, insistiram para que ela permanecesse viva, fizesse faculdade, tornasse sua vida produtiva para superar a falta deles. Apesar de toda força feita pela ego-auxiliar que desempenhava o papel dela, lutando com eles, Penny não se convenceu.

Quando todos os seis tinham sido apresentados, perguntei a ela a respeito de seus pais, uma vez que eles não apareciam em sua galeria de apoios. "Minha mãe foi esquizofrênica durante toda a vida e meu pai se ocupava de mantê-la fora de um hospital psiquiátrico." É difícil escapar à ironia da situação. Claramente há uma tremenda defasagem entre a geração mais velha e a mais nova, que inclui um irmão mais velho que, de acordo com Penny, é o único da família que se preocupa com ela. Na verdade, os dois formam uma parceria tão sólida quanto a dos mais velhos e eles se apóiam mutuamente. Então, descubro que ocorrera outra perda profunda no mundo de Penny que a empurrara para o caminho da auto-eliminação: seu querido irmão tinha se casado recentemente e se mudado para outro estado, deixando-a à deriva no mundo. Ela não mencionou essa perda senão quando começamos a olhar o sociograma da família como percebido pela protagonista.

O sociograma familiar mostra uma completa separação entre os pais e os filhos. O único vínculo com algum tele é entre o pai e sua prole; no entanto, quando peço a ela que indique quais das linhas eram mais grossas, ela aponta como mais fortes as linhas entre os pais e as linhas entre os filhos, enquanto as linhas do pai, nos dois sentidos, eram muito mais tênues. Não havia conexão com a mãe por parte de nenhum dos filhos.

Com o advento do casamento do irmão e o foco dele voltado para a esposa, Penny perdeu todos os vínculos que a ligavam à sua família.

Decidi entrar em ação mais uma vez e pedi a ela que assumisse o papel de seu irmão, que agora morava num estado longínquo no Oeste. Perguntei a Penny no papel de Bob: "Você sabe que sua irmã passou por uma depressão suicida?" Bob

(Penny) arregalou os olhos, alarmado. "Não, eu não sabia". "Você quer dizer que ela não contou pra você?" "Não, ela não contou, acho que ela não quer me aborrecer porque acabo de me casar." "Sim, entendo. Mas diga-me, Bob, como você se sentiria se soubesse que ela conseguiu se matar?" Àquela altura, os olhos de Bob (Penny) se enchem de lágrimas e mal podemos ouvi-lo dizer: "Meu Deus, que horror!" "Nessas circunstâncias, você teria gostado de ajudá-la se pudesse, caso Penny fosse ter com você e lhe contasse seu segredo?" "Sim, é claro." "Você percebe que Penny não quer interferir em seu casamento? Essa é a razão pela qual ela não lhe deu chance de ajudá-la. Isso não afetaria seu casamento da mesma forma? Você se sentiria culpado?" "Sim, acho que sim." "Bem, ainda há tempo para fazer alguma coisa. Vou falar com Penny. Obrigado por ter vindo."

Pedi a Penny que voltasse ao seu papel. "Parece que você deveria escrever para seu irmão. Não quer fazer isso agora?" Ela concorda. Papel, caneta e envelope foram rapidamente providenciados. Mandamos a carta. A resposta do irmão, dizendo que ela poderia viver com ele e a esposa enquanto freqüentasse a faculdade, tornou possível para Penny seguir produtivamente sua vida.

A segunda protagonista, Anne, cujo sociograma mostra essa introjeção do sociograma da morte em sua vida, é uma estudante do segundo ano de medicina que tentou suicídio duas vezes e na última tentativa quebrou o tornozelo. Ela está internada num hospital neuropsiquiátrico e se apresentou voluntariamente para o psicodrama que estou conduzindo lá para a equipe técnica.

Explorando sua estrutura familiar, ela representa a mãe como uma mulher deprimida, que enviuvou recentemente, quando o segundo marido faleceu num acidente de carro. Ela ficou totalmente abalada e não compreende a filha. Existe uma meia-irmã mais nova desse segundo casamento, que vive com a mãe.

No decorrer do psicodrama fica claro que o vínculo real da protagonista é com o padrasto. Ela nunca chegou a conhecer seu pai biológico e o padrasto foi a âncora de sua vida. Foi depois de sua morte que ela tentou suicídio pela primeira vez.

A cena com a mãe não traz nenhum material significativo para investigação posterior. Decido pedir que ela inverta papéis com o padrasto ausente, enquanto eu faço o papel dela. Quando lhe solicitei que saísse de sua cadeira de rodas e sentasse na cadeira dele, as enfermeiras correram para me impedir, mas eu as detive, garantindo que ela estaria segura comigo. Entendi a preocupação delas com o bem-estar físico da paciente, contudo havia uma ironia no fato de elas não conseguirem perceber o fio tênue que a mantinha com vida.

Observei como a protagonista fez as rodas de sua cadeira se enroscarem ao encarar a cadeira vazia de seu padrasto, e aí comecei a fazer os mesmos movimentos de rotação que ela fazia na cadeira de rodas, enquanto dizia a ele: "Por que você morreu? Você sabia que era a pessoa que eu mais amava. Quero ir onde você está e ficar junto com você". A protagonista tem uma reação brusca e firme, repreendendo-me: "Não, você não deve fazer isso. Dependo de você para cuidar de sua irmã. Ela precisa de você. Você sabe que sua mãe é incapaz de cuidar dela direito. Mostrei a você como tomar conta de uma criança pequena. Gosto de você e não teria lhe deixado se pudesse ter previsto, mas agora você não pode vir juntar-se a mim, isso me faria sentir muito pior. Desculpe-me. Deixei você triste. Não deixemos sua irmã triste. Você vai ficar bem, volte para casa, continue seus estudos e cuide de sua irmã. Conto com você para fazer isso por mim". Nesse ponto, reinvertemos os papéis e Anne ouviu a mensagem. Ela me prometeu, no papel do pai, que seguiria seus conselhos.

No dia seguinte, dois residentes que estavam presentes e eram responsáveis por ela me disseram que "seu rosto perdeu aquela máscara e ela parece completamente diferente". Ela recebeu alta logo depois. Não ficou claro, na ocasião, se ela tinha retornado à faculdade de medicina.

Resumindo, propus a hipótese de que o sociograma da vida *versus* o da morte devem ser revelados em ação e que essa exploração é capaz de revelar a atração de um ou outro sociograma,no que diz respeito à profundidade da ligação com o protagonista. Essa ligação do sociograma da morte pode ser tão forte quanto – ou até mais forte que – o que aponta para a vida. Nesse caso, o sociograma da morte precisa ser revelado e enfrentado, e o sociograma da vida redimensionado com contatos significativos para que o protagonista não seja puxado para o outro lado.[1]

Parte I – O início: 1944–1948

1. A análise de papéis e a estrutura do público

1. Uma observação que sustenta essa afirmação pode ser encontrada no pró-logo ao volume 8 da revista *Sociometry, a Journal of Interpersonal Relations* (também denominado *Group Psychotherapy: a Symposium*). Nele, o dr. Winfred Overholser – superintendente do Hospital Saint Elizabeths, de Washington, DC, professor de psiquiatria na Escola de Medicina da Universidade George Washington e então pre-sidente-eleito da Associação Psiquiátrica Americana – escreveu:

> Duas linhas de pensamento, que de vez em quando convergem, tornam mais lógica a intensificação do interesse na aplicação de métodos psicoterápicos ao grupo e dentro dele. Uma é o reconhecimento [...] de que o comportamento é o resultado da resposta do organismo como um todo às influencias ambientais, entre as quais as mais importantes são as pessoas. A outra é o fato, demonstrado dolorosamente no decorrer da recente guerra, de que a oferta de psiquiatras está muito abaixo da demanda. Então, se analisarmos a situação do ponto de vista teórico [...] ou prático [...], somos forçados a reconhecer a necessidade e o valor da psicoterapia de grupo.

2. Neste artigo de Zerka, seu primeiríssimo, o leitor vai perceber a maneira como as sessões abertas originais de psicodrama foram conduzidas: o protagonis-ta (algumas vezes chamado de sujeito) deveria preparar brevemente os auxiliares nos bastidores, transmitindo a eles as características do "personagem" que deveriam retratar. Hoje, na maioria das sessões de psicodrama, o grupo participa dessa trans-missão de informações, obtidas quando, sob orientação do diretor, o protagonista inverte papéis.

3. No artigo original, uma nota de rodapé marcada com asterisco dizia: "A análise psiquiátrica do diretor foi omitida por questões de espaço.

4. Essa parte final do artigo foi editada e reescrita, para maior clareza.

5. A bibliografia que consta do final deste artigo inclui os seguintes autores: Burgess, 1941; Cottrell e Gallagher, 1941; Hendry, 1944; Meyer, 1941; Moreno, J. L.,

1939a, 1941a, 1947; Moreno, J. L. e Dunkin, 1931, 1941; Moreno, J. L. e Jennings, 1936; Moreno, J. L. e Toeman, 1941; Sarbin, 1941; Umansky, 1944; Wilder, 1941; Zander e Lippitt, 1944 (para obter a citação completa, verificar a bibliografia ao final do livro).

3. Teste sociodramático do público

1. A tabela 3.1 foi modificada de modo a incluir os resultados obtidos com o Público IX, que apareciam separadamente.

4. Reações do público a filmes terapêuticos

1. No artigo original, há uma nota nesta parte. O texto diz: "Filme terapêutico, um termo cunhado e definido por Moreno como 'um tipo de película cujo principal objetivo é tratar a platéia'".

7. A "dublagem" em psicodrama

1. No artigo original, uma nota de rodapé no final da página diz: "Ambas as sessões foram dirigidas por J. L. Moreno".

2. Uma nota de rodapé sobre essa afirmação diz: "Os sujeitos freqüentemente expressam ressentimento com a dublagem. Esse ressentimento é tanto maior quanto mais perto o ego-auxiliar chega do ponto de travessia desse limite, levando a uma completa duplicação de muitas experiências do sujeito que estão cuidadosamente ocultadas. Seria como uma espécie de intrusão inesperada. O sujeito é orientado, freqüentemente, a conservar a verdade consigo mesmo. "A verdade dói."

3. Foi utilizado um gravador de rolo, precursor da fita magnética.

Parte II – Pioneiros: 1949–1965

8. História do movimento sociométrico em manchetes

1. A cronologia dos anos subseqüentes pode ser encontrada na coletânea de escritos de Moreno organizada por Jonathan Fox, *The essential Moreno* (1987) [*O essencial de Moreno*, Ágora] e na biografia escrita por René Marineau, *Jacob Levy Moreno 1889–1974: father of psychodrama, sociometry, and group psychotherapy* (1989) [*Jacob Levy Moreno – 1889–1974: pai do psicodrama, da sociometria e da psicoterapia de grupo*, Ágora].

10. Psicodrama dentro de casa

1. Uma nota de rodapé no texto original diz: "A definição literal de ego-auxiliar é ser auxiliar, ser uma ajuda para outro indivíduo, como no caso de uma mãe ou equivalente para um bebê. A função usual do ego-auxiliar, no psicodrama, é representar para o protagonista uma pessoa ausente (pai, esposa etc.)".

2. Uma nota de rodapé no texto original diz: "Leia junto com este artigo: J. L. Moreno, "Psychodramatic treatment of psychosis" [Tratamento psicodramático da psicose], *Sociometry*, v. III, 2: n. 1, 1941, p. 115-132; para definições das técnicas de dublê, espelho e inversão de papéis, veja: Zerka Toeman (Moreno), "Clinical psychodrama, auxiliary ego, double and mirror techniques" [Psicodrama clínico, ego-auxiliar, técnicas de dublê e espelho], *Sociometry*, v. 9, n. 2-3, 1946; "The 'double situation' in psychodrama" [A 'dublagem' no psicodrama], *Sociatry*, v. I, n. 4, 1948; "Psychodrama in a well-baby clinic" [O psicodrama numa clínica de puericultura], *Group Psychotherapy*, v. 4, n. 1-2, 1952.

11. Nota sobre aprendizagem espontânea *in situ* versus *aprendizagem acadêmica*

1. Nesse ponto do original, uma nota diz: "*Helen Keller – The story of my life*, publicado por Doubleday & Co.".

2. No final desse artigo, aparecem as seguintes obras (consulte a bibliografia para obter as referências completas): Lippitt, 1948; Moreno, J. L., 1944c, 1949; Moreno, J. L. e Moreno, F. G., 1944; Moreno, J. L., Moreno, Z. T. e Moreno J. D., 1955; Moreno, Z. T., 1954.

13. Um panorama das técnicas psicodramáticas

1. Várias técnicas são apresentadas tanto neste artigo quanto no artigo 14, "Psicodrama: regras, técnicas e métodos complementares". Por questões de espaço, fizemos um levantamento das descrições e as dividimos da seguinte forma: solilóquio, psicodrama alucinatório, dublagem múltipla, inversão de papéis, apresentação de sonhos e comunidade terapêutica são apresentadas neste artigo, com descrições não duplicadas; solilóquio terapêutico, auto-apresentação, dublê, espelho e projeção futura são descritas no artigo 14.

14. Psicodrama: regras, técnicas e métodos complementares

1. Várias técnicas são apresentadas tanto neste artigo quanto no artigo 13, "Um panorama das técnicas psicodramáticas". Por questão de espaço, fizemos um levantamento das descrições e as dividimos da seguinte forma: neste artigo são descritas as técnicas de solilóquio terapêutico, auto-apresentação, dublê, espelho e projeção futura. No artigo 13 são contemplados o solilóquio, o psicodrama alucinatório, a dublagem múltipla, a inversão de papéis, a apresentação de sonhos e a comunidade terapêutica.

Parte III – Transições: 1966–1974

15. A mente seminal de J. L. Moreno e sua influência sobre a geração atual

1. Nesse ponto do original, uma nota diz: "Revista trimestral cujo editor-chefe era J. L. Moreno, publicada pela editora Anzengruber Verlag, Viena, 1918".

17. Morenianos: os heréticos de ontem são a ortodoxia de hoje

1. Uma nota de rodapé no artigo original diz: "Morenianos: profissionais que seguem os princípios de Moreno. Morenismo: relativo à obra de J. L. Moreno e seus desdobramentos."

2. Alguns anos depois da morte de Moreno, ficamos felizes em saber que uma rua de Mittendorf tinha sido denominada "Rua Dr. Moreno" ("Dr. Moreno Strasse").

Parte IV – Por si mesma: 1974–1997

22. O significado da dublagem e da inversão de papéis para o homem cósmico

1. A bibliografia ao final desse artigo listava as seguintes fontes: Moreno, J. L., 1946c, 1953; Moreno, J. L. e Moreno, Z. T., 1959. Para obter as referências completas, verifique a bibliografia ao final deste livro.

23. A função do ego-auxiliar no psicodrama, com especial referência a pacientes psicóticos

1. Ao final do artigo original aparece a seguinte lista de referências: Moreno, J. L., 1946a, 1973; Moreno, J. L. e Moreno Z. T., 1959, 1969. Para obter as referências completas, verifique a bibliografia ao final deste livro.

Parte V – O novo milênio e além: de 2000 até o presente

27. Prevenção do suicídio pela intervenção sociométrica perceptual

1. As referências no final do artigo original são as seguintes: Moreno, J. L., 1953, 1957a, 1957c. As informações completas estão na bibliografia ao final deste livro.

REFERÊNCIAS BIBLIOGRÁFICAS

ALGER, I.; HOGAN, P. "The use of videotape recordings in conjoint marital therapy". *American Journal of Psychiatry*, n. 123, 1967, p. 1425-1430.

ALLPORT, G. W. *Personality: a psychological interpretation*. Nova York: Holt, 1938.

_____. "Comments on: J. L. Moreno, 'Transference, countertransference, and tele, their relation to group research and group psychotherapy'". *Group Psychotherapy, a Quarterly Journal*, v. VII, n. 3-4, 1954, p. 307-308.

ARDREY, R. *The territorial imperative*. Nova York: Atheneum, 1966.

ARENDT, H. *The human condition*. Chicago: The University of Chicago Press, 1958.

_____. *Lectures on Kant's political philosophy*. Chicago: The University of Chicago Press, 1982.

ARISTOTLE. *Niconrachean ethics book IV*. Londres: Longmans/Green, 1974.

BEN ALI, B. "An experience with a frustrated group". *Group Psychotherapy*, v. XI, n. 2, 1958, p. 153-158.

BIDDLE, B. J.; THOMAS, E. J. *Role theory*. Nova York: Wiley, 1966.

BISCHOF, L. J. *Interpreting personality theories*. Nova York: Harper & Row, 1970.

BLAMER, A. "The dynamics of catharsis". *Journal of Group Psychotherapy, Psychodrama and Sociometry*, v. XXXVII, n. 4, 1985, p. 157-166.

BOORSTIN, D. *The creators: a history of heroes of the imagination*. Nova York: Random House, 1992.

BUCHANAN, D. R. "Moreno's social atom: a diagnostic and treatment tool for exploring interpersonal relationships". *The Arts in Psychotherapy*, v. XI, 1984, p. 155-164.

BUCHANAN, D. R.; ENNEIS, J. M. "The central concern model: a framework for structuring psychodramatic production". *Journal of Group Psychotherapy, Psychodrama and Sociometry*, v. XXXIII, 1980, p. 47-62.

BURGESS, E. W. "An experiment in the standardization of the case-study method". *Sociometry, a Journal of Interpersonal Relations*, v. IV, n. 4, 1941, p. 329-348.

BYCHOWSKI, G.; DESPERT, J. L. *Specialized techniques in psychotherapy*. Nova York: Grove Press, 1952.

COMPERNOLLE, T. "J. L. Moreno, an unrecognized pioneer of family therapy". *Family Process*, n. 20, 1981, p. 331-335.

CONTY, P. "The geometry of the labyrinth". *Parabola. The Search for Meaning*, v. XVII, n. 2, 1992, p. 14.

CORSINI, R. J. *Methods of group psychotherapy*. Nova York: McGraw-Hill, 1957.

COTTRELL JR., L. S.; GULLAGHER, R. "Developments in social psychology. 1930-1940". *Sociometry Monograph No. 1*. Beacon: Beacon House, 1941.

CRISWELL, J. H. "Racial cleavage in negro–white groups". *Sociometry, a Journal of Interpersonal Relations*, v. I, n. 1-2, 1935, p. 81-89.

DESCARTES, R. *Disclosure on method and meditations*. Nova York: Liberal Arts Press, 1960.

DEUTSCHBERGER, P. "The tele-factor: horizon and awareness". *Sociometry, a Journal of Interpersonal Relations*, v. X, n. 3, 1947, p. 242-249.

DIENER, G. "Relation of the delusionary process in Goethe's Lila to analytic psychology and to psychodrama". *Group Psychotherapy and Psychodrama, a Quarterly Journal*, v. XXIV, n. 1-2, 1971, p. 5-13.

DREIKURS, R.; CORSINI, R. J. "Twenty years of group psychotherapy". *American Journal of Psychiatry*, v. 110, 1954, p. 567.

ERICKSON, E. *Young man Luther*. Nova York: W.W. Norton, 1958.

EZRIEL, H. A. "Psychoanalytic approach to group treatment". *British Journal of Medical Psychology*, v. 23, 1950, p. 59.

FLORMAN, S. "Subsumed by science". *MIT Technology Review*, 1997, p. 39.

FOX, J. (org.). *The essential Moreno*. Nova York: Springer, 1987. [*O essencial de Moreno – Textos sobre psicodrama, terapia de grupo e espontaneidade*. São Paulo: Ágora, 2002.]

FREUD. S. *Vorlesungen zur Einfuehrung in die Psychoanalyse*. Viena: The International Psychoanalytical Press, 1926.

FROMM-REICHMANN, F. *Principles of intensive psychotherapy*. Chicago: University of Chicago Press, 1950.

FROMM-REICHMANN, F.; MORENO, J. L. (orgs.). *Progress in psychotherapy*. Nova York: Grune & Stratton, 1956.

GAYLIN, W. *The rage within: anger in modern life*. Nova York: Simon & Schuster, 1984.

GOLDMAN, E.; MORRISON, D. *Psychodrama: experience and process*. Dubuque: Kendall Hunt, 1984.

GRINKER, R. "Complementary psychotherapy". *American Journal of Psychiatry*, v. 123, 1966, p. 633-638.

HARROW, G. S. "The effects of psychodrama group psychotherapy on schizophrenic patients". *Group Psychotherapy, Journal of Sociopsychopathology and Sociatry*, v. 111, n. 4, 1951, p. 316-320.

HASKELL, M. R. "Psychodramatic role training in preparation for release on parole". *Group Psychotherapy, a Quarterly Journal*, v. X, n. 1, 1957, p. 51-59.

HENDRY, C. E. "Role practice brings the community into the classroom". *Sociometry, a Journal of Interpersonal Relations*, v. VII, n. 2, 1944, p. 196-204.

HENDRY, C.; ZANDER, A.; LIPPITT, R. "Reality practice as educational method". *Psychodrama Monograph No. 9*. Beacon: Beacon House, 1944.

HOLLANDER, C.; HOLLANDER, S. *The warm up box*. Denver: Snow Lion Press, 1978.

_____. "A sociometric autopsy of violence: in memory of Columbine High School". Paper apresentado na conferência da American Society of Group Psychotherapy and Psychodrama, Nova York, março de 2000.

HOLMES, P.; KARP, M. *Psychodrama: inspiration and technique*. Londres: Routledge, 1991. [*Psicodrama – Inspiração e técnica*. São Paulo: Ágora, 1992.]

HOMANS, G. *The human group*. Nova York: Harcourt Brace, 1950.

HOWELLS, J. G. (org.) *Advances in family psychiatry*. v. I. Nova York: International Universities Press, 1979.

JOHNSON, P. E. *Psychology of religion*. Nashville: Abingdon Press, 1959.

KARPEL, M. A.; STRAUSS, E-S. *Family evaluation*. Nova York: Gardner Press, 1983.

KELLER, H. *The story of my life*. Nova York: Doubleday, 1988.

LIEBERMAN, E. J. *Acts of will. The life and work of Otto Rank*. Nova York: The Free Press, 1985.

LIPPITT, R. "Psychodrama in the home". *Sociatry, Journal of Group and Intergroup Therapy*, v. 1, n. 2, 1948, p. 148-167.

LIPPS, T. "Das Wissen von Fremden lchen". *Psychologische Untersuchungen*, v. 1, 1907.

LONGINUS. "On the sublime". In: BATE, W. J. (org.). *Criticism: the major texts*. Nova York: Harcourt Brace Jovanovich, 1970.

LOOMIS, C. P.; PEPINSKY, H. B. "Sociometry, 1937-1947". *Sociometry, a Journal of Interpersonal Relations*, v. XI, n. 3, 1948, p. 262-286.

MANN, J. "Evaluation of group psychotherapy". In: MORENO, J. L. (org.). *International handbook of group psychotherapy*. Nova York: Philosophical Library, 1965.

MARINEAU, R. *Jacob Levy Moreno 1889-1974: father of psychodrama, sociometry, and group psychotherapy*. Londres: Routledge, 1989. [*Jacob Levy Moreno – 1889–1974: Pai do psicodrama, da sociometria e da psicoterapia de grupo*. São Paulo: Ágora, 1992.]

MASSERMAN, J. H. *The practice of dynamic psychiatry*. Los Angeles: W.B. Saunders, 1955.

MEYER, A. "Spontaneity". *Sociometry, a Journal of Interpersonal Relations*, v. IV, n. 2, 1941, p. 150-167.

MILL, J. S. (1843) *A system of logic*. Toronto: University of Toronto Press, 1973.

MINEAR, V. "An initial venture in the use of television as a medium for psychodrama". *Group Psychotherapy, a Journal of Sociopsychopathology and Sociatry*, v. VI, n. 1-2, 1953, p. 115-117.

MITTLEMAN, B. "The concurrent analysis of married couples". *Psychoanalytic Quarterly*, v. 17, 1948, p. 182-197.

Moreno, J. L. *Das Testament des Vaters*. Berlim: Kiepenheuer Verlag: 1920/1922. [Em inglês, pela mesma editora: *The words of the father*, 1941, 1974.] [*As palavras do pai*. Campinas: Psy, 1992.]

_____. (1924) *Das Stegreiftheater*. Berlim: Kiepenheuer Verlag, 1924. [Em inglês: *The theatre of spontaneity*. Beacon: Beacon House, 1947.] [*O teatro da espontaneidade*. São Paulo: Summus, 1984.]

_____. *Application of the group method to classification*. Nova York: National Committee on Prisons and Prison Labor, 1931.

_____. (1934, 1953*) Who shall survive?* Beacon: Beacon House, 1934/1953. [*Quem sobreviverá? Fundamentos da sociometria, da psicoterapia de grupo e do sociodrama*. Goiânia: Dimensão, 1994.]

_____. "Interpersonal therapy and the psychopathology of interpersonal relations". *Sociometry, a Journal of Interpersonal Relations*, 1, n. 1-2, 1937, p. 9-76.

_____. "Psychodramatic shock therapy – A sociometry approach to the problem of mental disorders". *Sociometry, a Journal of Interpersonal Relations*, v. 11, n. 1, 1938, p. 1-30.

_____. "Creativity and cultural conserves, with special reference to musical expression". *Sociometry, a Journal of Interpersonal Relations*, v. 11, n. 2, 1939a, p. 1-36.

_____. "Psychodramatic shock therapy". *Psychodrama and Group Psychotherapy, Monograph No. 5*. Beacon: Beacon House, 1939b.

_____. "Psychodramatic treatment of marriage problems". *Sociometry, a Journal of Interpersonal Relations*, v. III, 1939c, p. 1-23.

_____. "Psychodramatic treatment of psychoses". *Sociometry, a Journal of Interpersonal Relations*, v. III, n. 2, p. 115-132, 1939d.

_____. "Mental catharsis and the psychodrama". *Sociometry, a Journal of Interpersonal Relations*, v. III, p. 209-244, 1939e.

_____. "A frame of reference for testing the social investigator". *Sociometry*, v. III, n. 4, 1940, p. 317-327.

_____. "The philosophy of the moment and the spontaneity theatre". *Sociometry*, v. IV, n. 2, 1941a, p. 205-226.

_____. *The words of the father*. Beacon: Beacon House, 1941b/1974. [*As palavras do pai*. Campinas: Psy, 1992.]

_____. "Sociometry and the cultural order". *Sociometry, a Journal of interpersonal Relations*, v. VI, n. 3, 1943, p. 299-344.

_____. "A case of paranoia treated through psychodrama". *Sociometry, a Journal of Interpersonal Relations*, v. VII, n. 3, 1944a, p. 312-327.

_____. "Sociodrama, a method for the analysis of social conflicts". *Psychodrama Monograph No. 16*. Beacon: Beacon House, 1944b.

_____. "Spontaneity test and spontaneity training". *Psychodrama Monograph No. 4*. Beacon: Beacon House, 1944c.

_____. "Psychodrama and the psychopathology of interpersonal relations". *Psychodrama Monograph No. 14*. Beacon: Beacon House, 1944d.

_____. *Group Psychotherapy: a Symposium*. Beacon: Beacon House, 1945a.

_____. *Psychodrama. Collected papers*. Beacon: Beacon House, 1945b.

_____. "Psychodrama and therapeutic motion pictures". *Psychodrama Monograph No. 11*. Beacon: Beacon House, 1945c.

_____. "Psychodrama and group psychotherapy". *Sociometry, a Journal of Interpersonal Relations*, v. IX, n. 2-3, 1946a, p. 249-253.

_____. "Psychodrama and the psychopathology of interpersonal relations". *Psychodrama Monograph No. 16*. Beacon: Beacon House, 1946b.

_____. *Psychodrama, first volume.* Beacon: Beacon House, 1946c. [*Psicodrama*. São Paulo: Cultrix, 1993.]

_____. *The theatre of spontaneity.* Beacon: Beacon House, 1947. [*O teatro da espontaneidade*. São Paulo: Summus, 1984.]

_____. *Psychodrama and sociodrama in American education.* Beacon: Beacon House, 1948.

_____. "The Spontaneity theory of learning". In: *Spontaneity and sociodrama in American education.* Beacon: Beacon House, 1949.

_____. *Sociometry. Experimental method and the science of society.* Beacon: Beacon House, 1951.

_____. "Psychodramatic production techniques". *Group Psychotherapy, a Journal of Sociopsychopathology and Sociatry*, v. IV, n. 4, 1952, p. 243-273.

_____. *Who shall survive? The foundations of sociometry, group psychotherapy and psychodrama.* Beacon: Beacon House, 1953. [*Quem sobreviverá? Fundamentos da sociometria, da psicoterapia de grupo e do sociodrama*. Goiânia: Dimensão, 1994.]

_____. "Transference, countertransference and tele: their relation to group research and group psychotherapy". *Group Psychotherapy, a Quarterly Journal*, v. VII, n. 2, 1954, p. 107-117.

_____. *Prelude to my autobiography.* Beacon: Beacon House, 1955.

_____. *Sociometry and the science of man.* Beacon: Beacon House, 1956.

_____. "Philosophy of the third psychiatric revolution". *Progress in Psychotherapy*, v. 1, 1956b, p. 29.

_____. "The social atom and death". *Sociometry, a Journal of Interpersonal Relations*, v. X, n. 1, 1957a, p. 80-84.

_____. *The first book on group psychotherapy.* Beacon: Beacon House, 1957b.

_____. "Organization of the social atom". *Sociometry, a Journal of Interpersonal Relations*, v. X, n. 3, 1957c, p. 287-293.

_____. "Group training vs. group therapy". In: BLAKE, R. (org.). *Sociometry Monograph No. 35*. Beacon: Beacon House, 1958a.

_____. "The sociometry of subhuman groups". *Sociometry Monograph No. 38*, Beacon: Beacon House, 1958b.

_____. "Psychodrama". In: ARIETI, Silvano. *American handbook of psychiatry.* Nova York: Basic Books, 1959.

_____. "The role concept, a bridge between psychiatry and sociology". *American Journal of Psychiatry*, v. 118, 1961a, p. 518-522.

_____. (org.). *The sociometry reader.* Nova York: Free Press, 1961b.

_____. "Psychodrama in action". *Group Psychotherapy, a Quarterly Journal*, v. XVIII, n. 1-2, 1965, p. 87-117.

_____. "Psychodrama of a marriage, text of a motion picture, including psychodrama of a dream". *Group Psychotherapy, a Quarterly Journal*, v. XIX, n. 1-2, 1966, p. 49-93.

_____. "The function of the social investigator in experimental psychodrama". *Group Psychotherapy and Psychodrama*, v. XXVI, n. 3-4, 1973, p. 7-30.

Moreno, J. L.; Dunkin, W. S. *Impromptu Magazine*, v. I/II, 1931.

_____. "The function of the social investigator in experimental psychodrama". *Sociometry, a Journal of Interpersonal Relations*, v. IV, n. 4, 1941, p. 392-417.

Moreno, J. L.; Fischel, J. "Spontaneity procedures in television broadcasting with special emphasis on interpersonal relation systems". *Sociometry, a Journal of Interpersonal Relations*, v. I, 1942, p. 7-28.

Moreno, J. L.; Jennings, H. H. "Spontaneity training". *Sociometric Review*, v. I, 1936, p. 17-25.

_____. "Statistics of social configurations". *Sociometry, a Journal of Interpersonal Relations*, v. I, n. 1-2, 1937, p. 342-374.

_____. "The advantages of the sociometric approach to problems of national defense". *Sociometry, a Journal of Interpersonal Relations*, v. IV, n. 4, 1941, p. 384-391.

Moreno, J. L.; Moreno, F. B. "Spontaneity theory of child development". *Psychodrama Monograph No. 8*. Beacon: Beacon House, 1944.

_____. "Role tests and role diagrams of children". *Sociometry, a Journal of Interpersonal Relations*, v. VIII, n. 4, 1945, p. 426-441.

Moreno, J. L.; Moreno, Z. T. *Psychodrama, second volume*. Beacon: Beacon House, 1959 (2. ed.: 1975). [*Fundamentos do psicodrama*. São Paulo: Summus: 1983.]

_____. *Psychodrama, third volume*. Beacon: Beacon House, 1969. [*Psicodrama: terapia de ação e princípios da prática*. São Paulo: Daimon, s/d]

Moreno, J. L.; Moreno, Z. T.; Moreno, J. D. "The discovery of the spontaneous man". *Group Psychotherapy, a Quarterly Journal*, v. VIII, n. 2, 1955, p. 103-129.

Moreno, J. L.; Toeman, Z. "The group approach in psychodrama". *Sociometry, a Journal of Interpersonal Relations*, v. V, n. 2, 1942, p. 191-196.

Moreno, Z. T. "Psychodrama in a well-baby clinic". *Group Psychotherapy, a Journal of Sociopsychopathology and Sociatry*, v. IV, n. 1-2, 1952, p. 100-106.

_____. "Psychodrama in the crib". *Group Psychotherapy, a Quarterly Journal*, v. VII, n. 3-4, 1954, p. 291-302.

_____. "Note on spontaneous learning 'in situ' versus learning the academic way". *Group Psychotherapy, a Quarterly Journal*, v. XI, n. 1, 1958a, p. 50-51.

_____. "The 'reluctant therapist' and the 'reluctant audience' technique in psychodrama". *Group Psychotherapy, a Quarterly Journal*, v. XI, n. 4, 1958b, p. 278-282.

_____. "A survey of psychodramatic techniques". *Group Psychotherapy, a Quarterly Journal*, v. XII, n. I, 1959, p. 5-14.

_____. "Psychodramatic rules, techniques and adjunctive methods". *Group Psychotherapy, a Quarterly Journal*, v. XVIII, n. 1-2, 1965a, p. 73-86.

_____. "The saga of sociometry". *Group Psychotherapy, a Quarterly Journal*, v. XVIII, n. 4, 1965b, p. 275-276.

_____. "Evolution and dynamics of the group psychotherapy movement". In: MORENO, J. L. (org.). *International handbook of group psychotherapy*. Nova York: Philosophical Library, 1966a, p. 27-35.

_____. "Sociogenesis of individuals and groups". In: MORENO, J. L. (org.). *International handbook of group psychotherapy*. Nova York: Philosophical Library, 1966b, p. 231-242.

_____. "The seminal mind of J. L. Moreno and his influence upon the present generation". *International Journal of Sociometry and Sociatry, a Quarterly Journal*, v. V, n. 3-4, 1967, p 145-156.

_____. "Psychodrama on closed and open circuit television". *Group Psychotherapy, a Quarterly Journal*, v. XXI, n. 2-3, 1968, p. 106-109.

_____. "Moreneans, the heretics of yesterday are the orthodoxy of today". *Group Psychotherapy, a Quarterly Journal*, v. XXII, n. 1-2, 1969a, p. 1-6.

_____. "Practical aspects of psychodrama". *Group Psychotherapy, a Quarterly Journal*, v. XXII, n. 3-4, 1969b, p. 213-219.

_____. "Beyond Aristotle, Breuer and Freud: Moreno's contribution to the concept of catharsis". *Group Psychotherapy and Psychodrama, a Quarterly Journal*, v. XXIV, n. 1-2, 1971, p. 34-43.

_____. "Note on psychodrama, sociometry, individual psychotherapy and the quest for 'unconditional love'". *Group Psychotherapy and Psychodrama, a Quarterly Journal*, v. XXV, n. 4, 1972, p. 155-157.

_____. "Psychodrama of young mothers". *Group Psychotherapy and Psychodrama, a Quarterly Journal*, v. XXVII, n. 1-4, 1974, p. 191-203.

_____. "The significance of doubling and role reversal for cosmic man". *Group Psychotherapy and Psychodrama, a Quarterly Journal*, v. XXVIII, 1975, p. 55-59.

_____. "The function of the auxiliary ego in psychodrama with special reference to psychotic patients". *Group Psychotherapy, Psychodrama and Sociometry*, v. XXXI, 1978, p. 163-166.

_____. "The eight stages of cosmic beings in terms of capacity and need to double and role reverse". Texto não publicado, 1980.

_____. "Psychodrama". In: KAPLAN, H.; SADOCK, B. (orgs.). *Comprehensive group psychotherapy*. 2. ed. Filadélfia: Lippincott, Williams & Wilkins, 1983, p. 158-166.

_____. "J. L. Moreno's concept of ethical anger". *Journal of Group Psychotherapy, Psychodrama and Sociometry*, v. XXXVIII, n. 4, 1986, p. 145-153.

_____. "Psychodrama, role theory and the concept of the social atom". In: ZEIG, J. (org.). *The evolution of psychotherapy*. Nova York: Brunner/Mazel, 1987.

_____. "Note on some forms of resistance to psychodrama". *Journal of Group Psychotherapy, Psychodrama and Sociometry*, v. LXIII, n. 1, 1990, p. 43-44.

_____. "Time, space, reality, and the family: psychodrama with a blended (reconstituted) family". In: KARP, M.; HOLMES, P. (orgs.). *Psychodrama: inspiration and technique*. Londres: Routledge, 1991. [*Psicodrama – Inspiração e técnica*. São Paulo: Ágora, 1992.]

_____. "The many faces of drama". Palestra apresentada à National Association of Drama Therapists, Nova York University, novembro de 1997.

_____. "In the spirit of two thousand". Mensagem à sessão plenária da American Society of Group Psychotherapy and Psychodrama (ASGPP), Nova York, 21 de março de 2000.

_____. "The function of 'tele' in human relations". In: ZEIG, J. (org.). *The evolution of psychotherapy: a meeting of the minds.* Phoenix: Erickson Foundation Press, 2000.

_____. "Suicide prevention by the use of perceptual sociometric intervention". Artigo não publicado, 2004.

MURRAY, H. *Assessment of men*, Nova York: Rinehart, 1947.

MYRDAL, G. *An American dilemma: the negro problem and modern democracy.* Nova York: Harper & Row, 1944.

NORTHWAY, M. L. "Outsiders: a study of the personality patterns of children least acceptable to their age mates". *Sociometry, a Journal of Interpersonal Relations*, v. VII, n. 1, 1944, p. 10-25.

_____. "Sociometric studies at the University of Toronto". *Sociometry, a Journal of Interpersonal Relations*, v. IX, n. 2-3, 1946a, p. 151-153.

_____. "Sociometry and some challenging problems of social relationships". *Sociometry, a Journal of Interpersonal Relations*, v. IX, n. 2-3, 1946b, p. 187-198.

_____. "Personality and sociometry status". *Sociometry, a Journal of Interpersonal Relations*, v. IX, n. 2-3, 1946c, p. 233-241.

_____. "A plan for sociometric studies in a longitudinal programme of research in child development". *Sociometry, a Journal of Interpersonal Relations and Experimental Design*, v. XVII, n. 3, 1954, p. 272-281.

_____. "A plan for sociometric studies in a longitudinal programme of research in child development". *The Sociometry Reader.* Glencoe: The Free Press, 1960.

_____. "What is sociometry?" *Group Psychotherapy, a Quarterly Journal*, v. XXI, n. 2-3, 1968, p. 110-112.

NORTHWAY, M. L.; DETWEILER, J. "Children's perception of friends and non-friends". In: MORENO, J. L. *Sociometry and the science of man.* Beacon: Beacon House, 1956.

NORTHWAY, M. L.; QUARRINGTON. B. "Depicting inter-cultural relations". *Sociometry, a Journal of Interpersonal Relations*, v. IX, n. 4, 1946, p. 334-339.

OVERHOLSER, W.; ENNEIS, J. M. "Twenty years of psychodrama at St. Elizabeths Hospital". *Psychodrama Monograph No. 36.* Beacon: Beacon House.

PEIRCE, C. S. *Collected papers.* Cambridge: Harvard University Press, 1931.

RANK, O. *Art and artist.* Nova York: A. A. Knopf, 1968.

RICHARDSON, R. F. *The psychology of pedagogy and anger.* Baltimore: Warwick & York, 1918.

SACKS, J. "Psychodrama and psychoanalysis". *Group Psychotherapy, a Quarterly Journal*, v. XIII, n. 3-4, 1960, p. 199.

SARBIN, T. R. "The concept of role-taking". *Sociometry, a Journal of Interpersonal Relations*, v. VI, n. 3, 1943, p. 273-285.

SATIR, V. M. "Family therapy: an approach to the treatment of mental and emotional disorder". In: MORENO, J. L. (org.). *International handbook of group psychotherapy*. Nova York: Philosophical Library, 1965.

SCHUTZ, W. *Joy: expanding human awareness*. Nova York: Grove Press, 1967.

SOLBY, B. "The psychodramatic treatment of marriage problems". *American Sociological Review*, v. VI, n. 4, 1941, p. 523-530.

SOROKIN, P. *Sociological theories of today*. Nova York: Harper & Row, 1966.

SPEROFF, B. J. "The identification of hidden sociometric leaders". *Group Psychotherapy, a Quarterly Journal*, v. XVII, n. 2-3, 1964, p. 96-103.

SPEROFF, B. J.; SIMON, D. "Problems and approaches in child group psychotherapy in a public school milieu". *Group Psychotherapy*, v. XVI, n. 1-2, 1963, p. 39-45.

SPIEGEL, J.; BELL, N. "The family of the psychiatric patient". In: ARIETI, S. (org.). *American handbook of psychiatry, Vol. 1*. Nova York: Basic Books, 1959.

STARR. A. *Psychodrama rehearsal for living*. Chicago: Nelson Hall, 1977.

STROKVIS, B. (org.). *Proceedings of the Second International Congress of Group Psychotherapy*. Basiléia: Karger, 1959.

SUTHERLAND, J. D.; FITZPATRICK, G. A. "Some approaches to group problems in the British Army". *Sociometry, a Journal of Interpersonal Relations*, v. VIII, n. 3-4, 1945, p. 443-455.

TAGIURI, R.; KOGAN, N.; BRUNER, J. "The transparency of interpersonal choice". *The Sociometry Reader*. Glencoe: The Free Press, 1960.

TOEMAN, Z. "Role analysis and audience structure". *Sociometry, a Journal of Interpersonal Relations*, v. VII, n. 2, 1944, p. 205-221. Também publicado em *Psychodrama Monograph No. 12*. Beacon: Beacon House.

_____. "Psychodramatic research of pre-marital couples". *Sociometry, a Journal of Interpersonal Relations*, v. VIII, n. 1, 1945a, p. 89.

_____. "A sociodramatic audience test". *Sociometry, a Journal of Interpersonal Relations*, v. VIII, n. 3-4, 1945b, p. 399-409.

_____. "Audience reactions to therapeutic films". *Sociometry, a Journal of Interpersonal Relations*, v. VIII, n. 3-4, 1945c, p. 493-497.

_____. "Clinical psychodrama: auxiliary ego, double, and mirror techniques". *Sociometry, a Journal of Interpersonal Relations*, v. IX, n. 2-3, 1946, p. 178-183.

_____. "Psychodrama: Its relation to stage, radio and motion pictures". *Sociatry, Journal of Group and Intergroup Therapy*, v. I, n. 1, 1947, p. 119-126.

_____. "The double situation in psychodrama". *Sociatry, Journal of Group and Intergroup Therapy*, v. 1, n. 4, 1948, p. 436-446.

_____. "History of the sociometric movement in headlines". *Sociometry, a Journal of Interpersonal Relations*, v. XII, n. 1-3, 1949, p. 255-259.

UMANSKY, A. L. "Psychodrama and the audience". *Sociometry, a Journal of Interpersonal Relations*, v. VII, n. 2, 1944, p. 179-189.

VAN DER KOLK, B.; McFARLANE, A. C.; WEISAETH, L. (orgs.). *Traumatic stress: the effects of an overwhelming experience on mind, body and society.* Nova York: Guilford, 1996.

WATZLAWICK, P. "If you desire to see, learn how to act". In: Zeig, J. (org.). *The evolution of psychotherapy.* Nova York: Brunner/Mazel, 1987, p. 91-100.

WEINER, H. B.; SACKS, J. "Warm-up and sum-up". *Group Psychotherapy, a Quarterly Journal*, v. XXII, n. 1-2, 1969, p. 85-102.

WILDER, J. "The psychodrama as compared with other methods of psychotherapy". *Sociometry, a Journal of Interpersonal Relations*, v. V, n. 2, 1942, p. 185-190.

YABLONSKY, L. *Psychodrama: resolving emotional problems trough role-playing.* Nova York: Basic Books, 1976.

ZANDER, A.; LIPPITT. R. "Reality practice as educational method". *Sociometry, a Journal of Interpersonal Relations*, v. VII, n. 2, 1944, p. 129-151.

ZUKAV, G. *The dancing Wu Li masters.* São Francisco: Fontana/Collins, 1979.

CRÉDITOS

Zerka Toeman Moreno deu permissão para republicar todos os artigos anteriores a 1980, de propriedade da Beacon House, Inc., assim como todo o material inédito posterior a essa data que foi aqui incluído.

Os artigos da revista *Group Psychotherapy, Psychodrama and Sociometry* posteriores a 1980 foram utilizados com permissão de Heldref Publications.

A cessão de direitos autorais para os excertos de *Cantos de amor à vida* e *Quem sobreviverá?* (edição estudantil) foi concedida pela American Society of Group Psychotherapy and Psychodrama (301 N. Harrison St., Ste 508, Princeton, NJ 08541).

"A mente seminal de J. L. Moreno" [The seminal mind of J. L. Moreno] reproduz uma citação de "Complementary psychotherapy", de J. L. Moreno, publicado no *American Journal of Psychiatry*. Foi republicada com permissão da American Journal of Psychiatry, Copyright 1967, American Psychiatric Association.

A citação de Patrick Conty em "As muitas faces do teatro" [The many faces of drama] é de *Parabola: the Search for the Meaning*, v. XVII, n. 2 (verão de 1992).

IMPRESSO NA

sumago gráfica editorial ltda
rua itauna, 789 vila maria
02111-031 são paulo sp
telefax 11 **6955 5636**
sumago@terra.com.br